THE
MANUAL

A GUIDE TO THE ULTIMATE
STUDY METHOD

如何成为学霸

Rod Bremer

［比利时］罗德·布雷默　著

李利莎　译

中国友谊出版公司

谨以此书献给我的家人

免责声明

　　本书无意取代专业保健医生的服务。关于你自身健康的所有问题和具体情况请遵医嘱和寻求医疗看护。在采用本书程序和技巧时你需要首先咨询医生，然后自行决定如何使用本书中的概念、技巧和程序。

　　对于阅读或遵循本书说明时可能直接或间接对自身或他人产生的任何责任、损失、伤害或风险，本书作者和出版商一概不承担任何责任。

目 录
CONTENTS

第三部分　速读 / 165

第四部分　终极学习方法 / 211

现今，市场上有无数介绍进修速成和开发思维技能的书籍。正如生活中的所有事物一样，这类书籍中有一些很有道理，但也有一些只是夸夸其谈，收效甚微。因此，本书旨在为读者提供最佳技巧，让读者在最短时间内以最省力的方法达到预定目标。本书讲述的方法独一无二，所教授的技巧来自对人类数千年心智研究的提炼和将其付诸实践所取得的成果，并将这些技巧整合成了一套精密的程序化学习系统。

本书中讲述的学习系统是作者 25 年试验的积累。该系统建立在最新的科学和趣闻研究上，对超级记忆、速读、专注力、意识状态、速算和笔记专题进行了讨论。作者提取了有效的技巧，修正了不适用的技巧，摒弃了没有提供测试结果的技巧，从而形成了特殊的学习系统。如果读者按照其中的训练进度表坚持钻研，这个学习系统就能让读者掌握一个强有力的工具，终生享受学习过程，从机械式学习和填鸭式学习中解脱出来。同时，读者很快就能大秀脑力：如两分钟之内记下一副牌，四秒内解出 912673 的立方根。这种技能一旦完全掌握，就会让人感叹从前的智力体验太局限了。更重要的是，本书能让我们认识到我们之前为自己设置的各种局限都是错觉，而这种错觉是能够轻松消除的。

须说明的是，写作顺序就是阅读顺序。强烈建议读者按照本书说明进行阅读，因为前文介绍的技巧将在随后的技巧中加以运用。例如进行 7615234×9854787 的乘法计算时，在计算过程中要能够记住计算结果——最终结果为 14 位数。如果没有学习本书第二部分讲述的记忆技巧，就无法按照本书第五部分详述的计算方法进行计算。

不同于市场上大力营销的其他此类书籍，如几分钟内读完一本书，或一旦记住终生不忘，本书作者选择不用夸张的口号或承诺来推销本书中讲述的技巧。本书向读者展示了实用的技巧，需要读者按照训练进度表逐步学习，才能取得明显进步。之后，我们提供了记录在案并经过核实的其他人达到的成绩，让读者了解不断坚持学习所能创造出的可能性。不过，设定的目标和动力决定了你能投入多少时间。例如你从未打算参加记忆大赛，或从未打算成为职业纸牌玩家，那么你的训练安排中就无须强调纸牌记忆。

本书的每一部分都制定了一份训练进度表，为了掌握该部分讨论的技巧，需要根据进度表完成必要训练。同时，为了丰富读者体验和向读者展示系统各个部分所能达到的可能性，作者设计了本书的训练结构，从而让读者能熟练掌握各种工具。但为了达到具体目标，读者可以自行调整学习方法，比如在与其他方法进行对比后，可以更着重某些练习。尽管如此，还是建议读者在完整习得每一个技巧之后，再做调整。

本书自成一体，因此无须针对主题额外阅读其他资料。而资料来源列在了参考书目和补充阅读章节中。但有些章节完全是作者自己的钻研创新成果，因此这些章节没有引用其他资料。读者感兴趣的话，可以拓展阅读参考书；但需要强调的是，实际运用这些技巧并不需要额外阅读其他资料。

写作规则说明

首先，读者应该注意书中"他"指代的是"他"和"她"。这是为了在讲解技巧时避免造成混淆。本书的主要目的是提供一套清晰的技巧讲授方法，因此必须避免歧义。这是选择用"他"指代"他"和"她"的唯一原因，这与性别要求或偏好无关，因此读者可以不考虑书面文字，根据自己的意愿用

"他"或"她"来指代自己。

第二，作者在书中使用的是英式英语，因此非英式英语读者请注意某些英式英语的拼写，如"记住"拼作 memorise 而不是 memorize，"学到"拼作 learnt 而不是 learned，"颜色"拼作 colour 而不是 color，"练习"拼作 practise 而不是 practice 等。

第三，本书是按照《芝加哥手册》（*The Chicago Manual of Style*）进行编辑的。但为了消除歧义和确保清晰理解，在编辑时也做了一些修改。

阅读说明

为了达到最佳利用本书及读者时间的目的，建议读者一律按照以下说明进行阅读：

1. **目标**。心中设立一个目标：你要从这本书中获取什么，你希望利用书中技巧达到什么目标？

2. **按照书写顺序阅读**。在熟练掌握了书中每部分讲述的技巧以后，再学习下一个技巧。

3. **训练进度表**。确保完全按照指示执行书中各部分的训练进度表。

4. **坚持训练**。这在第一部分（专注力）中尤其重要。开始取得进展前需要突破一些障碍，学习了有效的技巧后，还需要多加练习才能掌握技巧。

5. **在每天的生活中运用这些技巧**。体验一下；你起初并不需要依赖这些技巧——简单地测试一下这些技巧，你在之后的运用中会更加熟练和自信。

和驾驶车辆一样，一开始就像多个动作、思路和技巧糅在了一起，一阵手忙脚乱。但在经过练习以后，驾驶很快就成了第二天性。本书中讲授的技巧也正是如此——你的目标是把这些技巧变成你的第二天性。正如上文类比的驾驶员一样，有些心智强大的人已经掌握了一些技巧。如果这些技巧能被他们掌握，那么也能被你掌握，你唯一需要的就是好技巧、动力，再加上勤于练习。

品格就是下定了决心，但在激情消退后，还能坚持下去的能力。

——布莱恩·崔西（Brian Tracy）

第一部分

专注力

鱼与熊掌，不可兼得。

——中国谚语

第一部分的目标

▶ 通过练习集中注意力的技巧及冥想，来提升专注力。

▶ 通过冥想激发深层次的意识状态，促进意识放松、学习、推理和回想。

为什么要有专注力

《牛津词典》对专注力的定义如下：

1. 一个人聚集所有注意力的行动或能力；
2. 全身心投入处理众多事项中的一件特定事项。

专注力是一个人智力发展的基石。没有专注力，就无法思考；无法思考则无法学习。

随着通信设备、娱乐和游戏的出现，现代社会似乎从挤满了密集事务的社会，进入了每个人都得同时处理多项事务的社会。试想一下，一个总经理一边使用蓝牙耳机接听电话，一边在黑莓手机上阅读新邮件，还一边蹬着健身脚踏车，一边注意着头顶上的电视显示的市场波动情况。同时他还听着有氧操课播放的背景音乐，这音乐声与午间健身的运动达人们费劲的呼吸声交织在　起。这是城市生活中随处可见的场景，差不多快成了城市生活的典型例子。

如果只是处理杂事的话，多任务处理的这种能力很有效率。这些任务（如打扫房间或洗碗）通常很少或完全不需要使用推理能力，否则习惯性同时处理多个任务常常使结果适得其反。一些任务的确可以打包处理，但总是想着节约时间而同时处理更多事务，这会对专注力产生阻碍。

当一个人意识到学习始于专注地阅读或收听信息时，就会清晰地理解同时处理多个任务的局限性。学习需要对信息进行分析，然后记忆。开始学习时能抓住多少信息与你集中了多少注意力直接相关。如果没办法专注学习，之前有效的学习顺序就会中断。只集中部分注意力，就要花更长时间完成学习内容。由于学习时间花得更长了，学生就会感到无意义的沮丧，或错误地认为教材"太难了"。这种恶性循环会不断继续，慢慢地影响一个人的学习能力，进而在今后的生活中限制个人潜力和成绩。

如果没有全身心地投入手头的事务，是无法完成某些脑力工作的。比如，一名速读者宣称他一分钟可以阅读 2000 个单词的文本，那么他在阅读时不可能任由思绪乱飞。如果他的注意力不集中，那么他在阅读中思维涣散的每一秒都将错过 33 个单词，每三秒将错过一个主要段落，接下来，他将无法理解文本的主要大意。结果就会导致对材料的理解不足，需要重读材料来理解文意。

试想一下，当你在理解一个复杂的科学理论时，如果不断地想其他事情或被外界环境干扰，你的思维就会不断地被打断，每当有一点思路，就会出现一件干扰你的思维的事，让你无法专注，导致思路走偏。你不得不从头开始整理，找到之前中断的思路。在你想明白下一步之前，你不得不重复之前的思考。由于存在这样不间断的干扰，注意力无法集中，必须多进行几次低效率的思考才能找回之前已经厘清的思路，这是一个很简单的道理。这反过来又极大地阻碍了思考动力，最终导致耗时耗力。这就像你一边攀爬一座危险的山峰，一边又在手机上玩"糖果传奇"（Candy Crush）游戏（或你阅读本书时正在流行的任何让人上瘾的游戏），不可避免地，你会摔跟头或跌落到山下去，就算你幸运地抓住旁边的石头稳住了自己，但也不得不重新再走一遍刚才走过的路，才能赶上路程，继续向上攀爬。

将专注力作为本书的开篇，是因为之后讲述的技巧都要以专注力作为依托，不管是个人技巧，还是整个系统，都要求学习技巧的人专注于手头事务。越专注，越能产生效益。

专注可能是最具挑战性的任务，尤其是在现代生活中更难保持专注，但为了收获随后的技巧带来的效益，这是一个必须被攻克的挑战。

科学依据

根据前文中《牛津词典》对专注力的定义，可以看出专注力和注意力是有区别的——专注力是聚精会神的注意力。

心理学和认知神经学对注意力做了大量研究，研究的历史记录可以追溯到 19 世纪 50 年代，但事实上，早期文化和宗教所做的注意力实验比历史记录还要早几千年。早期文化和宗教通过"冥想"这一更精神性的方法来做注意力实验。而多数主要宗教都会强调冥想的重要性——据说冥想练习是通往精神启迪道路上的小石子。本书计划将已运用千年的古老技巧和严密的科学研究相结合，来共同证实书中所讲授的方法。

冥想，是指通过训练思维，激发深层次的自觉意识，从而达到启迪、放松心境、沉思或其他目标。

早在 20 世纪 30 年代，科学研究就开始聚焦冥想，从那时开始，就有大量出版物指出各种冥想练习能引起代谢速率、血压、呼吸、大脑活动和注意力分配的变化。另外还有一些研究暗示，冥想有助于强化治疗、减少焦虑和保持情感的良好平衡。这些成果吸引了科学界的注意，他们将一些冥想技巧运用到了压力、心理障碍和疼痛缓解的临床治疗中。

有趣的是，一些科学实证甚至让一部分作者认为，我们今日之所以能够集中注意力，正是得益于早期先辈们练习冥想的结果，虽然仍存在某种争议。这是把鲍德温效应（Baldwin effect）运用到了注意力和记忆上。[1]

1　鲍德温效应是进化生物学的一种理论，它假设对学到的能力进行选择，使这些能力成为下一代的本能。参考马特·J. 罗萨诺（Matt J. Rossano）的《是冥想造就了人类吗》（*Did Meditating Make Us Human?*）。

至少，近期的科学研究称冥想有可能增加注意力的持续时间，这一点对本书设定的目标具有重要意义。这一科学依据加上上文列出的附带好处，足以激励我们通过冥想来改善专注力，进而改善学习能力。

当我们学习新技能时，不管是乐器还是运动，即使我们已上了年纪，学习过程中大脑都要经历物理变化（这一过程通常被称为神经可塑性）。经常练习冥想也会经历这一过程：一种物理变化和回路重新布线的结果。使用的冥想技巧不同，实际的变化也不同。

在写作本书时，人们普遍接受冥想会经过四个阶段的观点，每个阶段都涉及一个具体的大脑网络。第一个阶段是出现分心的杂念，这是大脑默认模式网络的活动，而大脑的默认模式网络是构建和更新世界内在模式的活跃区域。第二个阶段是意识到分心的杂念，这发生在大脑的前脑岛和前扣带回中，这两个区域主观控制感知。第三个阶段是让意识摆脱分心的杂念，这发生在大脑的背外侧前额叶皮层和外侧顶下小叶，这两个区域掌管执行功能和行为抑制。最后，第四个阶段是保持对冥想对象的注意力，这会继续发生在背外侧前额叶皮层。

每一个阶段都会轮流改善和重新连接涉及的大脑区域。此外，定期和长期练习还能改变激活区域的灰质体积，尤其是在脑岛和前额叶皮层区域，那些练习了多年冥想且冥想经验丰富的人通常会拥有大量增加的灰质体积。

另外，根据研究，长期冥想练习者在冥想时，大脑上述区域需要的激活活动相对较少，这就是说他们的大脑线路优化了。这意味着，这些人要达到本书设定的目标，会比普通人花费较少的精力。他们实际上更容易集中注意力达到、维持和深化各个层次的目标。

意识的层次

人们认为大脑在不同频率下发挥功能——每一个频率对应一个意识状态。当然，频谱要有持续性，总体来说有固定的频率范围。这些频率被分为以下几类：

1. 三角频率：4 赫兹以上，与深睡眠有关。

2. θ 频率：4~8 赫兹，与困倦有关。

3. α 频率：8~13 赫兹，与放松的意识有关。

4. β 频率：13~30 赫兹，与警觉性和活跃性有关。

5. γ 频率：30~100 赫兹，与跨感官感知处理有关。

不同的环境适宜进入上述不同频率。为了学习，我们应该达到 α 频率。因为在此频率下，我们处于吸收信息、推理和回忆信息的最佳状态，此时定期练习能够为我们带来前文中强调的效应。在比 α 频率更高的频率层次下，意识会开始瓦解，不适用于达到本书的目标，因此应该在 α 频率下学习。

掌握冥想的技巧能够让练习者更快地进入 α 频率。跳出 α 频率或深入冥想，就能进入其他频率。跳出 α 频率很简单，只要环视一周，选中一个物体紧盯着不放，任由思绪蔓延，你就跳出了 α 频率。而深入冥想、进入指定频率还需要其他技巧，不过深入其他频率不在本书的讨论范围内，也不属于本书的写作目的。

冥想的效应

如果上述介绍都还不足以说服你进入下一个章节的学习或在生活中练习冥想的话，下文总结了提高专注力会带来的具有科学依据的效应：

▶ 降低血压。

▶ 使大脑活动发生有益变化。

▶ 将更多的注意力集中到指定的任务上（我们当前的目标）。

▶ 增加注意力的持续时间（我们当前的目标）。

▶ 更好的执行力。

▶ 由放松和深入领悟带来的愉悦心情。

▶ 增强创造力。

▶ 促进健康和提升幸福感。

▶ 促进伤势愈合。

▶ 降低炎症相关基因的活性，改变激活／冻结基因里酶的功能，尤其是控制细胞衰老的端粒酶。

▶ 减少焦虑和改善情绪平衡。降低抑郁反复出现的风险。

▶ 增强在公众场合面临压力时（如公众演讲）对基本生理反应的控制能力（如炎症和释放应激激素）。

▶ 改善睡眠状况。

▶ 在大脑的有利区域增加灰质的体积，在大脑的不利区域（如处理恐惧和忧虑的区域）减少灰质的体积。

提供这些背景信息，是为了强调通过冥想练习提高专注力的效力和好处。提及这些背景信息并不是为了罗列和评估所有的科学信息，而是提出一个基本原理，激发读者坚定练习的动力。

技巧

　　本章将介绍改善读者专注力和收获冥想带来的好处的技巧。这些技巧需要每天练习，最好每天练习三次，即两次短练习和一次长练习。

　　练习每个技巧时请谨记以下说明：

1. **身体姿势**。应该选择坐在舒适的椅子上或躺下练习技巧。最好是选择坐着练习，因为躺下后练习者容易睡着（睡着不能算作完成整个训练）。

2. **训练时间**。训练时间应该至少选择在餐前一小时或餐后一小时（空余适当时间消化食物），睡前两小时（避免睡前处于高度警觉状态）。

3. **冥想就是一门放手的艺术**。思绪总会翻涌，而冥想是抛开思绪的过程及练习。（如果你学到了本书的任何知识点，哪怕只有一点，你也要在冥想中抛开这个知识点！冥想不是要沉浸在欢愉中，而是抛开思绪和感觉的过程。正是经过这种放手的过程，才能引导你深入地领悟。在这种深入的意识状态下，还是会泛起思绪，但在掌握了放手的能力后，泛起的思绪不会让你再产生行动和感觉。）

4. **消极思绪**。如果出现"这没用""我的头脑还很不清晰""太多思绪让我分心"等想法，练习者应该避免由这些想法带来的不必要的焦虑。练习的目的是让你处于一种能注意到这些干扰杂念的状态下，这样你才有机会训练抛开这些想法的能力。涌起的思绪越多，你能掌握这种技能的机会就越多。

5. **反复出现的思绪**。这些思绪肯定还会出现——通常在你抛开几秒后又出现。冥想练习是让你一次又一次地抛开这些思绪，并且在思绪重新出现后让你不受其影响。

6. **记住**，你是专门规划了时间来练习抛开思绪的冥想的。所以，不要因为出现"你没有足够放松"或"你是在浪费时间"这样的自我暗示，而中断练习。练习抛开思绪能够锻炼你轻松放空无足轻重的思绪的能力，虽然你需要假以时日来发展这种技能，但它带来的效益会让你花的时间值回票价。

7. **期望**。不要期待会产生立竿见影的效果。这样的想法会再次挑起你的自我意识和渴望，阻碍你的练习。跟随技巧说明练习，不要思考太多。你可以在冥想前后思索和反省，但决不能在冥想中进行太多思考。

8. **坚持不懈**。开头很难，但坚持练习就会越来越容易。只要理解了主要概念，之后就会水到渠成。

技巧 1：祷文

唱诵祷文在东方传统中非常常见，这种方式也在 20 世 60 年代的西方开始盛行。唱诵祷文，就是一遍又一遍地口念或心念一个段落、一段祷告或一个音节。这种重复可以平复心境，并且易于使用，因为不管口念还是心念，重复发出这些声音都很简单（对比更难的练习，如试想一个场景或在记忆中搜索一种气味）。唱诵祷文的流程如下：

1. **选择一段你想唱诵的祷文**。一般的选择有：Lam（念"la"），Vam（念"va"），Ram（念"ra"），Yam（念"ya"），Hum（念"hen"），Sham（念"xian"）和 Ohm（念"ou"）。

2. **闹钟**。将闹钟设置在 20 分钟后响起。

3. **姿势**。坐下，双脚平放在地上，双手放在大腿上，闭上双眼。

4. **呼吸**。深吸一口气，屏气十秒再吐气。如此重复三次。

5. **反复唱诵祷文**。现在，慢慢地在你的脑海里重复选中的祷文，嘴巴不要动，也不要发出声响。节奏平稳而缓慢。每次心念一遍，停三秒；停下时，不要数秒数或太纠结于时间，而是要让你自己进入一个自然的节奏。如果你选择 Lam（la），就简单地重复"Lam……Lam……Lam……"（la……la……la……），省略号表示大概停顿的三秒钟。

6. **停顿**。每次唱诵停顿的时间随着练习而变化，随着不断的练习和意识的深入，加长停顿时间。总体来说，对于不同的练习者，停顿时间也不一样。这里提出停顿三秒钟，也是给初学者的一个参考停顿。

7. **放手**。当有杂念闯入时（确实会），抛开这些杂念就好了。杂念再次出现，就再一次抛开，不要对这些杂念有任何反应，不要分析这些杂念重新出现的原因。抛开杂念，继续平稳、缓慢地唱诵祷文。

技巧的另一种练习方式

1. 如果环境允许，你可以尝试口头重复唱诵祷文。尝试在每呼出一口气的时间里唱诵一个祷文。然后吸气，再重复这个过程。

2. 你还可以唱诵一个词语或一段祈祷来进一步练习。这样做的目的是找到对你最有效的那个方法并持之以恒。读者应该注意冥想的原则是简单至上。

在选择祷文时，强烈推荐选好之后就一直使用这个祷文。因此，不要经常换祷文；选定一个你唱诵起来最舒适和对你最有意义的祷文，然后让它成为你冥想时的专用祷文。

技巧2：文字

很多人都是视觉性学习者，因为多数人都有这种学习倾向（对比一下你对着电视、电脑或平板电脑的时间，与你细嗅花香的时间）。但这里要讲的技巧是依靠你内心的视觉构想文字的能力，有些人在一开始运用这种能力的时候会很难，不过定期练习能很快提高这种能力，练习流程如下：

1. **书写**。拿出一张白纸，用粗黑笔在上面书写你选择的文字。有宗教信仰的人可以从其宗教字母表中选择一个字母（这是犹太教卡巴拉派常使用的方法）。（对于本书而言）你选择哪个文字或字母都不重要，唯一的要求是你很熟悉自己选择书写的这个文字或字母。
2. **凝视**。凝视这个文字或字母一分钟：只是专心地盯着它看，不要做任何分析。
3. **闹钟**。完成第一步和第二步后，将闹钟设置在 10 分钟后响起。
4. **姿势**。现在，舒适地坐下，双脚平放在地上，双手放在大腿上。
5. **想象**。闭上双眼，在脑海中想象白纸上的黑字。不必清晰完全地看到这个文字或字母，只需要简单地把注意力集中起来，放开其他杂念。不要有压力，也不要强迫自己看到图像。完全放松，尝试集中注意力，寻找之前你凝视过的、印在你脑海中的轮廓、残影或感觉。
6. **放手**。当有杂念闯入时（确实会），抛开这些杂念就好了。杂念再次出现，就再一次抛开，不要对这些杂念有任何反应，不要分析这些杂念重新出现的原因。抛开杂念，将注意力放在文字或字母上。

技巧的另一种练习方式

1. 当你能更加自如地进行练习时，你就可以不用书写文字了（书写只是发展你内在视觉的一种辅助方法）。
2. 你可以更换文字和纸张的颜色，但不要在练习中更换颜色。如果你要在蓝色纸张上书写白色的文字，那么在你开始练习之前就做好准备，并在整个练习过程中一直使用这种搭配。
3. 逐渐将练习时间延长到 15 分钟、20 分钟，直到 30 分钟。

这项技巧除了能改善你的专注力以外，还能锻炼你在脑海中构建图像的能力。这种能力在本书之后讲到的记忆技巧中很有用，它会充分地提高记忆技巧的效力。

技巧 3：呼吸

在印度瑜伽和中国气功的冥想练习中，起到关键作用的是呼吸技巧。呼吸技巧的教授方法多种多样，以至于即使是学习每个技艺的同一个分支，都有截然不同的思想流派。主题太深邃，使得每个技巧的分支都需要很长时间才能掌握。本书的目标是学习实用但有效的技巧，因此下文介绍的技巧是最易掌握的，就产生的效果而言也是很有价值的。

这种呼吸技巧通常被称为正呼吸（佛教式呼吸），在西方国家也称为腹式呼吸或其他名称。练习流程如下：

1. **闹钟**。将闹钟设置在 10 分钟后响起。
2. **姿势**。舒适地坐下，双脚平放在地上，双手放在大腿上，合上双眼。
3. **呼吸**。（闭上嘴，舌尖抵住上颚）用鼻子吸气，腹部随吸气慢慢向外扩张，吐气时缓慢将腹部向内收。
4. **呼吸要自然缓慢**。不要强迫腹部扩张或内收：腹部运动要平稳，不要紧张。
5. **最小呼吸声**。如果呼吸方法得当，呼吸声应该很小或没有声响（通常空气吸入鼻孔过快会产生声音）。
6. **缓慢渐进**。开始练习时先练习 5 秒吸气，5 秒吐气。练习一段时间后，在腹部肌肉不感觉紧张的情况下，如果你可以更进一步，就在每次开始练习前慢慢地拉长吸气和吐气的时间，一直拉长到 10 秒。重点是不要产生肌肉紧张，也不要强迫自己。强迫腹部扩张或内收会导致肌肉紧张，而肌肉一旦紧张就无法达到想要的效果。采用正确的技巧不需要外部肌肉的参与，因为整个过程都是膈膜在运动。

7. **练习过程中不用为每次呼吸定时或默数秒数**。最开始的几次呼吸可以通过计时来为练习设定呼吸节奏，但之后就要保持节奏，不要计时／默数。你会发现随着练习的深入，呼吸状态会加深，呼吸节奏也会变慢，每次呼吸都会自然延长。

8. **一旦适应了最初的呼吸节奏，每次呼吸时都要注意腹部的运动**。但不要说出这些提示（如在心里默念"收"或"放"），也不要尝试在脑中想象腹部的运动。只把你的注意力集中在腹部运动的感觉上就好。

9. **放手**。当有杂念闯入时（确实会），抛开这些杂念就好了。杂念再次出现，就再一次抛开，不要对这些杂念有任何反应，不要分析这些杂念重新出现的原因。抛开杂念，随着呼吸将注意力放在腹部的扩张和内收上。

这个技巧中，腹部运动非常自然：这是人从出生一直到幼儿时呼吸的方式。这种自然的能力可以通过练习慢慢重新学会和恢复。

一开始需要学习（或适应）这种物理机制。每天练习 10 分钟，就能够在两到三个月后相对熟练地运用这种技巧。不过，每个人的情况各有不同，因此时间不能作为最终标准：你是否感觉更加放松或注意力更加集中，才是判断你是否采用了正确方法的标准。

重点

这一技巧的练习方法不当，可能对练习者的身心带来相反的效果。因此，必须在此强调以下重点：

1. **不要刻意呼吸**。

2. **不要紧绷身体**：如果你感觉身体有紧绷感，立即放松（如果没法放松，终止练习）。

3. **不要运用腹部肌肉呼吸**: 应该用隔膜呼吸。

4. **让空气自然地流进流出**: 吸气时腹部扩张, 吐气时腹部内收。

技巧的另一种练习方式

1. 练习六个月后, 当你感觉能自如地运用技巧时, 你可以进一步练习把注意力放在肚脐三寸以下（通常在肚脐下方三指宽处）。根据中医的观点, 这里是连接身体能量仓（丹田）的主要压点（通常称为经穴）。呼吸方式还是如前所述: 吸气时腹部扩张, 吐气时腹部内收, 但注意力集中在压点上。

2. 练习了上述肚脐式呼吸技巧后, 如果你在练习这个技巧时内腹部有温热感, 就可以进一步将注意力集中在内腹部（肚脐三指以下的压点背后）, 这个地方就是丹田。像之前一样, 将注意力集中在体内的这个点上（具体位置是上文提到的压点背后）, 并抛开所有干扰杂念。呼吸方式还是如前所述: 吸气时腹部扩张, 吐气时腹部内收。

技巧 4: 倒数

数字在我们的日常生活中很常用, 倒数会让人感觉有大事即将发生。以下技巧就是利用了这种熟悉感和预期。因为以上特性, 这种技巧也相对简单且容易操作。这种方法的基础包含动态的声音和视觉流程, 根据你的思维模式增进或停止。练习流程如下:

1. **闹钟**。将闹钟设置在 10 分钟后响起。

2. **姿势**。舒适地坐下, 双脚平放在地上, 双手放在大腿上, 合上双眼。

3. **倒数**。从 100 开始缓慢倒数到 1, 约停三秒再数下一个数（作为起始节奏）。（最好）试着（在白色背景上）想象（黑色的）数字, 同时默念（但不要发出声音）。

4. **停顿**。不要数两个数字间停顿的秒数。找到让你感觉舒适的节奏就往下数："100……99……98……97……"，在大脑中倒数，并想象这些数字（省略号表示大概停顿三秒钟）。

5. **调整节奏**。随着对整个流程越来越熟悉，你可以调整节奏：节奏越慢越好。但重点是不要默数停顿的秒数，而要把注意力放在倒数上。

6. **放手**。当有杂念闯入时（确实会），抛开这些杂念就好了。杂念再次出现，就再一次抛开，不要对这些杂念有任何反应，不要分析这些杂念重新出现的原因。抛开杂念，将注意力放在倒数上。

7. **重新开始**。当数到 90 左右时，如果出现杂念，就返回从 90 开始倒数。如："……93……92……91……90……89……88…… 杂 念 ……90……89……88……87……86……杂念……90……89……"

8. **避免分析**。因为杂念的干扰，你不得不反复回到 90 再倒数，不要因此而分心，不要分析出现这种反复的原因，不要分析这些杂念。抛开杂念，按照流程继续练习。

引入训练进度表后，会更清晰地看到这个技巧的附加好处。你可以通过追踪倒数情况来测量你的专注力提高了多少，即你能倒数到哪个数字而不出现杂念。

当你掌握了这个技巧，并能轻易地在 10 分钟内从 100 倒数到 1 时，试着从 200（或随着你的进步，从更大的数字）开始倒数，并相应增加练习的时长（15 分钟，20 分钟，一直到 30 分钟）。

技巧的另一种练习方式

1. 在这种技巧的众多练习方式中，有一种叫数息的方式很流行。每吐一次气，你（在脑中）数一个数。如：吸气，吐气，"100"；吸气，吐气，"99"；吸气，吐气，"98"……每当记不清数到哪个数字或出现杂念时，就返回 90 重新开始倒数。有些人喜欢这种练习方式，但这种练习方法使技巧复杂化了，因此在掌握基本技巧前不推荐使用这种练习方法。

2. 其他练习方法或使用视觉倒计时，或使用声音倒计时，两者可以选择其一，但不能同时使用。再次强调，在掌握基本技巧前不推荐使用这种练习方法。

技巧5：三维物体

下面介绍的技巧是建立在前面几个技巧之上的视觉化技巧。与之前介绍的二维方式想象文字或数字的技巧不同，这个技巧要使用复杂的三维物体。增加难度练习视觉化技巧，可以发展你的内在视觉，而内在视觉越清晰，就对记忆技巧和本书后面章节会讲到的心算越有帮助。

一开始，最容易着手的三维物体是每天都能见到的物体。选择物体时，请选择色彩明快、维度明显的物体（例如选择明黄色的盒子，而不是白色的纸）。

为了方便更好地说明这个技巧，下文使用了一个实例（橙子）：

1. **闹钟**。将闹钟设置在 10 分钟后响起。
2. **姿势**。舒适地坐下，双脚平放在地上，双手放在大腿上，合上双眼。
3. **视觉化想象**。在脑海中想象橙子，尽量把橙子的形象想象得越清晰越好，不要紧张或太着急。尝试在中性的背景上构图会有所帮助，例如想象一个很大的橙子装在白色的三维空间里面。
4. **不必清晰全面地看到物体**。仅仅是放开其他杂念，把你的注意力集中起来。不要紧张或太着急，也不要强迫自己看到物体形象。完全放松，尝试集中注意力，从你的脑海中搜索物体的轮廓、残影或感觉。
5. **放手**。当有杂念闯入时（确实会），抛开这些杂念就好了。杂念再次出现，就再一次抛开，不要对这些杂念有任何反应，不要分析这些杂念重新出现的原因。抛开杂念，将注意力放在想象橙子上。

技巧的另一种练习方式

1. 用你自己拥有、使用或经常练习的其他物件练习。常见的练习物件可以是一个柠檬，一个苹果，一个草莓或几何形状的物体（如一座金字塔，一个球体或一个立方体）。选用的物体最好带有艳丽的色彩（一种或两种颜色，现阶段的练习颜色不要超过两种）。

2. 掌握上述技巧以后，尝试用形状更复杂的物体进行练习，并在视觉化想象的过程中想象更多颜色组合。例如在你的脑海中构建一个红蓝两色的星形十二面体；然后将注意力集中到这个十二面体上，按上文的指导进行练习。尽管这里讲述了多种练习技巧，但还是建议循序渐进地增加练习难度，而不是极端突兀地转换练习难度。

3. 有些冥想流派通过逐次深入意识的不同层次，来想象更高维度的物体（如四维或更高维度）。在我们对现实有感知的情况下，是无法进行这种练习的，这种练习方式要求将注意力集中在四维（或更高维）物体的"感觉"和"存在"上，推开其他任何想法和念头。想法逐渐消散以后，就只保留这种"感觉"或"存在"，达到更深层次的心境状态。在这种深层次的心境下，才能理解更高维物体的概念，据说练习者能够看到一个表象，这时就认为练习者实现了物体的视觉化。但是需要注意的是，每次练习以后在纸上重新构想画面都是不可能的，更别说在思维更活跃的情况下在脑海里构想画面了。**这是一种非常高阶的练习方式，在没有掌握基础技巧前不要尝试。**（即使掌握了基础技巧，也只能偶尔采用这种方式进行练习：在没有得到可测量的效果前，避免投入过多的时间。）

重点是选择易于视觉化想象的物体——尤其是在练习之初（当然，这里是指最开始练习本节所述的基础技巧，而不是高维进阶技巧时）。如果需要不断地思考如何在脑海中重构一个物体影像，那么练习就虚耗了。因此，最好的方法自然是先从简单的物体开始练习，然后采用复杂的物体进行练习。

技巧 6：气味

据作者所知，之前有关冥想的作品中，还没有任何相关作品涵盖了下文所介绍的技巧。下文介绍的技巧需要使用一个外感受器，虽然它经常被忽视，但它在精神活动中起着至关重要的作用。

这一技巧的主要内容，是记住一种浓烈芳香的气味，并在冥想中回忆这种气味。这种方法可以逐渐使练习者获得一种在内心世界，像构想声音和物体影像一样自如地构想气味的能力。这一技巧能够有力地巩固本书之后会介绍的一些记忆技巧。

嗅觉，是一个强效触发键。一旦掌握了嗅觉技巧，仅通过气味就可以触发大脑铺开全景（包括来自其他感官的信息输入）。例如你正在度假，漫步在静谧的海滩上，尝试清晰地回忆大海的清新气味，常常能够增进你对其余场景的回忆，进而让整个场景更加生动形象。掌握这个技巧能够让你对视觉化想象有一个全新的理解。

练习流程如下：

1. **闹钟**。将闹钟设置在 10 分钟后响起。
2. **姿势**。舒适地坐下，双脚平放在地上，双手放在大腿上，合上双眼。
3. **选择一种愉悦的气味进行练习**。确保选择一种你可以轻松记起或最近闻过的气味。例如，木柴烤面包的气味，新鲜出炉的祖母苹果派的气味，周日早上的薄煎饼散发的香味，新修剪过的草坪上的青草香味，或茉莉花的香味。任选一种气味进行练习。
4. **将你的注意力完全放在选择练习的气味上**。不需要构想或回忆经历、场景，仅仅只闻味道就可以了。

5. **放手**。当有杂念闯入时（确实会），抛开这些杂念就好了。杂念再次出现，就再一次抛开，不要对这些杂念有任何反应，不要分析这些杂念重新出现的原因。抛开杂念，将注意力放在气味上。

很多初学者会觉得练习上述技巧有点难——通过冥想来唤起关于气味的嗅觉会遇到很大的障碍。为了克服障碍，你可以通过想象上一次闻到这个气味的场景来开始练习。一旦你锁定了这个气味，就抛开场景，只专注于气味。练习这个技巧时会需要不断地导入场景，直到你无须借助场景也能熟练地搜索到气味为止。

技巧 7：触觉

据作者所知，与上文讲述的技巧一样，之前有关冥想的作品中还没有涵盖下文所介绍的技巧。这一技巧的主要内容也是训练在精神活动中经常被忽略的另一个外感受器。触摸会让人感到放松，而在冥想中回忆触觉，能让练习者在没有物理刺激的情况下进入放松的状态。练习流程如下：

1. **闹钟**。将闹钟设置在 10 分钟后响起。
2. **姿势**。舒适地坐下，双脚平放在地上，双手放在大腿上，合上双眼。
3. **尝试回忆你之前体验过的一种愉悦的触摸**。例如：
    a. 当你走在人迹罕至的海滩上，温热的沙粒摩挲你的双脚的感觉；
    b. 海浪在海滩上来来回回，涓涓海水流淌过你的脚趾的感觉；
    c. 一种布料，如丝绸，让人感受到的极度舒适感。
4. **集中注意力**。一旦选好让你感觉舒适并且能轻松记起的触觉，就将你的注意力全部集中在这种触觉上。
5. **忽略环境**。不要想象环境或其他刺激因素——完全专注于触觉。以上文 3.a. 中的触觉为例，仅仅专注于想象你双脚感受到的舒缓温暖的感觉，不要想其他感觉。你的意识很清楚这种触觉的由来（比如，来自你走过的海滩上的沙粒），因此不必将注意力放在场景的其他细节上。请完全将你的注意力锁定在触觉上。

6. **放手**。当有杂念闯入时（确实会），抛开这些杂念就好了。杂念再次出现，就再一次抛开，不要对这些杂念有任何反应，不要分析这些杂念重新出现的原因。抛开杂念，将注意力放在触觉上。

与前文所述的气味技巧一样，初学者很难在脑海中唤起触觉。临时的解决方法是想象最近一次经历触摸的场景。如之前的技巧一样，一旦你锁定了自己选择的触觉，就抛开场景，将注意力全部集中在这种触觉上。

技巧的另一种练习方式

上述技巧的另一种练习方式是全身式的触觉体验，如：

1. 大热天在微温的水里游泳。
2. 在摇曳的吊床中沐浴阳光。
3. 浸润在泥浆浴中。
4. 包裹在柔软的皮毛大衣里，或躺在皮毛地毯上。

这种概念很简单，并且可以延伸到你曾经感受过的任何触感上——唯一的要求是选择让你愉快和难忘的触觉。

这种技巧的另一种练习方式，是专注于无聊和平凡的触觉，例如：

1. 手指划过砂纸。
2. 触摸粗糙的树干。
3. 触摸冰冷的混凝土墙。

单调的触觉，如上述三种，通常也可以用来进行合理的训练。因为他们唤起的触觉不是那么令人兴奋，因此，将注意力集中在这种触觉上需要花费更多精力。

技巧 8：放松的场景

本段讲授的技巧，要以之前所有的技巧为基础，让你用感官抓住所有感觉，体验一个完整场景。练习流程如下：

1. **闹钟**。将闹钟设置在 10 分钟后响起。
2. **姿势**。舒适地坐下，双脚平放在地上，双手放在大腿上，合上双眼。
3. **尝试想象一个你想体验的轻松愉悦的场景**。典型示例如下：你在一片人迹罕至的海滩上，靠近海水静躺着，纵情呼吸着清新的空气。感受着海浪漫过你的全身又退回大海。享受温暖的阳光逐渐包裹你的身体，直到下一波海浪带着轻快的沙沙声涌向岸边，周而复始。
4. **个人感知**。开始练习，每一次将注意力集中在一种个人感知上（涉及任何一种感知，如气味、触觉、声音、画面、味觉），然后放开这种感知。每一种感知都花几秒钟体验一下，当你体验了每一种感知后，进入练习的下一步。
5. **整合**。下一步，将你自己放在场景中——注意力集中到这一点上。不要尝试将注意力集中在单个的感知上，也不要将注意力在不同的感知上来回转换；而是将注意力集中在整个场景中，感受整个场景。当你能够感觉身临其境时，各个感知会慢慢地消退。这时，你只需要集中注意力，保持身临其境的感觉就好。
6. **放手**。当有杂念闯入时（确实会），抛开这些杂念就好了。杂念再次出现，就再一次抛开，不要对这些杂念有任何反应，不要分析这些杂念重新出现的原因。抛开杂念，将注意力放在体验整个场景上。

一开始轮流体验各种感知，是为之后的冥想创造感知基础。练习这个技巧，你要将所有的注意力集中在一种状态上；这一状态是一个综合的状态，会出现多种感觉。起初，各种感觉都不明显，但随着练习的深入，各种感觉都会明显加强。

再次强调一下上述技巧的关键：简短地体验过每一种感觉后，逐一放开单个的感觉，把焦点放在体验整个综合场景上。当意识进一步深入后，各种感觉会自动汇聚起来。但不同的是，当这些感觉汇聚进你的意识时，它们会融入整个场景，进一步加深冥想状态。

技巧 9：背景音

下文中教授的技巧主要是利用（更确切的说法是驾驭）练习环境中的噪音。你将学习运用这种技巧，把通常的干扰噪音转化为镇静舒缓大脑练习的背景音。

掌握这一技巧，能够大幅度地提升练习者对环境的掌控能力——环境会根据练习者的选择产生相应的作用。因此，这一技巧有利于发挥竞技能力，或在嘈杂环境中应对压力。练习流程如下：

1. **环境**。建议先在安静的环境中练习，随着技能日臻熟练，逐步选择在嘈杂的环境中进行练习。
2. **闹钟**。将闹钟设置在 10 分钟后响起。
3. **姿势**。舒适地坐下，双脚平放在地上，双手放在大腿上，合上双眼。
4. **聆听房间内或你所处的环境中反复出现的噪音**。可以是空调的嗡嗡响声，远方火车穿过隧道的隆隆声，或附近道路上车辆的阵阵穿梭声——能够引起你注意的任何噪音都可以。

5. **注意到噪音以后就放手**。通常不管何时出现一种声音（或出现多种声音，如果你处在嘈杂环境中），你都会注意到，然后开始分析为何产生这种（这些）噪音。本练习的目的在于，当你开始想到声音时，才会注意到声音，然后完全抛开这些想法。例如，当你听到汽车驶过的声音，你的大脑会进入如下的思索圈：

我为什么选择在这条繁忙的街道上生活？这里又吵又堵还污染严重；但另一方面，生活在这条街上也不错，离工作的地方近。噢，我想起来了，我忘了我得提交一份报告，要是没做的话，老板得生气了，我还是在他来之前快点做好吧。咦，等等，去那么早就要排很长的队等公交车。今天早上我乘坐的那辆车上的座位还是湿的，肯定是因为之前下大雨有人把伞放在了我坐的座位上。嗯，明天我也应该带把伞，天气预报说还要下雨……

上文描述的焦急想法和你的思索过程可能不会完全一样，但接近练习者的总体思维模式。练习这个技巧的目的，是要及时阻止这样的思路出现，至少及时阻止思路延伸开去。所以练习的方法是：听到声音后就放开这个声音，例如听到声音，但不跟进。如果出现想法或想做分析，立即放开这些想法或分析，不要分析，不要试图寻找声音出现的意义，放空就好了。以上文为例，如果你听到了汽车驶过的声音，发现自己在分析这个声音（如斜体字的第一句话），就立即抛开这种分析。如果想法再次出现，就再次抛开这些想法，不要分析想法重复出现的原因。冥想的要点是练习放开，因此要练习毫不费力就抛开杂念的能力。

随着练习，外部噪音对你产生的影响会越来越少，影响你的时间也会越来越短，你将朝着掌控环境迈进一步。

技巧的另一种练习方式

随着技巧的不断提升，你可以选择在吵闹一点的环境中练习，增加一点难度。但重点是，你要先学会掌控简单的环境。

更有挑战的环境包括：

▶ 繁忙的火车站 / 汽车站 / 地铁站。

▶ 机场。

▶ 市场 / 集市。

当然，你得确保闭着眼坐在这些环境中时，不会对你或他人的安全造成影响。

在这些环境中练习的总体方法是一样的：

▶ 不要思考声音。

▶ 不要尝试分析或找出声音的来源。

▶ 允许声音进入和离开你的脑海，而不干扰你的练习。

谨记：冥想是练习放手的艺术。所以不要期望不会出现杂念——这些杂念的出现是很关键的，你需要在杂念出现时练习如何放开这些杂念。每一个冥想章节的练习都是在练习放手，并享受放手以后的轻松感。

训练计划

夫未战而庙算胜者，得算多也；未战而庙算不胜者，得算少也。

——孙子

　　前面的章节教授了如何提高专注力的技巧，但没有训练计划，技巧将一文不值。因为大多数技巧都是通过坚持练习才能被掌握的。大多数急于求成的练习者面临的通病，就是在练习过程中遇到了障碍，于是停止了练习。这也可能是为什么一看到有人大秀脑力，我们就惊叹不已的主要原因。因为会这类技能的人太少，所以我们普遍会对这类技能的展示感到惊讶。毫无疑问，这是因为很少有人不辞艰辛地不断练习，而不是因为这类技能的练习方法太难。

　　因此，制定具体训练计划并设置遵照计划进行训练的基本规则至关重要。还要有能测量进步程度的工具，这样才能核实采用的方法是否有效。

　　测量专注力的进度很难，因为是否能保持专注还要取决于环境、外界因素、当天的心情、最近经历的担忧／顾虑等。同时，有一个最大的难题：以什么测量单位来衡量专注力的进步。为了规避这些难题并达到测量的目的，我们（在前面的章节中）采用了倒数的技巧，测试练习者能够倒数到哪个数。不宜每天进行这种测量，如前文所述，这种技巧需要足够的时间来消化；每两周进行一次这样的技巧练习比较合适，练习前做好计划，检验练习是否符合预期。

　　注意：因练习者性格各有差异，所以初次的练习结果也会各有差异。有些练习者一开始进步很快，然后却陷入停滞期，而另一些练习者可能一直没有进展，但突然有一天理顺了所有的练习理念，练习效果出现了巨大的飞跃。因此，建议在练习三个月以后，再着重进行测量。

为了使训练计划的效果最大化，需要一直遵照以下规则：

训练规则

1. **每天进行训练**。每天进行练习，能够提升专注的能力。一天不练就会导致技能退化，缺乏进展也会产生挫败感。因此，每天完成训练目标非常重要。如果有紧急情况要处理，可以只进行一次十分钟的训练，但要尽全力避免错过任何一天的训练。

2. **不要尝试追赶进度**。如果有一天没有训练，不要在第二天用双倍的训练来追赶进度。这种方法会导致训练过载，你会无法消化，进而产生挫败感，这可能会让你觉得训练是一件烦琐无趣的杂事。因此请谨记：训练绝不是一件琐事！放松练习也是如此，它充满乐趣，能带给你像可口饭菜、精彩电影一样的享受，和在周五做完所有工作一般的轻松愉悦。重点是定期完成——不要因为错误的原因而过度训练。

3. **每两周用倒数技巧测量你的训练进展**。如上文所述，可以用倒数技巧来测量训练进展。这包括训练进行十分钟以后，记下倒数到的数字。下文的倒数技巧训练进度表，适用于训练了五周以上的练习者。建议至少进行一个月无任务压力的训练后，再按照下文的训练进度表进行训练。对一些练习者而言，测量进展是获得自信的重要方法：能够检验自己是否取得了进步，是否理解了训练。

4. **掌握技巧以后，也要按照训练进度表继续练习**。下文所列的训练进度表很简单，都是要求在最初几个月内专注练习核心技巧，这些技巧是最容易练习的，也是总体上最有效的。掌握之后，你可以自己设计训练进度表，或者按照建议的训练进度表进行练习。关键是不要在训练十二周以后就停止训练。需要持续定期练习，才能保持技能。运用专注力，你可以无限扩张技巧疆域：你会发现练习时，意识可以再深入一个层次，对技巧的掌控可以再提高一个台阶。

5. **不要与其他练习者对比练习进展**。专注力和放松练习不是竞技体育。一旦竞争意识开始干扰训练，就会耗费掉所有的努力。竞争和对比进展充斥着危机：你面对的练习者可能有不同的视角，可能给自己的练习经历造假，可能让你觉得你的练习不够充分，或可能建议你尝试做其他事情而放弃练习。给自己一个机会，亲自测量三个月的练习进展。如果有进展，那就按照训练计划继续练习；如果一步步按照说明进行训练而没有进展，这时你才需要进一步寻求指导。

训练进度表

下文中的进度表（见表 1-1）要求练习者每天早中晚分别抽出 20 分钟、10 分钟和 10 分钟。有的练习者可能无法做到这一点，但请尽量抽出足够多的时间。如果无法每天按时完成三次练习，那么至少每天练习 20 分钟。因此需要注意，如果每天只练习一次，那么要练习得相对久一点儿，才能有可测量的进展。每天只能练习一次，也不算太糟糕。重点是要实事求是地将训练安排进日程中，并且要持之以恒，不能懈怠。

对于空余时间相对较多的练习者，可以延长每次练习的时间。比如，中午和晚上的 10 分钟可以延长至 20 分钟，早上的 20 分钟可以延长至 40 分钟。当然，作者在此建议循序渐进地延长练习时间，而不是急速增加练习时间。

表 1-1 训练进度表

第一周到第四周

	星期一	星期二	星期三	星期四	星期五	星期六	星期日
早上 20 分钟	唱诵练习	唱诵练习	唱诵练习	唱诵练习	唱诵练习	唱诵练习	唱诵练习
中午 10 分钟	文字练习	文字练习	文字练习	文字练习	文字练习	文字练习	文字练习
晚上 10 分钟	呼吸练习	呼吸练习	呼吸练习	呼吸练习	呼吸练习	呼吸练习	呼吸练习

第五周到第八周

	星期一	星期二	星期三	星期四	星期五	星期六	星期日
早上 20 分钟	唱诵练习	唱诵练习	唱诵练习	唱诵练习	唱诵练习	唱诵练习	唱诵练习
中午 10 分钟	倒数练习	文字练习	倒数练习	文字练习	倒数练习	三维物体练习	三维物体练习
晚上 10 分钟	呼吸练习	呼吸练习	呼吸练习	呼吸练习	呼吸练习	呼吸练习	呼吸练习

第九周到第十二周

	星期一	星期二	星期三	星期四	星期五	星期六	星期日
早上 20 分钟	唱诵练习	唱诵练习	唱诵练习	唱诵练习	唱诵练习	唱诵练习	唱诵练习
中午 10 分钟	触觉练习	文字练习	倒数练习	气味练习	放松场景练习	三维物体练习	三维物体练习
晚上 10 分钟	呼吸练习	呼吸练习	呼吸练习	呼吸练习	呼吸练习	呼吸练习	呼吸练习

第十三周以及十三周后

	星期一	星期二	星期三	星期四	星期五	星期六	星期日
早上 20 分钟	唱诵练习	唱诵练习	唱诵练习	唱诵练习	唱诵练习	唱诵练习	唱诵练习
中午 10 分钟	触觉练习	文字练习	倒数练习	气味练习	放松场景练习	三维物体练习	选择你喜欢的技巧进行练习
晚上 10 分钟	呼吸练习	呼吸练习	呼吸练习	呼吸练习	呼吸练习	呼吸练习	呼吸练习

总结和复习地图

重点

▶ 专注力是捕获信息的关键所在。

▶ 冥想是提高专注和放松能力的方法。

▶ 除了有助于快速高效地学习、更深层次地放松以外，冥想还能带来一系列的健康好处。

▶ 冥想的所有学习方法都有一个共同点：学习如何放手。

▶ 每天都应该练习技巧，按照进度表，每天练习三次。

▶ 每天坚持按照进度表内容进行练习，四周后，每两周测量一次练习进展，设定预期进展，对比练习结果。

▶ 完成十二周的练习后，继续练习。最好每天练习三次；至少每天练习一次。

复习地图

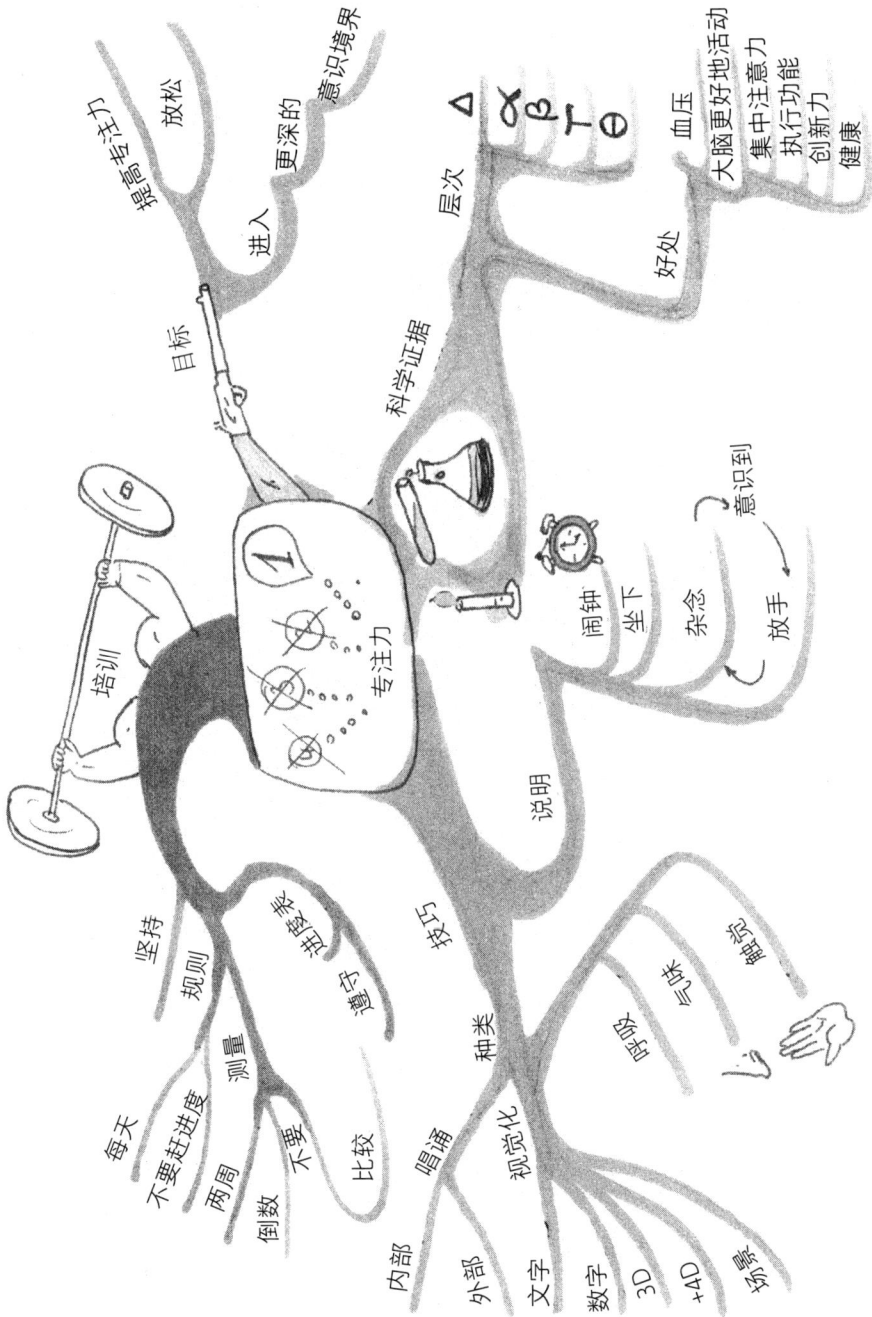

记忆力

除非我们记得，否则我们无法理解。

——爱德华·福斯特（Edward M. Foster）

第二部分的目标

▶ 能够立即记住任何信息。

▶ 在规定时间内，能按照需要回忆出讲述过的信息。

▶ 高效背诵但避免机械学习。

▶ 为背诵过程增加意想不到的乐趣——让人享受学习的乐趣。

记忆力的重要性

记忆力不佳有两大优势：首先，是很快就会忘记创伤性事件，因而这些事件很难影响自己今后的生活；其次，正如弗里德里希·尼采（Friedrich Nietzsche）所说："同一件好事即使发生很多次，还是能带来如同第一次发生一样的新鲜美妙体验。"

但仔细想想，这种优势运用在其他极端现象中就成了劣势。首先，会很快忘记具有积极意义的重大事件；其次，对于无聊无趣的事件每次都会感觉新鲜。

考虑到一个人对技能和知识的灵敏掌握，记忆力的重要性就不言而喻了：记不得一件事或一场经历，就不能从其中学到经验；无法学到经验，能力就无法增长，会一直处于停滞不前和怠惰状态。这里描述的是一种极端的情况，但记忆力不佳也很容易演绎出这种情况，因为记忆力不佳会让人无法对问题进行深层次的推理——即使最基础的知识，对其来说也是无法想清楚的谜题。因此，掌握任何事都成了巨大的挑战。

本书第一部分介绍的一些专注力技巧，对提高记忆力很有帮助。例如，更清晰地想象，或将气味、声音和触觉加进视觉化的情境中，都需要极其强大的记忆力。最重要的是，如果练习者按照专注力训练进度表练习了四周以上，达到这一阶段后，将能够更快速地将精力集中（或注意）到手头的任务。事实上，记忆力很大程度上是由注意力驱动的。

尽管只是简单的描述，但从本质上来说，当我们全身心专注于一个物体或一件事时，大脑中会发出一种信号，指示这是一种与生存相关的重要经历——因此需要记录下来以便将来参考。

本书这一部分要讲述的概念是一个完整的机制，通过使用能够让大脑进行自我保护的具体技巧来引导注意力，确保记住概念／物体／事件／经历。

过目不忘／全现遗觉记忆力与理性理解记忆力的对比

有些人希望能有过目不忘的记忆能力——过目不忘是指仅看一眼，就能清晰地记起看过的信息，而全现遗觉记忆力要比侧重视觉信息的过目不忘再上一个层次，还包括了声音、气味、感觉等信息。对于这种能力是否存在，有很多争论。有些人称这种回忆只能延续数秒，数秒过后就会慢慢消失。

先不考虑这种记忆能力是否存在，如果进一步思索一下记忆的功能，就会发现上述记忆能力的好处也是值得怀疑的。回忆的能力只是一方面，更深刻的一方面是记忆能刻画我们的思想和个性。因此，在脑海中只记下信息的图片是不够的；对一个话题拥有深刻的理性理解后，你才能够在理解的基础上搭建"高楼"。这种深刻的理性理解不是一张图片，而是与神经元的深层次连接。

过目不忘的记忆力与理性理解的记忆力之间的差异，可以用以下类比来说明：纯粹依靠过目不忘的记忆能力就如同带着课本考试，依赖这种方式的人对课题的理解能力很弱。而且，因为没有分析和积累这些信息的意识，利用这种能力回答非事实性问题时就会很受限制。

其结果就是，敷衍的文本扫描无法产生创新力和直觉力，因为这两者要通过不断累积理解才能产生。因此就无法掌握技能，无法进一步探索创新，亦无法对知识有更深入的理解。

另一方面是有关选择的问题。具有全现遗觉或过目不忘记忆力的人，通常很难控制大脑有选择地捕获和记住信息。精神病学书籍中记录了很多人饱受枯燥无关记忆摧残的案例。如果有一种工具能够按照个人选择，快速、可靠地捕获信息，那么我们应该能更有效地分配有限的精力，这样也更有益于心理健康。

记录在案的非凡记忆力

表 2-1 列出了近期记录的记忆力创举，为记忆力训练添加一点趣味和动力。

表 2-1 近期记忆力纪录保持者情况

类别	结果	纪录保持者	年份
背诵圆周率	小数点后 83431 位	原口证（Akira Haraguchi）	2005
一分钟记住的二进制数字	240 个	伊塔·艾维格（Itay Avigdor）	2006
三十分钟记住的二进制数字	4140 个	本·普里德莫尔（Ben Pridmore）	2007
记纸牌	59 副（3068 张纸牌），只错了一张	大卫·法罗（David Farrow）	2007
记住一副纸牌花费的最少时间	21.9 秒	西蒙·莱茵哈德（Simon Reinhard）	2010
一秒钟记住的数字	20 个	拉蒙·坎帕约（Ramón Campayo）	2010
一秒钟记住的二进制数字	48 个	拉蒙·坎帕约（Ramón Campayo）	2010

科学依据

市面上有一些讨论记忆运作模式的书籍。各种模式的优势与本书的内容不相关，因此本书不做分析。本章仅概述大多记忆模式普遍认可的记忆力属性。

首先，我们先详细看看记忆力的不同阶段以及类型：

1. 记录信息。
2. 存储信息。
3. 检索信息。

记忆力的类型主要有三大类：

1. **感官记忆力**。这种记忆力能短暂地记住感官信息。基本不受认知控制，多数情况下属于自动响应。感官记忆力的典型示例是，瞥一眼数据表，随后移开目光，在移开目光的几毫秒间，数据还像在你面前一样能被看到。但这种记忆只能持续数百毫秒，当你尝试回忆数据时，数据已经消失了。

2. **短时记忆力**。这种记忆力能让你在首次看完信息的数秒到一分钟之后，还能想起信息内容。有些研究表明，这种信息的编码依靠的是听觉，而不是视觉。

3. **长时记忆力**。通过重复或练习本部分教授的技巧，信息可以长时存储，存储时间为几年甚至一生。研究表示，长时记忆力主要为语义编码。

在发展长时记忆力的生理过程中，通常有如下被一致认可的科学观点：海马体被认为是在大脑中将短时信息存储转化为长时存储的重要部分。此外，睡眠在巩固信息的过程中起着关键作用。

记忆的早期科学模型，将这一过程假定为任何短时记忆的短时存储期足够长（如通过重复），便会自动转化为长时存储——这是典型的阿特金森和谢夫林（Atkinson-Shiffrin）多重记忆系统模型。但最近的研究指出，通过刺激影响杏仁核的荷尔蒙，使人产生兴奋感，能提高记忆力；而过度的压力会使大脑处于皮质醇的影响下，进而阻碍记忆存储。睡眠不足，则会进一步限制长时存储和信息巩固。因此十分必要的是要了解意识状态和身体状态会如何影响长时存储的潜力和总体学习表现。

从前文描述的基础过程中可得出结论：生活方式对于一个人的记忆能力（和总体认知功能）有重大影响。其中的关键因素包括：定时定量的睡眠，均衡膳食，经常进行体育锻炼，在自己的能力范围内尽可能地缓解生活中的压力。

虽然有上述依据，但是即使没有面临任何压力因素，遗忘也是大脑中的一个自然过程。遗忘的主要类型和亚型如下：

1. **线索型遗忘**。由于缺乏在第一次编码信息时的刺激，而无法记起信息。
2. **痕迹减退**。人们认为，新信息会使一组神经元在大脑中创建神经记忆，而这种记忆痕迹会随着时间自然减退。但是，不断重复能引起神经元突触的结构性改变，之后短时记忆将转化成长时记忆。以下是一些有关痕迹减退的理论：
   a. **干扰理论**。该理论认为，新旧信息之间的竞争 / 冲突会导致不兼容的编码消失。

b. **消退理论**。这是有关神经化学痕迹随着时间而分解的更广义的理论。人们通常认为这种消退是为了确保大脑保存最重要的痕迹。本质上，这是为了确保大脑能够以最高效的方式处理关乎生存的关键信息（或简单来说，处理最重要的信息）。

c. **有机理论**。这一理论主要论述由于生理损害或疾病而造成的痕迹消退。

根据上述概念，遗忘曲线是指新习得知识记忆的指数式衰减。1885 年，德国实验心理学家赫尔曼·艾宾浩斯（Hermann Ebbinghaus）发现了这一衰减现象。这一发现提出，遗忘与时间之间存在已知的自然关系。遗忘曲线上设定的消退键启动前，需要对信息进行复述才能长时存储信息。

语言课程中常用的间隔重复技巧——应用语言学家保罗·皮姆斯勒（Paul Pimsleur）是使用这种技巧的先驱，他用自己的名字命名了这一语言学习系统——就是围绕遗忘曲线原则形成的。这一技巧的理念是结合遗忘曲线预先确定时间进行复习，优化机械学习或重复学习的效果。结果是花费在重复学习上的总体时间减少了，但效果显著，这种方法确保了信息不会从有意识的记忆中消失。

遗忘曲线可以用如下数学方程式表示：

$$记忆存储 = e^{-\frac{t}{s}}$$

t 表示学习花费的时间，S 表示信息最初编码时花费的精力。

因此，随着时间的推移，信息的存储会淡化，但随着编码信息所用精力的增加，信息的存储时间会延长。极端情况是，随着 S 接近无穷大，信息存储便不受时间阻碍了[1]——例如，不出现消退。这种情况的一个典型例子就是

---

[1] 但是请注意，即使信息存储不受时间阻碍，时间也可能带来其他微妙的影响：记忆随着时间的推移而自然地发生变化，以便将新学到的信息融入其中，并使其与旧的信息相协调。

"闪光灯记忆"。这是在强烈的情感刺激下编码的记忆，编码时事件或信息极度地令人震惊，并对今后有着重大影响——尤其是对自身而言。例如约翰·肯尼迪（John F. Kennedy）被刺和9·11事件，这种记忆无须有意回顾，都会随时记起。

思索片刻就会发现，简单地影响公式中的一个变量，就可以对另一个变量产生积极效果。这也是本书这一部分所讲述的技巧基础。

我们通过记忆力技巧，在编码时将信息标记为极度重要且具有重大意义——使用夸张和荒诞的形象化方法，以此来增加 S。同时，我们通过提高专注力来自然地增加 S（本书第一部分已经详述了如何提高专注力）。专注力的效果有三方面：练习冥想能有力地改变大脑的结构和效率；改善注意力自然能提高 S；深化专注力也能提升记忆技巧的运用效果，这将进一步加强 S。

很重要的一点是，S 也取决于与生活方式相关的因素，如饮食、压力和睡眠。改善这些因素能够提升记忆技巧的效果。

对于时间，我们无法影响或控制 t；虽然如此，但我们可以通过在最佳时段复习信息来利用 t。最佳时段，就是主要消退阶段前的时段。这种复习可以进一步增加 S，因此消退率会随着每一次的复习而降低。

通过最佳复习流程和具体技巧来增加 S，确保大脑存储的记忆能够高效地转化成长时记忆。这就是本书所讲授的方法中的基础部分。

基本概念和基础工具

各类书籍中教授了许多不同系统，讲述如何利用具体技巧或助记术来提高记忆力，在这些系统中有几大共通的关键要素。本章中，我们将讲述这些关键要素，以及运用关键要素时需要遵守的规则。需要指出的是，这些规则都是经过数十年研究和实验得出的。这些规则和要素的最佳组合能够快速、高效地存储信息。

本章将先讲述主要原理、工具和理念，然后通过各种详细的示例展示应用方法。

记忆力的主要原理

要想记住事情，我们首先需要集中注意力，因此本书的第一部分讲述了专注力。但问题是，我们总是将注意力放到自己感兴趣或有生存意义的话题或事件上。因此大多记忆系统的理念都是"欺骗"意识，让意识认为需要记忆的信息是非同寻常的（因此很有趣）；或信息太让人震惊、不安，触发了原始情感（因此有生存意义）。

然后，顺理成章地，所有记忆系统都需要在记忆信息前，先在信息中增添趣味和情感。因此，我们在此要先介绍这一系统的实施原理和工具：

影像

影像是记忆技巧的核心。影像被用作一种运行语言，我们通过其向大脑的记忆区发送指令，表明需要储存某些具体数据。总体概念是，利用代表词语 / 概念（需要记忆的内容）的物体的影像，如果是抽象的词语 / 概念，可将其转化为具体影像，再利用下文中的技巧将意识影像转化为记忆。这样一来，当需要信息时，这些记忆就和用其他方式记住的记忆一样能被回想起来。

读者应该充分注意到，用于记忆的意识影像不仅是视觉影像。因为这些影像需要在大脑中组建，所以声音、气味、味觉、感觉和动作都要能且应该与视觉基础相配合。由于没有更合适的术语，所以本书都将这种联觉描述简称为"影像"。

连接系统

这种技巧通过每次将相邻的信息连接在一起而记住一长串信息。这个系统不依靠已有信息来锁住新信息，而是在信息串中锚固住某个信息点充当已有信息，以此来进一步建立连接。假设你想要记住一系列物品，有一个方法就是建立某种连接，把每个物品与下一个物品联系起来。如下列物品：

鞋、沙发、软管、咖啡、苹果平板电脑、橙子、水壶

总体上，我们需要连接鞋和沙发、沙发和软管、软管和咖啡、咖啡和苹果平板电脑、苹果平板电脑和橙子、橙子和水壶。基本方法就是，把一个未知的物件与已知物件联系起来，形成一条信息链，信息链中的每一个元素能触发对上一个和下一个元素的记忆。有两种方法可以形成这种连接：

逻辑思维。如果物件之间存在逻辑关系，并且列出的物件之间不会造成逻辑混乱，那就可以运用逻辑记住物件。比如，所有的物件都是以同一个文字开始，或者所有的物件都属于同一类或具有同一形状等。但是，上文中列出的物件之间没有明显的逻辑联系；另外，上文中的列表不短，因此需要使用另一种工具来记忆。

创新思维（通常称为连接）。这是记忆系统的万能工具。利用这种方法，无须逻辑联系，就可以用任意顺序连接任意物件。该工具的设计着重展示有助于刻画记忆的两个基本原理。原理如下：

a. **需要集中注意力**。通过夸大不寻常、颜色鲜明、包含荒诞行为及新颖有趣的意识影像来集中注意力。重点要使用荒诞的影像，越荒诞越好。构建这样的影像会立刻引起注意，影像的新颖性还会进一步凝聚注意力。

b. **需要（通过情感）让记忆与生存意义联系起来**。与上述 a 条相连接，我们创造的影像需要触动情感，如让人捧腹大笑、惊悚恐怖、恶心连连、迷惑不解或蠢蠢欲动。如果影像无聊乏味，就与生存意义联系不大，煽动不了原始情感，也就无法在脑海中产生烙印。

（注：注意力、感兴趣的主题、生存意义并不是相互排斥的概念。）

让我们利用上文中列出的物件来说明连接系统的实用性。这些物件中无法找到逻辑联系，于是我们需要求助于创新连接。从鞋开始。在脑海中想象一双鞋；将这双鞋与下一个物件沙发连接起来，这时，你需要用自己能想到的最荒诞的画面将沙发和鞋都包含进去。比如：想象一双巨大的鞋坐在沙发上，鞋带叠在每一只鞋的后上方——好像是模仿人的样子，双臂交叉放在脑后，脖子枕着双手休息。

构建影像的重点，在于将影像生动化、夸张化和情绪化。在你的脑海中尽可能清晰地想象鞋的细节和性能，也就是说，你要想象鞋的颜色、新旧情况、干净亮眼还是沾满污泥、是运动鞋还是其他类型的鞋等。同时，用这种方法来构建沙发的影像。为了夸张，你要把鞋子想象得比沙发大，这样才是在构建影像，而不是反映现实。因此，你可以想象一双绿巨人似的鞋子坐在一张小沙发上，这张小沙发无助地支撑着庞大的重量。最后再加一点情感，感受一下沙发那种快要散架的绝望。

　　请注意，并不需要挨个想象物件的每一个属性或特征。技巧的关键是确保画面足够生动，具有明显的关键属性和惹眼的夸张感觉。

　　继续连接下一个物件：*软管*。现在需要把沙发和软管连接起来，想象一下，花园里有一根软管正在浇花，软管里流出来的并不是水而是沙发。试想一下数以百万计的沙发从软管中洒出来，落到花朵上，花朵欣喜地把沙发吸收掉，然后快乐地成长。想象的重点是有很多沙发（最好是很多超级大的沙发）从软管中冒出来。尝试想象每次有一串超大沙发从软管里流出来时，软管被强力拉伸的生动场景——感受软管经历的拉伸之苦（注意如何在影像中加入情感）。

　　有耐心读到此处的读者可能会质疑作者的心智情况。但重点是，这种记忆方法很有效，并且很高效——达到最终目的最要紧。对于从未使用过这种技巧的人来说，这些影像都很荒谬，不过，通过这种最棒的锻炼想象力的练习，能够让练习者以一种愉快的方式快速累积需要学习的信息。觉得这种方法很可笑而对其持保留态度的读者放弃了一个很有价值的工具。如果需要更多的证据来证明这一方法的效用，那么请注意，所有记忆竞赛的精神大师和练习者所采用的练习系统，都会包含这种方法的某种变体。

　　接下来连接*咖啡*。想象软管在吃过他[1]的午餐后，喝着一杯巨大的星巴克咖啡。试着闻闻巨大咖啡杯中散发的咖啡香，同时尝试想象一下软管喝着热咖啡的愉悦心情。

　　下一个物件——*苹果平板电脑*。想象你早上在喝咖啡，旁边的盘子里放着一叠巨型苹果平板电脑，你拿起一张苹果平板电脑，对折一下，蘸上咖啡吃了。试想一下吃起来的口感，感受它坚硬的质地和令人作呕的金属味，你嚼了一大口混合着咖啡的热塑料和有毒化学物——引起阵阵的恶心感（带入感情色彩）。

　　接下来是*橙子*。想象你收到了一份生日礼物，你急切地打开包装后，发现是一个巨型橙子平板电脑（一个橙子但具有苹果平板电脑的功能）。你开始

1　采用拟人手法，这里用"他"而不用"它"。

在橙子上打字，网络出现了；接着，你用橙子平板电脑一边播放音乐一边上网。联想一下你收到这份橙子礼物时雀跃的心情，它有超爽的触摸屏功能，是一件令人称奇的发明。

最后是水壶。想象你走在一片橙子园里，突然，一阵饥饿感袭来；但你看到挂满枝头的不是橙子，而是很多巨型电水壶。接着你爬上一棵树，摘下很多水壶，用你的裙子兜着摘下的水壶。试想当你还在橙子树上，裙子里兜着巨型水壶时，所感受到的那种想立刻吃掉水壶的热切渴望——要在记忆中加入感情色彩。

现在测试一下，鞋后面跟着什么物件？

根据上述指导进行练习后，当听到鞋这个词时，你立刻就能想到一双巨大的鞋坐在沙发上的滑稽画面。这幅画面会触发对下一幅画面的联想：沙发从软管中被喷射出来；紧接着下一幅画面：软管喝着咖啡；接着把苹果平板电脑蘸着咖啡吃掉；再接着引出橙子平板电脑；最后激活你在橙子树上摘水壶的画面。

这一系统普遍被认为十分可靠。如果遇到回忆不起来的画面，通常是由以下因素导致的：

a. **影像不够逼真**。尽量多花点儿时间来创建影像：在脑海中尽可能清晰地构建影像。一开始练习构建影像时，花的时间会多一些，经过一定时间的练习，就会快速地处理信息，构建影像——几乎是自动开始构建影像。

b. **影像中的物件不够夸张**。要构建绝对荒诞的影像。荒诞影像的标准是：在你的现实生活中不会看到，或在日常生活中不会经历的影像。

c. **你还没有做好开始记忆的思想准备**。学习时，有一个放松的思想状态是很重要的——因此本书第一部分着重讲述通过冥想来提高专注力。人在经受心理压力的情况下，会释放出几组荷尔蒙，其中有些荷尔蒙会影响大脑的化学活性，从而阻碍大脑的连接强度。

要继续讲解记忆力的原理，在此自然得阐述创新连接的动力：想象力。

想象力无边无际

创新连接最令人叹服的一点是其无限的可能性。要说有任何局限的话，通常也是取决于个人允许其想象力自由扩张的程度。如果此时读者担心因为自己缺乏想象力，这些技巧有可能对自身不会产生效用——不用担心，事实上所有人都有想象力。由于性格使然，有些人的想象力会比其他人更丰富，但想象力是一种所有人都可以激活和提升的能力。

请注意，每个人的想象力各有不同，因此不应该从竞争的角度看待想象力。如果是要分享你在脑海中创建的影像，那你应该只分享自己认为可以分享的内容。通常建议最好是分享利用想象力创新的内容，且只与有类似想法的人分享，这么做的目的是，通过在这样的群组中相互分享经验，来扩展群组中每个人想象力的边界。

例如，针对类似的一系列物件创建连接，有时与其他人讨论一下经验会比较有益。这种方法可以让练习者吸收他人的理念，拓宽自己的能力。但要强调的是，并不是一定要通过讨论或分享自己创建的连接来提升你的想象力，因为这种技能会很自然地越练越自如，朝着你之前想象不到的方向发展（通常是通过将你练习时出现的其他想法联系起来）。

对于想寻找资源练习想象力的练习者，也有一些启发灵感和（再次）开发想象力的资源可以使用。比如在卡通片中，就会找到很多荒诞的理念和神奇的行为，典型的示例如：

▶《狂欢三宝》(*Animaniacs*)

▶《莱恩和史丁比》(*The Ren & Stimpy Show*)

▶《飞出个未来》(*Futurama*)

▶　《乐一通》(*Looney Tunes*)：

　　▷　兔八哥（Bugs Bunny）

▷ 哔哔鸟和歪心狼（Wile E. Coyote and The Road Runner）

▷ 傻大猫与崔弟（Sylvester and Tweety Bird）

▷ 飞毛腿冈萨雷斯（Speedy Gonzales）

▷ 燥山姆（Yosemite Sam）

▷ 达菲鸭（Daffy Duck）

▶ 《恶搞之家》（*Family Guy*）

卡通片是绝佳的资源，可以花上一些时间观看。如果你有小孩[1]，那你就可以利用观看卡通片的机会，在打破成年人习以为常的思想局限的同时，和小孩一起共享一段亲子时间。

最好选择实物

当把词语／概念转化为视觉影像时，最好转化成实物——因为可以快速而不费力地进行想象（本书第一部分的专注力练习，能够让这一转化过程更高效）。不过在有些情况下，词语／概念涉及抽象概念而不是实物，这时就可以利用下列任一种便于操作的方式进行转化（应用章节中有示例）：

a. 将词语／概念转化为一个发音相似的实物。

b. 将词语／概念转化为能够让你想起词语／概念，或与词语／概念相关的实物。

使用最先进入你脑海的影像。为了高效转化且避免在简单的选项上浪费时间，建议使用最先闯入脑海的合理影像，而不是绞尽脑汁找出最合理的逻辑排列。

---

1 此处指两岁以上的小孩，因为两岁前接触电视节目对小孩的成长不利。

有效连接的规则

下文列出了构建影像存储信息时，需要遵照的关键规则。设立规则是为了确保建立稳健的连接，这样才能保证记忆力的持久性。应用章节将讲解如何在实践中运用这些规则，即规则在各种主题中使用的具体示例。

1. **影像的夸张化有以下类型：**

   比例；

   尺寸；

   数量；

   行为的荒诞性；

   可能的话同时夸大上述各点。

2. **颜色**。创建色彩斑斓的影像，避免单调简单的黑白双色影像。

3. **让影像具有震撼和荒诞的效果**。此处构建影像的关键在于，不要构建你生活中经常能够看到的或能够经历的影像。要让大脑相信，构建的影像非常重要，需要记住以备今后参考。荒诞和震撼的影像能"哄骗"你的大脑，让大脑相信影像中的信息非常重要。

4. **声音**。在影像中注入声音，起到加深对事件或行动的印象的作用。

5. **气味**。本书第一部分已经提到过，气味能够有效地引发记忆力。因此，确保尽可能地将气味加入影像里的物体中或整个场景中。

6. **情感**。在影像中注入情感。如前几点提到的其他感官一样，情感也要与行为和场景相配合。总体来说，最有效的情感是恐惧、欲望和（通过幽默带来的）欢乐。

7. **活灵活现的影像**。不要匆忙构建影像；保证每一幅影像都清晰逼真后，再开始构建下一幅影像。最初开始练习时会稍微花些时间和精力，但说到底，这和小孩的游戏差不多，很快就会变成你的第二天性。

8. **保持影像简单化**。不要尝试在一幅影像中加入太多夸张类型、声音、

气味和情感。你的影像能让你感到很震惊、很荒诞，就足够了。在此
基础上加入太多细节就多余了，而且有一点是肯定的：会很浪费时
间。需要多做些练习，才能找到合适的平衡点。

粘连工具

当要把两个独立的物体联系起来时，我们需要找到一个"粘连点"。为了
把两个物件连接起来，下文将讲述用于粘黏的各种"粘胶"，这部分内容与上
文列出的规则相关，但需要在此另行开题教授。不同的情况需要用到不同的
粘胶——有时为了连接，还需要使用多种粘胶。如上文中的规则一样，应用
章节中有关于粘胶的示例，届时关于粘胶的练习方法会更清晰。（说明一点：
"粘胶"在此是指用于创建有效连接的方法。"连接"，作为名词，是指形成的
影像；作为动词，是指将两个物件粘黏在一起。）

1. **替代法**。用一个物体替代另一个物体。例如，我们在之前的示例中用
   橙子替代苹果平板电脑。我们将橙子想象成具有苹果平板电脑功能的
   物件——这是为了让场景充满荒诞意味而运用的有效连接。

2. **夸大尺寸和调节比例**。这一方法是让物体的尺寸比实际生活中要大，
   尤其是与场景中的另一个物件做对比时。例如第一个影像中，与沙发
   做比较，我们把鞋子想象成了绿巨人。这种比例不匹配的画面能够有
   力地塑造重要影像，大脑会因此记住影像中的信息。

3. **大数定律**。在影像中加入大量的相关物体能够有效地起到夸张作用。
   上文中，数以百万计的沙发从软管中被喷洒出来就是很好的示例。在
   此，需向读者做一点提示：在影像中创建数以百万计的物件，会让你
   相信就是有或者会有这么庞大数量的物件，从而立即让你认可影像中
   的信息非同寻常。

4. **行为**。影像中的行为应该是夸张化或具有荒诞性的。这些行为是现实

生活中不会或最好是不可能发生的，是极端或异常的行为。上文中，把苹果平板电脑蘸着咖啡吃掉就是一个很好的示例。

5. **情感**。在创建的影像中加入感情色彩，能够产生极强的感情附着作用。如上文示例：你的裙子里兜着很多电水壶，因而担心摔下橙子树，这种担忧的情感能有力地将橙子和电水壶连接在一起。

6. **将你自己放进影像中**。上文示例中想象的是，你早餐时蘸着咖啡吃苹果平板电脑，除了运用荒诞的行为来想象以外，影像中还加入了情感色彩（恶心），这种情感色彩会加深你对影像信息的印象。另外，人们更倾向于记住与自身相关或影响自身的事件，此时这两种因素——情感和自身——的结合能产生更强效的粘胶作用。毕竟，影像产生在你的大脑里，大脑也有自私的生存机制：必须记录影响自己生存的信息。

词语视觉化

词语，与数字和符号不同，常常能够由实物或至少能够与实物逻辑性地联系起来表示，通常更容易视觉化。并且，这个视觉化的物体可以用来表示这个词语。将词语视觉化的方法有如下几种：

1. **当词语直接表示一个物体时**，只需要简单地想象这个物体即可。比如，apple（苹果）这个词可以完全想象成实物苹果。

2. **当词语不直接表示一个物体时**——以词语 Friday（星期五）为例，可采用下列任一示例：

   a. **将词语转换成发音相似的另一个词语或词组**。对于 Friday（星期五）这个词语，我们可以采用连读起来发音相似的两个词语：fried（煎炸）和 hay（干草）。这时，这个词就可以被想象为煎炸过的干草。

   b. **将词语转换成能够让你联想到这个词的物体**。如 Friday（星期五）可能会让你想起电影 *Friday the 13th*（《13 号星期五》），所以你可以选择用杀人魔王杰森（Jason）的面具作为联想物体，如果你可以直观地联想到杀人魔王杰森本人，那你也可以用杰森来作为这个词的联想物体。

c. **如果这个词语对你有重要的个人意义，通过这个词你可以直接联想到一个物体，那么你可以选择这个物体来使这个词语形象化。** 以 Friday（星期五）为例，星期五可能是你去电影院看电影的日子。如果你的生活中确实有这个重要习惯，你就可以用 cinema screen（电影屏幕）来代表 Friday（星期五）。用物体联想词语是没有任何限制的：让你对词语产生联想的任何事物——只要能够视觉化——都可以用来代表这个词语。

你的词汇量越大，就越能自如地找到视觉化的物体，也因此能更快速地完成影像构造过程。请读者注意：运用本篇讲述的方法可以轻松增大词汇量。运用下述技巧增大词汇量后，有两个因素可以提高你的记忆功效：第一，精炼能力。在实践中经常练习、训练想象力，能逐渐精炼能力。第二，拥有一个循环机制。在词语转化成物体时，知识和词汇的积聚赋予了人更多的选择，因此促进了新记忆的积累，然后进一步扩大选择，从而形成一个良性循环。

能阅读多种语言的读者请注意：精通一种以上语言的读者（即使仅处于初级阶段），可以使用两种及以上的语言词汇来练习上述方法，这样一来，将词语转化成物体的过程会更快。他们选用的词语可以混合，即一个词语在一个语言中对应一个物体，而在另一种语言中由另一个词语对应该物体。混合词汇并不会阻碍这种记忆方法的运用！这是因为：通过夸张的方式来集中注意力会将影像的必要信息印入脑海，使之深藏进记忆的潜意识中。

数字和符号的视觉化

数字

正如上一小节所说，词语代表了一个概念，要么可以与实物联系起来，要么可以转化成一个实物，因此可以轻易地进行视觉想象。数字和符号则需要采取另一种方法来实现视觉化。这种方法的重点是系统化：需要把信息整理成信息块，从而利用前面介绍的技巧来进行视觉想象。下文将介绍将数字和符号转化为信息块时，应该对应地选用哪种记忆技巧。

首先，让我们从介绍主旨开始：

1. **为每一个数字和符号创建一个唯一识别码**，并且是容易进行视觉想象的识别码（优先选择实物作为识别码）。"唯一识别码"这个术语从本小节开始，将以特定方式出现在本书的其余章节中。通过回忆已创建的前一个影像来提取信息片段时，影像要能够按照创建时的原意被解码，这一点很关键。因为只有达到这一点，才能避免信息模糊不清：影像中的每一个组成部分必须指代唯一的信息片段。

2. **保持唯一识别码的一致性**：一旦创建了唯一识别码，就不要改动或替换——这个唯一识别码永远只能指代一个数字或一个符号，要保持唯一识别码的一致性。

3. **避免使用具有相关概念的相似识别码**。比如，视觉想象时，水杯和马克杯很相似，最好只用其中一个作为识别码，避免理解（如回忆）影像时造成困惑。

表示物体的词语自然可以用物体本身作为唯一识别码。前面的章节里，我们详述了如何将抽象的词语转化为相应的唯一识别码。而为数字创建唯一识别码，就是将数字转化为代表实物的词语，转化后，这一实物就在影像中代表这个数字。不过为了将数字转化为词语，我们还得先引入音标：

表 2-2   数字——音标转换表

数字	语音	数字	语音
1	T、D	6	SH、CH、J
2	N	7	K、G
3	M	8	F、V
4	R	9	P、B
5	L	0	S、Z

注意，表 2-2 中的每一个音标只能表示一个数字——发音是区别数字的唯一方式。因此，如果在记忆中存储了一串音标，那么这串音标只能解码成一个唯一对应的数字。

这个方法的理念，是将从 0 到 9 的每个数字都联系到口语中的辅音。这样，看到一串数字后就能马上将数字转化为词语，从而根据之前介绍的技巧，立即进行视觉想象。如我们看到数字 131485，利用上文中的音标将数字转化为简单的字母排列，那么字母的排列方式就有以下几种：TMTRFL、TMTRVL、DMDRFL、DMDRVL、TMDRFL、TMDRVL、DMTRFL 和 DMTRVL。从中任选一种排列方式，加入元音就可以将之变成词语。以 TMTRVL 和 DMTRFL 为例，加入元音后可以分别变成 TiMe TRaVeL（时光旅行）和 DoMe TRuFFLe（松露穹顶）。前者可以视觉化成一个时光机，或《回到未来》（*Back to the Future*）三部曲中会飞的德罗宁汽车；后者可以想象成一个松露打造的伦敦千禧穹顶。

我们很直观地就能注意到，运用这种技巧可以将任何数字转化为一组字母，然后转化为词语，接着转化为影像。当对影像进行回忆时，就能将其解码成数字，这样就形成了数字的唯一标识码。

读者可能会注意到，上述方法是在创建易管理的视觉化构件，进而从这些视觉化构件中提取较大数字的唯一识别码。我们原本也可以根据某种规则（如数字形状、数字的近似发音）简单地为每一个数字设置一个唯一识别码。

但是，使用基本构件方法意味着，任何一串数字（无论它有多长）都可以在不做过多准备的情况下被转化为唯一识别码，尤其是在进行背诵的关键时刻。这就是本书记忆系统的总体主旨：**设计一个由唯一识别构件组成的最佳组合，从而识别出其他所有数据代表的唯一信息。**

鉴于引入了新的术语，为了更清楚地理解，我们在此对术语做出了定义。唯一识别码，是指能够被转化为唯一信息块（如一个词语、数字、符号或其他）的物体。构件，是指最基本的组成成分，用来构成上述唯一识别码。对词语而言，构件就是其发音或本身；对数字而言，构件就是音标。构件本身也具有唯一识别性；反之，随着对特定话题越来越熟练，大于基础构件的唯一识别码也能作为构件（当讲解如何应用时，后半部分陈述的意思会更加清楚）。最后，一致的唯一识别码，是指唯一识别码的使用要保持一致——每次遇到特定信息块时，都要用同一个物体表示，因为唯一识别码要变成构件，其指代的信息必须保持一致。

一个系统由一组构件和一套构件应用规则组成，每一个信息块都是用唯一标识指代的，也是一致指代的。

数字的视觉化过程有如下规则：

1. **记住上表内容，不要变动内容**。构件必须保持一致，系统才能正常运行。可以运用逻辑思维和创新思维来记住上表。

   ▷ 1 使用的字母中都含有 1 竖（T 和 D）。

   ▷ 2 使用的字母有 2 竖：n。

   ▷ 3 使用的字母有 3 竖：m。

   ▷ 4 的英文是 "four"，所以用英文末尾的 R 来表示 4。

   ▷ 5 使用的字母与 5 没有逻辑联系，因此，可以把 L（如 L 的发音有点像地狱的英文 "hell"，所以用地狱作为建立连接的物体）与 5（如一只手有五个指头，所以手可以作为视觉化物体）连接起来。

   ▷ 6 的英文为 Six，发 Six 的音时，口型与 "shix" "chix" 或 "jix"

一样，这就能提醒你 6 是由 SH、CH 或 J 来表示。

▷ 7 使用的字母与 7 也没有逻辑联系，所以可以把 K 和 G（如 K+G 听起来像 "keg"）与 7（如 7 的英文 "seven" 与天堂的英文 "heaven" 押韵）连接起来。

▷ 8 使用的字母与 8 也没有逻辑联系，所以把 F 和 V（如 F+V 听起来像小偷的英文 "thief"）与 8（如 8 的英文 "eight" 与仇恨的英文 "hate" 听起来很像）连接起来。

▷ 9 倒过来就是 b，翻转就是 p。

▷ 0 的英文为 "zero"，听起来像 "z-ro" 或 "see-ro"，提醒你用 Z 或 S 来表示。

多细看几遍表格，自我测试一下，确保完全熟悉了表格中的内容。在记住表格内的音标前，不要往下学习。

2. **忽略元音和不发音的字母**。如 14 可以转化为 TyRe（轮胎）或 ToweR（塔楼）或 TeaR（眼泪）等——所用的辅音都是一样的，因此当需要把影像反转为数字时，上列词语代表的影像在忽略元音后，只能转化为唯一对应的数字。所以，不管我们把信息块与轮胎、塔楼，还是眼泪相连接，最后都只能表示 14，而不是其他数字——这就避免了含糊和混淆。

3. **起作用的是辅音的发音而不是字母本身**。如，lace（蕾丝）中的辅音 c 可以表示 0，因为这个单词的发音是 "leis"；当 c 在单词 cat（猫）里的时候则表示 7，因为这个单词的发音是 "kat"。

4. 然后选择下列方法中的任一种方法：

   a. 将数字转化成组合发音，然后找到有这个发音的单词，从而构建影像（如 131485 的影像构建示例）。或者，用如下更好的方法。

   b. 创建一张数字列表，为每一个数字指定一个实物——一个唯一识别码。将需要记忆的数字分裂成单个的组成数字，然后用新创建的唯一识别码列表帮助熟记。建议使用这种方法记忆数字，因为设定列表之后，练习者就不再需要将数字分解成字母，然后再搜索字母来构词。这一方法的目的在于增加构件容量。如果练习者的数字实物列表已经达到 100，那么数列中的任何两个数字都能很快地转化为一个词语——省略了思索 / 搜寻的步骤，因此，熟记的速度就能提高了。

上述系统中，4.a 的方法仅用于为 0 到 100 的数字设置初始唯一识别码，或从 101 开始扩展列表。不建议在已经熟记的情况下，再来为一串字母寻找合适的实物。此法仅用于准备阶段，即准备记忆工具包时。在学习阶段，即学习实际需要记忆的信息块时，应该运用 4.b 介绍的方法。4.b 实际上更快速，并且 4.b 需要提前设置唯一识别码，而 4.a 要求飞速构想新的识别码。匆忙设置识别码更容易引起困惑或不一致的情况。这样一来，唯一识别码就无法保持一致性，而这是保持高效性的关键原理。

因此，下文将为 0 到 100 的数字各设置一个实物，我们将这张表称为"数字列表"。它的制作结合了上述规则和音标的应用。与先前的表格一样，这张表应该运用逻辑、创新思维或死记硬背的方式熟记下来。由于音标已经确定了组成每个词语的辅音，所以很多数字和搭配的实物并不需要花费太多精力就能熟记。请注意，我们仅在这里允许采用死记硬背的方法。因为在此阶段，我们处于创建系统的过程中，需要创建好系统，从而淘汰这种低效记忆方法（死记硬背）。

将列表分为十组，每组十个数字，每天记忆一组，这种记忆过程比较合理。每天记忆时，再测试一下前一天学到了哪些内容。完全记住 100 个数字，会让之后的学习过程更加高效，强烈建议读者完全熟记。

读者可以用表 2-3 进行记忆，或将其作为参考——通过表 2-3 最终找到最适合自己的唯一识别码。表 2-3 包含了最常用的实物，但练习者能找到适合自己记忆的实物会更好。因此，根据上文中强调的总体规则，强烈推荐读者按照自己的喜好对表中实物进行更换。

表 2-3　数字列表

数字	实物	数字	实物	数字	实物
0	Saw 锯子	34	Mare 母马	68	Chef 大厨
1	Tie 领带	35	Mule 骡子	69	Shop 商店
2	Knee 膝盖	36	Match 火柴	70	Case 盒子
3	Moe《辛普森一家》（Simpsons）中的莫	37	Mac 苹果电脑	71	Cat 猫
4	Row（划桨）	38	Movie 电影	72	Coin 硬币
5	Lee 李（想象李小龙，李小龙的英文名为 Bruce Lee）	39	Mob 暴民	73	Gum 口香糖
6	Shoe 鞋子	40	Rice 大米	74	Car 汽车
7	Key 钥匙	41	Rot 腐烂	75	Coal 煤炭
8	Foe 敌人	42	Rain 雨水	76	Gauge 测量仪器
9	Paw 爪子	43	Rum 朗姆酒	77	Coco 椰子
10	Taz 塔斯（袋獾，绰号"塔斯马尼亚恶魔"，英文为 Tasmanian Devial，乐一通动画里的动物角色）	44	Roar 咆哮（想象狮子）	78	Cave 洞穴
11	Toad 蟾蜍	45	Rail 铁轨	79	Cape 披风
12	Tin 锡罐	46	Ridge 山脊	80	Vase 花瓶
13	Dummy 假人	47	Rock 石头	81	Fat 脂肪
14	Tower 塔楼	48	Reef 礁石	82	Fan 扇子
15	Till（商店、银行账台中的）现金箱	49	Rib 肋骨	83	Foam 泡沫
16	Dish 碟子	50	Lace 蕾丝	84	Fur 皮毛
17	Duck 鸭子	51	Latte 拿铁	85	Fly 苍蝇
18	Dove 鸽子	52	Looney 乐一通	86	Fish 鱼
19	TP 厕纸	53	Lamb 羊羔	87	Fog 雾
20	Nose 鼻子	54	Lorry 货车	88	Fava bean 蚕豆
21	Net 网	55	Lily 百合花	89	Fob 短表链
22	Nun 修女	56	Leech 水蛭	90	Bus 巴士

23	Gnome 小矮人土地神	57	Log 原木	91	Boat 船
24	Honour 荣誉	58	Leaf 树叶	92	Bone 骨头
25	Nail 指甲	59	Lab 实验室	93	Palm 手掌（L 不发音）
26	Hinge 铰链	60	Cheese 奶酪	94	Bear 熊
27	Nike 耐克	61	Shit 大便（粗鲁但很有效）	95	Bull 公牛
28	Knife 刀	62	Chain 锁链	96	Beach 海滩
29	Knob 门把手	63	Jam 果酱	97	Pig 猪
30	Maze 迷宫	64	Shower 洗澡	98	Bath 沐浴
31	Mad 疯子	65	Jelly 果冻	99	Pipe 管子
32	Moon 月亮	66	Shisha 水烟壶	100	Thesis 论文
33	A Mummy 一个木乃伊	67	Jockey 赛马骑师	101	……

注：记住每个数字对应的英文，中文为英文单词的参考译文。

参加记忆力比赛的竞赛者会将列表延伸到几千个数字，这样可以迅速地为长串数字找到指代实物。这种方法加快了数字转变成影像的速度，同时还能用更少的影像来表示指定数字。以记住数字 314159 为例，来体现加长数字列表的好处：

记住单个数字对应的词语——Moe、Tie、Row、Tie、Lee 和 Paw（莫、领带、划桨、李小龙和爪子）。

对比

100 以内的两位数对应的词语 Mad、Rot 和 Lab（疯子、腐烂和实验室）。

对比

1000 以内的三位数对应的词语 Meteor 和 Tulip（流星和郁金香）。

很明显，对于参加竞赛的记忆大师们而言，延伸数字列表是一种很重要的技能。将需要记忆的影像数量减半或减少三分之二，能大大提高信息存储速度和存储空间（后面章节的"宫殿系统"中有更多相关内容可参考）。

需要在此说明，练习本书所教授的系统时，没有必要将数字列表延伸至1000，那种方法在记忆竞赛中更为适用。大多数情况下（除了记忆竞赛外），存储100个数字的实物已经够用。这样能相对更快地掌握这一步基础步骤，在学习整个系统的过程中就不会因任务太过繁重而无法完成。而同时，较之没有受过训练的记忆能力而言，又能够更快速地将数字信息编码为影像。

最后需要说明的是，无论是100个数字的列表还是1000个数字的列表，通过加入其他特征，如颜色、地点、气味和声音，就能毫不费力地将列表进一步延展开来。每增加一种特征，列表就可以有效地扩展十倍。我们会在本章后面的内容里拓展这种方法的应用。

符号

与词语和数字一样，运用以下规则可以将符号转化为影像：

1. 如果符号直接指代一个实物，就直接想象这个实物。
2. 否则，可以通过以下方式将符号转化为实物：

   a. 将符号与指代的概念联系起来。例如，美元符号"$"可以联想为财富，财富可以直接用装满钱的袋子来表示。

   b. 将符号与相似的实物联系起来。如星号"*"看起来很像雪花，所以可以用雪花来想象星号。对于熟知法国漫画《阿斯泰利克斯历险记》（Asterix）的人来说，可以不用雪花，而用漫画同名人物阿斯泰利克斯（Asterix）来代表星号。

   c. 将符号与发音相似的实物联系起来。如加号"+"的英文"plus"，听起来像"pus"（脓疮），马上就变得很好想象。而且，因为脓疮很让人反胃，会让人一想起来就不舒服，因此能更好地记住。

3. 需要保持每一个符号对应影像的一致性和唯一性（如一个一致的唯一识别码）。针对特别课题，一旦收集齐需要学习的所有符号后，建议读者画一张表格，列出为每一个符号指定的实物。需要避免重复指定实物，且要保持一致性。每个实物只能代表一个符号，反之亦然，而符号只能用表中列出的实物表示。这样做能节约时间并减少错误。可参考表 2-4（我们将在数学公式章节使用）中的示例：

表 2-4　数学符号与实物对应示例表

符号	实物	原因
+	脓疮	plus（加号）发音和 pus（脓疮）相近
−	《淘气阿丹》（Dennis the Menace，儿童喜剧电影）	minus（减号）与 menace（在此意为淘气）发音相近
=	老鹰	equal（等号）与 eagle（鹰）发音相近
÷	大砍刀	division（除号的英文，同时可以表示分割）可以联想到切割，因此可以用大砍刀来表示
幂（^ 或 X^y）	健身达人	power（幂/次方的英文，同时表示力量）能让人想到肌肉
积分（∫）	审讯灯	integration（积分）与 interrogation（审讯）发音相近
微分（∂）	袜子	把洗干净的衣服分类叠好时，需要在其中区分并找出配对的袜子，这种家务杂事的联想中就可以用袜子来表示微分（differentiation，微分的英文，也指区分）

重点是为每一个符号找到一个对应实物，然后写下来，随时可供参考。接着，不断地运用这些符号的对应实物进行练习，不要即兴创作，也不要替换已经指定的实物。本书第四部分将介绍终极学习方法，届时我们会针对如何将这一过程变得系统化的问题，进行更详细的介绍。

加入特征

让我们在此假设，练习者已经掌握了从 0 到 100 的对应实物。这样一来，可以通过下述方法把整张列表乘以十，得到一张从 0 到 1000 的列表，并且还不用额外记忆从 101 到 1000 的数字对应的实物，每次应用此法都可以将列表再乘以十，进一步延伸列表。

这一方法很简单，就是使用（0 到 100 中的）任何数字的对应实物并加入以下特征：

1. 地点。
2. 颜色。
3. 行为。
4. 声音。
5. 气味。
6. 质地。
7. 情感。
8. 形状。

最好通过示例来讲解这些特征的概念。下文中展示了如何应用前三个特征，将 0 到 100 的列表延展 1000 倍。接下来，进一步拓展到使用其他特征就很简单了，但不在此处举例。因为：

a. 加入更多特征拓展列表会让影像越来越复杂，更难记忆。因此需要取舍得当。

b. 特征越多，构建影像花的时间越多。

c. 前三种特征之后的其他特征需要运用非视觉感官。总体来说，这些感官的体验相对较难存储在大脑中。当然，高效快捷地运用这八大特征

也是可能的，但需要结合专注力练习部分（本书第一部分），对非视
觉感官进行持之以恒的练习。

d. 总之，额外耗费的时间、精力以及加大的难度，会阻碍总体训练
进度。

加入三种特征

对于一个五位数，通过以下公式（每个字母代表一个数字）加入前三个
特征：

VWXYZ

1.VW 代表从 00 到 99 中的数字。

  a. 练习者可用代表 0 的实物来表示 00，代表 1 的实物作为 01 的识别
码，以此类推到 09。之后每次遇到这些数字，0 都可以视作 00，
而 1 可以视作 01，就这样类推到 09。

  b. 另一种更通用的方法是延伸数字列表，纳入从 00 到 09 的唯一识别
码（其中，00 运用逻辑思维方法，01 到 09 运用音标）。

表 2-5　数字列表延伸示例

数字	实物
00	Toilet 厕所
01	Suit 西装
02	Sun 太阳
03	Zim（想象船运集装箱）以星航运公司
04	Syria 叙利亚
05	Silo 筒仓
06	Sage 鼠尾草
07	Sick 病人
08	Safe 保险箱
09	Soup 汤

2. X 表示地点特征，决定形成影像的地点。

3. Y 表示颜色特征，表示实物的颜色、地点的颜色，或整个影像的颜色。

4. Z 表示行为特征，表示影像中发生的行为。

从 0 到 9 的每一个数字都通过预先确定的具体特征来进行想象。前三种特征的示例可以参考表 2-6。

表 2-6　XYZ 特征示例

数字	X	Y	Z
0	丛林	灰色	跳伞
1	沙漠	红色	洗澡
2	湖泊	黑色	冷冻
3	旷野	白色	燃烧
4	猪圈	蓝色	呕吐
5	外太空	橙色	流血
6	海洋	绿色	流汗
7	高山	粉色	飞翔
8	云层	棕色	打喷嚏
9	足球场	黄色	爆炸

如果练习者希望学习运用多个特征的技巧，那么需要同时熟记上表和之前的列表。需要说明一点，记住上表中的 30 项内容就可以将原来只有 100 个数字的实物列表拓展到 100000 个数字的实物列表。这种收益是任何投资都难以企及的。

示例

为了更好地展示这些特征的概念，让我们来重点学习几个示例。例如记住数字 33980，一种方法是将数字分为三个部分：3、39 和 80，然后在 0 到

100 的数字实物列表中找到这三个数字对应的实物，并将三个实物连接在一起以记忆这个数字。而使用上文展示的方法后，可以在影像中只构建一个实物就记住这个五位数，而不是构建三个实物。（从结果上来说）这种方法与设置从 0 到 99999 的数字实物列表是一样的（两种方法花费的精力会有所不同）。采用这种方法构建影像的流程如下：

1. 从 33 开始，根据上述公式，VW 表示 33。指代 33 的实物是一个木乃伊。

2. 下一个数字是 9，根据上述公式，位于 X 列。特征对应一个地点，9 决定了这个影像发生在足球场。

3. 下一个数字是 8，根据上述公式，位于 Y 列。特征对应一个颜色，8 对应的颜色是棕色，因此这是一个棕色的木乃伊，且影像定位于足球场上。

4. 最后一个数字是 0，根据上述公式，位于 Z 列。特征对应一个行为，0 是跳伞。因此影像为一个棕色的木乃伊跳伞跳到了足球场上。

完整的示例是，假设这个数字是一个人办公室的内线分机号，把这个人与号码联系起来会容易记忆一点儿。比如，假设这个人姓琼斯（Jones），这样就只需要把琼斯和我们刚才为这个号码创建的影像联系起来。可以想象为，足球场上铺上了很多《夺宝奇兵》（*Raiders of the Lost Ark*）的主角印第安纳·琼斯（Indiana Jones）而不是通常的绿茵，一个巨大的棕色木乃伊从空中跳伞降落到了这些印第安纳·琼斯身上，无情地碾压着印第安纳·琼斯们，印第安纳·琼斯们惊恐万分，疼痛不止，大声尖叫。

下面尝试记住 28762 这个数字。这个数字将产生什么影像呢？（请先自己尝试创建影像，然后再往下阅读。）

一把绿色的刀的刀片在*高山*顶上被冷冻了——如一把刀站在山顶上，因为非常冷，它止不住地颤抖。例如，这个号码是你老板的分机号，为了记住这一点，你可以想象你的老板去爬山，他刚爬到山顶就看到一把一脸凶相的绿色大刀正在尝试把刀片上的冰霜摇下来。然后你听到你老板声嘶力竭、极度惊恐的尖叫声。

请注意，上述示例并不是故意制造残忍画面或煽动对上级产生逆反情绪，而只是为了展示无边无际的想象力和可能性，在创造影像的过程中，你不需要遵守日常（真实生活）规则。所以，你可以放飞你的想象力，放任各种怪念头。影像越极端，连接力越好，记忆就越深刻。

其他方法

除了使用三个特征外，你还可以增加或减少所使用的特征，这取决于练习者的喜好或是否能自如地进行多维视觉想象。以下两个示例可以展示特征使用的灵活性。

只用两种特征，公式为 VWYZ，VW 表示的内容与前文一致，Y 表示颜色，Z 表示行为，去掉 X。

使用四个特征，公式为 VWXYZA，VWXYZ 表示的内容与前文一致，A 表示声音。

上面八个特征可以产生无数种排列形式，而练习者选择哪一种排列，最终取决于哪些感官可以产生最佳结果——因为每个人的各种感官体验都有所不同，所以排列选择也因人而异。不过重点是，要选择一个有效的排列，例如 VWYZ，并在做好选择后，保证你的选择使用一致的排列。如果总是变换排列，很快你就会产生困惑，之前的努力就白费了。（这再一次说明了保持唯一识别码一致性的重要性。）

为了将此方法运用在选定的排列上，需要熟记上表中列出的每个数字所代表的具体特征。

掌握这种方法得花费一点儿时间，但在之后的具体运用中，你会发现这点儿时间花得很值。

到此，读者应该已经推断出，对于已经记住 0 到 9999 对应实物的练习者，（如果运用三种特征）这种方法能够让这些练习者仅通过拓展一幅影像，就可以记录一个七位数的数字。在一些国家中，电话号码就是七位数的。能把这样一个大数（如电话号码）转化进一幅影像中是非常了不起的。如果练习者想打破圆周率背诵世界纪录，他只需要创建 11919 幅影像，而如果不采用这额外的三种特征，则需要创建 20858 幅影像。还有，如果拓展到使用八种特征，那他只需要熟记 6953 幅影像就可以打破圆周率背诵世界纪录。

复习的重要性

新奇的记忆系统常常忽略复习[1]这一课题。记忆系统创建的强大记忆连接确实能有力地捆绑信息块，因此充分减少了忘记信息的可能性，即便过了很长时间也是如此。在撰写此段内容时，作者想起第一次运用记忆系统速记学习书里的一张肖像画。即使作者只看过一眼图片，时隔二十年之久，作者还是能清楚地想起那张脸以及画的主人的名字。作者能想起这些信息的原因是，那张画非常滑稽，并且因为练习形式很新颖，所以当时非常专注。但是，这是一个特例，并不是常态。普通记忆的存储过程通常是逐渐清除——至少从意识上会清除对个人来说并不怎么重要的信息。

通过重复一个行为或复习一个课题，记忆就可以长期存储。复习可以引起大脑化学物质和结构的变化，让神经元之间的连接更高效——在今后需要回忆信息时，耗费的精力就更少。复习会产生信号，表明这个因素/任务/事实在个人生活中的重要性，接着，大脑通过将记忆转化为长时记忆而记住这些信号。

采用上文教授的创新连接而构建出的影像，会在 24 到 48 小时后开始转淡。尽管记忆时长因人而异，但大多数人的记忆是会这样转淡的。因此，为了完整可靠地将数据转化为长时记忆，需要在记忆之窗关闭前进行复习。目

1　"复习"在这里是一个教育理念的词语，指"反复阅读一个主题或主题笔记的过程，尤其是为准备考试而进行的反复阅读"。

标就是（合理利用时间）做最少量的复习，同时实现长时存储。为了达到这一目标，需要确保每轮复习都安排在记忆转淡之前。

正如本书第二部分强调的一样，研究显示记忆消退会遵循特定的窗口期。了解了这一点，就可以设置最佳复习时间。因此，对于长时记忆存储，建议遵循以下记忆流程：

1. 运用上述技巧熟记信息。这一练习时间记作 T_0。

2. 练习之后，立即在大脑中重复场景或影像，确保信息得以吸收。

3. 一小时后，即 T_0+1 小时后，尝试回忆信息和复习场景／影像。

4. 最好选择睡觉前的一两个小时，即 T_0+12 小时后（假设是在早上学习了信息；否则，就在 T_0 时间点过了 12 个小时以后）再次复习。

5. 第二天再次复习，即 T_0+24 小时后。

6. 一周后再次复习，即 T_0+1 周后。

7. 两周后再次复习，即 T_0+2 周后。

8. 一个月后再次复习，即 T_0+1 个月后。

9. 三个月后再次复习，即 T_0+3 个月后。

10. 六个月后再次复习，即 T_0+6 个月后。

11. 十二个月后再次复习，即 T_0+12 个月后。

看到上面这张"大"复习表，读者可能会感到心灰意冷或不堪重负。但作者还是要在此提到一个重大和关键的"打击"：必须追加额外的刺激，才能长时存储记忆。不过，实际复习任务比上述列表简单得多，需要做的仅仅是简单地"瞥一眼"你创造出的搞笑、荒诞、愉悦、梦幻并且最称心满意的影像。仅需要花上几秒，像做娱乐活动一样就完成了复习。

上文的复习时间表是为了确保长时记忆存储而设计的——这是一个充分条件——尽管在多数情况下，长时记忆很大程度上取决于创建的连接强度，需要复习的次数相对来说可能会更少。不过，在不了解个人遗忘曲线的情况下，上述时间表能够精确地测量每个连接的强度，所以我们必须实事求是，将上表作为长时记忆存储的充分条件。我们需要根据信息存储的程度，调整每次复习的深度：快速复习那些练习者认为已经完全吸收了的材料，同时，将重点放在吸收印象薄弱的信息上。

根据作者个人经验，承诺能够实现长时记忆而不需要复习影像/场景的记忆系统都是不切实际的。但忽略复习对这类书的营销有好处：在一本自我完善的书籍封面上标注多次复习才能长时存储记忆，这样的宣传语可能不会受读者欢迎。尽管这种忽略也算不上居心叵测，但肯定会产生不良影响。

上文所述的复习与机械学习[1]的复习是有区别的：后者的复习必须在首次接触信息时就吸收信息，而运用上文介绍的复习系统能够在首次通读信息时便轻松吸收信息。

再者，为了长时存储信息，靠机械学习学得的信息也需要按照上文的复习时间表进行复习。实际上，即使在第一天学习新内容时就立即不计精力损耗地进行大量复习，如果新内容不是很重要，也很容易从长时记忆存储中消逝。因此，针对吸收信息这一点，很明显，上文介绍的复习系统（对比机械学习）有很大的优势。在这一系统中，复习仅仅是为了长时存储，而不要求一开始就习得学习内容。

强烈建议读者在考虑需不需要复习前，先评估学习内容的重要性。如果一开始花了时间和精力来学习和熟记，几个月后却发现记忆已经消退，自己脑中仅剩下对学习内容的"似曾相识感"，那就实在太可惜了。稍微花些精力进行复习，能让你保持对信息的长时记忆，这样当你学习新课题、做决定、做规划、思索考虑和对问题提出新的想法和解决方案时，你就有足够的知识量可以利用。

基本上，个人意愿决定了信息的记忆时长。如果学习的目的是为了短时记忆，如进行（本书第五部分讲解的）心算，则不必进行复习。而学习、研

1　这里提及的机械学习，是指重复阅读或重复浏览信息直到形成记忆的标准方法。

究和进行常识积累时，必须进行复习。

　　鉴于本节重点介绍了长时记忆，在此也应当简短地提到睡眠及其在长时记忆过程中的重要性。虽然不是绝对必要，但睡眠是长时记忆存储的重要组成部分。建议有规律地保持每天至少 8 小时的睡眠时间——最好在晚上 11 点前[1] 按时就寝。据说记忆巩固主要是在睡眠中进行，因此睡眠受扰、无规律或不足都会导致无法将记忆转化为长时记忆。

系统化和顺序化

　　想要发挥技巧的最佳效果，就必须设置好顺序，并保证信息清晰，这是为了实现效率最大化，以及确保系统组成成分之间没有含糊不清的情况。比如之前提及的一个例子，如果将数字 37 转化成马克杯，而将数字 79 转化为水杯，很明显，这两者之间的区别不够明确：每当练习者回忆涉及喝水器皿相关的影像时，影像出错的可能性会增加（粉色的老虎到底是在水杯中喝水，还是在马克杯中喝水？）。

　　可能没有办法完全去除所有含糊不清的情况，在跨多个课题学习不同类型的信息时更是如此。不过，我们应该系统地设计记忆方法，使含糊不清的可能性最小化，并且制定顺序，以达到效率最大化，这些内容将在详细讲解系统应用的章节中清晰展示。在此处，我建议读者确保满足下列要求：

1. **构件**。在熟记重要课题之前，将信息分解成易于视觉想象的用唯一识别码标记的构件。比如，每一个字母、符号、数字、音节、声音、气味、部首等都应该有一个唯一识别码。

2. **唯一识别码**。然后使用构件，构造课题中所包含的信息块的唯一识别码。

1　感兴趣的读者可以细读 "昼夜节律"（circadian rhythms）的相关内容，以更好地了解睡眠起始时间和睡眠长度的重要性。

3. **一致性**。步骤 1、2 之后，所有的唯一识别码在运用时要保持一致性。

4. **避免冲突**。应该避免任何构件或唯一识别码在各课题间产生冲突或歧义。为此，建议在笔记本中记下构件列表，并且在可行情况下，记下主要唯一识别码列表。制作构件列表时，可参考本书前面章节中介绍的音标法；制作主要唯一识别码列表时，可重点参考 0 到 100 的唯一识别码列表。

把课题分解成最基本的构件是关键，然后要为每一个构件分配一个唯一识别码。运用这种方法，可以把复杂的信息块解构成易于想象的构件组合，从而熟记。之后，复杂信息块的唯一识别码又可以作为更复杂的信息块的构件使用（可周而复始地运用）。

请注意，为了避免对使用原则产生困惑，绝对没有必要把需要记忆的信息块或指代信息块的唯一识别码做成表格。本系统的理念是产生远少于整个课题数据量的一套构件，并用此构件来熟记信息，然后将这些少量的构件制成列表，用于组织整个课题信息，系统地引出其他唯一识别码。比如，前文所列的音标可以作为涉及数字的任何课题的构件。音标数量有限，容易制表，但能够将任何数字转化为唯一识别码。

一旦在一个课题上取得了进展，就需要更大的构件来进一步提高速度和效率，对于涉及数字的课题，0 到 100 的唯一识别码列表就能够满足这一目的。

这个方法系统且高效地为信息指定了影像物件，大大减少了熟记课题所需要的总体精力，避免了产生歧义的可能性，而且，已经指定的物件可以在类似或相关的课题中延续使用。

应用章节中，我们会讲解具体示例，并通过实践观察具体说明如何运用这一方法。

系统

前面的章节介绍了记忆力的总体概念，至此读者应该已经熟知如何将信息块转化为可进行视觉想象的物件，知道了如何运用这些物件，并且对持久记忆需要使用哪些关键要素有了一定理解。

本章节将重点介绍有利于快速、有效存储信息的主要系统。作者会介绍不同的信息存储方法，根据不同情况选用不同方法以达到最佳存储效果。"应用"章节中，会详述各种不同情况如何与不同系统进行搭配使用。

除连接系统外，所有其他系统都是通过将新信息块与已知信息连接来存储信息，这种方式通常被称为"标记"，已知信息则被称作"记忆桩"。

本章节使用的粘连工具和使用规则与前文相同，唯一的不同点在于，采用了不同的方法将影像存储在大脑中。

总而言之，有两种存储信息的方式：

1. （**新信息到新信息**）**连接系统**。将第一个新信息块与课题名称连接起来，然后将每个信息块与邻近信息块连接，进而把新信息的所有其他信息块连接起来。

2. （**新信息到旧信息**）**记忆桩、宫殿和网格系统**。将新信息块与已知信息连接起来——可通过以下方式建立起连接：

   a. **一份排列有序的项目列表**。要求必须记住一份列表，如本书本部分前面章节介绍的 0 到 100 各数字的对应物件。

   b. **一个房间**。要求必须记住房间中的物品以及物品放置位置。你家里的任何一个房间都可以。

c. **一座宫殿、一个城市或整个国家**。要求必须记住特征物或主要景点，以及这些地点的先后顺序。例如一个你经常去的博物馆，一个你喜欢的公园，你居住的城市的一条主干道，或你最近去过的一个国家的主要特征物。

d. **一个想象的房间、宫殿、城市或国家**。要求脑海中构思过并已经记住了虚构内容、特征物或主要景点以及这些地点的先后顺序。这与 2.b. 和 2.c. 条类似，但其根本的不同之处在于，这些内容完全是虚构想象的。之后，本章节会详述如何设计这样的地点。

e. **一个物品网格**。要求必须记住物品在网格上的具体位置。之后，本章节会详述如何设计这样的网格。

连接系统

连接系统用于介绍记忆力技巧（尤其是连接）的基本原则，不受限于你掌握的列表／地点的多少，是一种非常自由的方法。通常来说，其他信息存储系统会因掌握的内容太少而受到限制。

连接系统，至少从理论上，可以用预设顺序创建一个无限长的项目连接列表。该系统还能让练习者以顺推或反推方式记忆信息。不过，这种方式不能用于精确记忆数位。比如，你记住了一个 1000 个物件的列表，你知道电视机之后是冰箱，但你无法记得冰箱是第 923 个物件，电视机是第 922 个物件。因此，这种方法只适用于无须精确记住数位的情况。

"记忆力的主要原理"章节中已经介绍过这一系统，但在此，为了更完整地介绍，下文详细解释了具体步骤：

1. **需要熟记哪些信息？** 可以是一个简单的购物清单。了解这一点对于正确存储信息和检索信息都很关键；不了解这一点，就会忘记清单上第一个物品后的其他内容，因此破坏整个记忆过程。

2. **将第一个信息块与（第一步）信息连接起来**。例如，鞋是购物清单上的第一项，那就将鞋和购物清单连接起来。

3. **接着将每个物品与下一个物品连接起来，直到连接到清单上的最后一个物品**。按照"记忆力的主要原理"章节中介绍的方法，将物品连接起来。

4. **在大脑中复述清单，确保构建了牢固的连接**，必要情况下，巩固较弱的连接，这也是复习流程的第一步，这已在"复习的重要性"章节中介绍过。

上述流程的第一步非常关键，这一步也指出了整个系统的不足，即如果忘记了清单中的任一项，就会忘记该项之后的其余内容。但一般来说，不会发生这种情况，因为熟记清单中的任一项都会激发对该项前后紧邻内容的记忆，并以此类推。例如，在记忆 1000 个项目的列表时，忘记了列表的第一项，但记得其中一项是冰箱，那么就能立即想起冰箱前后的项目，继而从冰箱顺推或反推出列表上的其他项目。

通过示例来阐述可能会更清楚：如果你听到"苹果平板电脑"这个词时，你立刻能想到的两个影像是什么？

［如果读者仔细学习了"记忆力的主要原理"章节教授的视觉想象内容，就会立即想到（苹果平板电脑右边的）橙子的影像和（苹果平板电脑左边的）咖啡的影像。］

记忆桩系统

记忆桩系统与连接系统有两点不同之处。第一，记忆桩系统精准确定了信息块中具体的数位；第二，记忆桩系统需要提前确定并记住记忆桩，如已知列表中的项目。因此，记忆桩系统的使用受到列表长短的限制，也受到个人可用列表数量的限制。

用你熟悉的排列方式（互相关联且有数据项）创建一个物件列表，这样你可以通过确定记忆桩——即用已创建的内容为基础——搜索熟记的资料、信息顺序，以及精确的数位。这一系统被称为记忆桩系统，即我们需要将之前未知的信息标记在固定且已知的内容上。对比连接系统，记忆桩系统的明显优势在于：

a. 能够记起信息顺序以及其对应的精确数位。

b. 忘记一个信息块不会影响对整个列表的记忆。

记忆桩系统与其他记忆力系统的根本原理是相同的：是新信息与已知信息的连接过程。在连接系统中，已知信息是匆忙创建的：一旦一个信息块与之前的信息块连接起来以后，就成了已知信息，接着就能将其后的信息块与这个已知信息连接起来，以此类推。运用记忆桩系统之前，必须创建新信息块，即需要提前创建一些能轻松想象的物件的列表，同时要确保记住物件对应的数位顺序。创建这种列表的流程如下：

1. **能轻松视觉化的影像**。列表上的每一个物件都必须能被轻松视觉化——最好选择常见的物件。

2. **数位**。必须清楚标明物件在列表中的数位。

3. **避免冲突矛盾**。创建列表时，要避免与先前创建并还在继续使用的列表发生冲突，即一个物件只应该出现在一个列表上。

4. **逻辑联系**。列表上的物件之间应该有逻辑联系，即应该属于同一个群组、类型，或用某种技巧衍生而来——如 0 到 100 的数字列表中的物件都是通过音标衍生而来。

将新信息实际标记到记忆桩列表上，是指采用与连接相同的粘连方法。其流程也相同：创建具有狂野荒诞、夸张戏剧、情绪丰富、五彩斑斓等特质的影像。再次强调，连接系统和记忆桩系统的不同之处在于，记忆桩系统的记忆桩列表事先已经备好，而连接列表是现用现制；前者中每个物件都有对应的数位，后者则没有。

为运用记忆桩系统，下文详列了容易构建的列表作为示例。构建一个以上列表的原因显而易见，是为了确保更高效地存储信息，避免运用同一张列表记忆所有信息，这与不使用一个小衣架晾晒家里的所有衣服是同一个道理，显然，衣架越多，晾晒任务会完成得越快、越高效。同理，将大量新信息块一次性全部标记到同一张列表上，可能会弄混列表上物件与信息块的归属，从而导致花更多时间来巩固影像。

假设，你想要使用同一份记忆桩列表记下一份购物清单、当天的日程安排、一份总统名单，以及最近几场板球赛比分，那么由于记忆桩列表上的每个物件都被标记上了四个不同的信息内容，你无可避免地会记不清某些影像，这样你就不得不重复和巩固影像——时间就没有得到高效利用。最好是事先准备好几份记忆桩列表，以便更高效地应对此类情况。

以下示例可用于指导创建新的记忆桩列表。下文中的列表足以应对大多数日常需求而不产生冲突，因此没有多大必要创建额外的列表——不过这最终将取决于个人需求。

与记忆力系统的其他技巧类似，一致性意味着高效性。例如，决定总是将数字列表（详见下文）运用于购物清单中，图像列表（同样详见下文）总是运用于日程安排中。一旦决定哪张表用于哪种目的后，就不要再做更改。

数字列表

之前的章节中介绍了 0 到 100 的数字列表，并采用音标方法为每个数字添加了对应物件，为了将该表用于记忆桩相关的应用过程中，并避免讲解过程中出现指代不明的情况，故将此表称为数字列表。通过将新表中的每个信息标记在数字列表中的现有物件上，数字列表可用于记忆其他（数字少于101 的）任何列表。例如，你有一张如下的购物清单：

1. 鸡蛋。

2. 黄豆。

3. 碎牛肉。

4. 牛奶。

5. 肥皂。

6. 生菜。

根据之前章节中讲授的技巧，如果采用连接系统的话，可以将每一项与下一项连接，进而记忆。但如果采用记忆桩系统，就需要将购物清单中的每一项标记到数字列表的对应项上进行记忆。

让我们从购物清单上的第一项鸡蛋开始，数字列表上与之对应的是*领带*，因此将鸡蛋标记到领带上。你可以尝试想象在平底煎锅的边缘磕破一条领带，突然间一条小领带破壳而出，在滚烫的油面上吱吱作响（确保在想象中你打破的是一条大得不成比例的领带）。

然后是第二项：*黄豆*，数字列表上与之对应的是*膝盖*，因此将黄豆标记到膝盖上。你可以尝试想象和感觉一下，如果一个膝盖是用一颗黄豆做的，走起路来会怎样。想象一颗巨大而柔软的黄豆，连接着大腿和小腿；夸大影像，并感受这样的腿带来的各种不便。

接着完成清单上的剩余项。

碎牛肉应该标记到莫；牛奶应该标记到划桨；肥皂标记到李小龙；生菜标记到鞋子。

一旦创建了上述影像，如果需要使用第二项的信息，应该能立即搜索到膝盖的影像，从而激发一个人带着巨型黄豆做的膝盖走路的荒谬影像，这样就能立即想起购物清单上的第二项是黄豆。

显然，练习者可以按照既定顺序记起各项内容，如逐一回忆数字列表的各个物件，或根据需要，查询某个数位上的具体物件。

图像列表

正如其名，表 2-7 所列的图像列表的创建原理，是根据列表中每个数字的形状，为其找到最相似的物件。经过进一步检查，读者可以为一些数字找到更相似的物件——只要在运用时保持一致性，也可以直接运用表 2-7 中的物件。

表 2-7　图像列表

编号	记忆桩
0	烟圈
1	树
2	天鹅
3	蚂蚁
4	风帆
5	钩子
6	大象鼻子
7	回旋镖
8	赛车锦标赛 / 赛道
9	海马
10	篮球网

所有记忆桩列表都与上述列表一样，可以根据练习者的需求进行延伸。

即便是像上表这样短的列表，也有实际用途——如用于日程安排，每一个数字代表工作日里的每个小时。这也说明，针对具体目标可以制作一些实用的短列表。因此，没有必要将每个列表都延伸得很长，如延伸到 100。为了记忆不同类型的信息，可以分别制作一些短列表和长列表。

字母列表

数字列表可作为从 0 到 100 的唯一识别码列表，也可作为记忆桩列表。与数字列表类似，字母列表也有双重功能：

1. 为每个字母都配备了一个唯一识别码,可用于记忆(从语言角度来看)非逻辑排列的字母的抽象概念,典型的示例为数学公式,后面的"应用"章节中会对其进行具体讲解。

2. 字母列表自带了数字顺序的属性,也可以用作记忆桩列表。

记住字母列表很简单,而记住所有的记忆桩列表也很简单,因为组成列表的基础元素是通过逻辑或规则联系起来的。数字列表是通过音标构建的;图像列表是通过数字的形状构建的;在此,字母列表是通过与字母发音相似的、具有鲜明特征的物件构建的(参考表 2-8)。

表 2-8 字母列表

字母	记忆桩
A	Ape 猩猩
B	Bee 蜜蜂
C	Sea 大海
D	Dill 莳萝
E	Eel 鳗鱼
F	Elf 小精灵
G	Gin 杜松子酒
H	Hedge 树篱
I	Eye 眼睛
J	Jail 监狱
K	Cane 手杖
L	Hell 地狱
M	Ham 火腿
N	Hen 母鸡
O	Ho, ho, ho!嗬嗬嗬!(想象圣诞老人)
P	Pea 豌豆
Q	Cue 暗示
R	Arrr!啊!(想象海盗常用的表达语)
S	Ace 纸牌 A
T	Tea 茶

续表

U	Hugh 休（想象休·格兰特）
V	Veal 犊牛肉
W	"Dubya" "达不溜"（想象乔治·W. 布什的绰号）
X	Eggs 鸡蛋
Y	Wine 红酒
Z	Zit 青春痘

韵律列表

与之前的列表相似，以下物件列表是根据数字的韵律或近似韵律构建的。没有必要使用完美的韵律；发音相似就能满足使用。关键是使用一个逻辑元素创建所有物件，因此允许自由运用这样的元素。

表 2-9　韵律列表

编号	记忆桩
0	Zorro 佐罗
1	Gun 枪
2	Zoo 动物园
3	Tree 树
4	Door 门
5	Hive 蜂巢
6	Vicks 维克斯
7	Heaven 天堂
8	Slate 石板
9	Mine 地雷
10	Zen 禅宗（想象在冥想的和尚）

躯干列表

躯干列表的排列顺序是按照从头到脚的身体躯干部分顺序而排列的，这张列表不能为每一个记忆桩立即安排参考数字，但可以通过记住第五个、第十个和第十五个记忆桩作为参考，这样的记忆桩称为"记号"。

如表2-10，舌头是第五个身体部分，胃是第十个身体部分，脚指甲是第十五个身体部分——每个器官都位于身体的不同部位（舌头属于上段部位；胃属于中段部位；脚指甲属于下段部位），因此很好记，这三个记忆桩就成了本列表数位的记号。

将新信息标记到列表后，如果需要记忆数位，可以简单地从最近的记号搜索到这个记忆桩。如蚊子被标记到了嘴巴上，因为最近的记号是舌头，而舌头是第五个记忆桩，那么嘴巴过后就是舌头，所以可以很轻松地得出，蚊子是列表中的第四项。

表 2-10　躯干列表

躯干部分
额头
眉毛
鼻孔
嘴巴
舌头
脖子
胸脯
手臂
手指
胃
腹股沟
大腿
小腿
脚
脚指甲

宫殿系统

尽管宫殿系统原则上属于记忆桩列表，但因为宫殿系统纳入了一个空间维度将其和抽象记忆桩列表区别开来，因此在此单独讲解宫殿系统。

细想之后就会发现，宫殿系统与其他系统有一个细微区别，即需要依靠对一个地点的记忆，可以是一个城市、一条道路、一座房屋或一间房子。与之前的记忆桩列表的创建不同，这个地点无须采用统一规则或主题来进行人为创建，而是需要选择一个你特别熟悉的地方，其中要包含直观独特的物件或特征物，用作记忆桩来存储信息。正是你对所选地点的熟悉性提高了宫殿系统的效用：空间维度刺激大脑意识将精力集中到回忆一个具体地点上（并激发大脑中管理空间意识的区域），这不同于创建连接或记忆桩时需要想象抽象虚幻的地点。利用一个具体地点聚集大脑意识并激发大脑的额外（感官整合）区域，可以产生更深刻的记忆。因此，运用宫殿系统能够生成强有力的记忆桩。

宫殿系统能够存储极其庞大的数据，实际的数据存储量只受到所选地点大小的限制。基本上，练习者只需在脑海中"逛"一遍所选地点，就能存储和回忆信息。其另一大优势是，熟记的课题可以一直存储在所选的地点中，这意味着不需要借助任何备注，就可以对课题进行复习，因为复习所需的仅仅是在脑海中逛一遍上述地点，就会一路复习到标记在记忆桩上的内容。

只要遵守了下文中的记忆原则，就可以如同绕着预设地点走一圈一样，自如地记起信息顺序。但如果需要用这种方法记住每项物件的数位的话，则需要在预设地点走一圈时，在固定的增量上设置躯干列表中介绍的记号。

下面的章节中，我们将介绍几种常见的宫殿系统。

房屋和房间

最典型的例子就是你的住所中的一间房间。准备记忆宫殿时，简单选择一间房间，并（在脑海中）顺时针游历一遍，同时记下可以用来标记信息的所有重要物件。

要想能准确地记起熟记的信息的顺序，系统化的游历非常重要。当选择你的房屋作为记忆宫殿时，需要达到如下要求：

1. **顺时针游历房屋**。从前门开始，顺时针游历房屋——从低层的门向高层的门前行（顺时针走完一层后，再往更高一层走）。

2. **顺时针游历每一间房间**。沿途经过每间房间时，都从门口开始沿顺时针方向游历房间内部。

3. **设置记忆桩**。首次利用地点存储信息时，先（在脑海中）回顾游历过程，回顾的过程中，按照下列标准在脑海中记录下用于设置记忆桩的物件：

   a. 每一项都固定在房间的某个位置（如橱柜、冰箱或烤箱）；或至少放置在固定位置（如挂在衣架上的外套，或放在书架上的书）。

   b. 每一项都有鲜明特点，易于进行视觉想象。

   c. 避免多次使用房间中的相似物件作为记忆桩。比如，将每本书都单独作为一个记忆桩会导致混淆，使用整个书架作为一个记忆桩则更合适。

4. **放置记号**。如果需要记忆数位顺序，可以每五个物件放置一个记号。你需要选择一个能使你联想到数字的物件作为记号。比如在选择的宫殿地点中，以荒诞的方式创建连接，将扶手作为第45个记忆桩，那会是一个很好的记号。读者在此应该注意，如果不需要记忆数字顺序，就没有必要这么做，也没有必要太频繁地在每五个记忆桩处设置一个记号。你可以选择每十个记忆桩做一个记号，或完全不做记号——这要取决于宫殿地点的使用目的。通常可准备一些有记号的宫殿和一些没有记号的宫殿。前者用于需要记忆数位的记忆任务，后者则用作除了记忆数位之外的其他记忆任务。

5. **回顾**。一旦设立好记忆桩和记号后，花几分钟在脑海中游历回顾一遍，包括沿途的所有记号，确保记忆牢靠。

　　你可以随时延展选用的记忆宫殿，但不要对已经运用宫殿记忆法建立了记忆的地方做改动（即使这些地方在现实中随着时间流逝已经有了改动，比如你居住的房屋内的一间房间）。

我们将再次通过一个示例，来更好地说明如何把一间房间用作记忆宫殿。在房屋中选择一间房间，以厨房为例，当你顺时针游历厨房时，会看到以下内容：

> 一个冰箱，一个微波炉，一个面包机，一个洗碗池，一个烤箱，一个橱柜，一个垃圾桶和一个搅拌机。

现在，你已经有了一个可以添加信息的记忆宫殿。例如，为了记住美国历任总统，你也可以选择你的住所来作为记忆宫殿，顺时针绕着每间房间走一圈，顺时针游历整个房屋，从楼下到楼上。以上文提及的厨房为例（虽然大多数房屋的第一间房间不会是厨房，但每家每户都有一个厨房，因此在此假设这是整个房屋的第一间房间），你将乔治·华盛顿（George Washington）标记到冰箱上，约翰·亚当斯（John Adams）标记到微波炉上，托马斯·杰弗逊（Thomas Jefferson）标记到面包机上，以此类推。"应用"章节会详细介绍如何把总统名字转化成易于进行视觉想象的物件。此处读者仅需要理解的概念是：你现在需要利用一个已知并在你脑海中记忆深刻的地点来存储新信息。

请注意，与所有的记忆技巧一样，记忆宫殿将未知内容项（如新信息块）连接到已知内容项时，所使用的粘胶是一样的：利用前面章节详授的方法，创建荒诞影像和滑稽行为。

宫殿、城市和国家

为了记住一长串的内容项或综合课题，需要比房屋和房间更大的记忆宫殿，但记忆原则是一样的，即需要找到熟知并印象深刻的地点，然后运用与上述相同的记忆技巧。

核心重点是要系统化：游历记忆宫殿的顺序必须保持一致。因此，如果你选择将上班的路线作为记忆宫殿，最重要的核心就是以同样的方式途经路上的特征物，即便有改变途中特征物顺序的想法，也要坚持不做出任何改变。如果顺序变动了，虽然记忆方法还是有用，但记忆顺序的能力会减弱，也就无法记起是在路上的哪个具体地点记住了需要学习的课题概念，进而复习过程会变得更吃力，这也是练习者利用城市（而不是路线单一的房间）作为记忆宫殿的最大担忧，因为如果没有选用系统的路线，就会有多条路线从城市街道的任意一侧穿行，从而无法达到上述记忆效果。

因此，建议练习者找到一条路线，系统地通过所有主要街道和巷道。可以按照下述方法进行：

1. **如果城市有一条环形道路**，从最东南端开始顺时针经过整条环形道路。
2. **如果城市没有环形道路**，或者已经走完整条环形道路后，从最东南端开始，系统地由东到西（然后从西到东）朝着北面前行，从空中往下看，会像一条蛇蜿蜒地向北前行。
3. **一旦从主路通过**，将主路两边的特征物当作记忆桩。
4. **顺时针穿过街道巷道**：从一侧进入，记住这一侧的特征物，然后从另一侧出去并汇入主路，并记住这一侧沿途的特征物。
5. **如果主路尾段没有与另一条主路相连**，则利用最后一条街道连接进入下一条主路，但不用顺时针途经街道两侧，可以直接穿行过街道进入下一条主路。

请注意，以上整个流程也适用于一座城市的小型单元，如一个城市被分为几个片区或不同的社区。这些小型单元可以通过从东向西（然后在下一条大街从西向东），从最东南端往北穿行的方式连接起来。

对于较简单的宫殿，最重要的是要运用规则，确保宫殿里的顺序。

上文讲述的流程可以作为所有相对平坦的记忆宫殿的参考流程，不管是圆形结构还是格子结构。另一种对圆形结构很有用的方法是从里向外或从外向里绕圆。

　　请注意，上文所述的流程仅为一个大纲，并不是详细的步骤，仅用于介绍如何对记忆宫殿合理排序的规则。地形稍微有变或路形不同时，也可对上述总体流程做出调整，练习者可自主选择喜欢的方式进行练习，不过，不管选择什么练习方式，都必须遵守以下规则：

1. **同样的路线**。总是采用同样的路线穿过记忆宫殿，不要沿途改变路线或优化路线。

2. **高效路线**。规划高效路线，覆盖整个记忆宫殿，捕获区域内的信息，这样一来，你就可以充分利用记忆宫殿所能提供的所有资源。请注意，运用了规则后，可能需要忽略记忆宫殿的某些部分，这是运用规则的代价，不过多数情况下，忽略的部分都是极少的。（如需要穿过最后一条街道进入下一条 B 主路，那么就不用穿行到 A 主路的尽头，因为连接 A 主路和 B 主路的街道位于 A 主路尽头之前，而没有走过的那段 A 主路与整个记忆宫殿相比是一个很小的部分。）

3. **设置记忆桩**。沿途确定你想使用的特征物，一旦决定后，不要更换或做任何改变。

4. **标记信息**。将正在学习的新信息标记到选定的特征物上——像之前一样，运用荒诞的影像进行标记。

5. **回顾**。一边在大脑中回顾记忆宫殿中建立的路线，一边回顾新信息。

　　以下是一些空间更大的常用记忆宫殿（"空间更大"是指与一间房间和一栋房屋相比而言）。封闭式记忆宫殿的规则与房屋记忆宫殿的规则一样。户外记忆宫殿的应用规则与城市记忆宫殿的应用规则一样。

　　1. **上班路线**。

2. **访友路线**。

3. **一间艺术画廊**。

4. **一个社区**。你长大的社区或你现在居住的社区。

5. **一座宫殿**。如果你曾经游览过一座宫殿或在纪录片中看到过宫殿，将其作为记忆宫殿是个不错的选择。

6. **一座博物馆**。博物馆中有展品、人工制品或塑像，是记忆宫殿的绝佳选择。

7. **一个村庄**。

8. **一个小镇或城市**。

9. **一个国家**。

上文的列表排序根据难度层层递进。运用上文介绍的系统游览一座宫殿或一座博物馆，并熟悉殿内或馆内的物件要相对容易一些，游历整个城市或国家则需要付出极大的精力。

对于大多数记忆目的来说，用整个城镇作为记忆宫殿是很多余的——通常只在竞技情况下，需要记忆大量信息块时，才会选用整个城镇作为记忆宫殿。例如，世界脑力锦标赛中，有一项为在限定时间内记忆多副纸牌，对于这样的记忆任务，选用一个城镇来作为记忆宫殿就非常理想。

虽然选用这样的记忆宫殿有难度，但在脑海中记下整个城镇并不是不可能，而事实上，这样训练脑力是一件富有乐趣的任务。带着愉悦的心情出门散步（或骑自行车），系统地走完你选用的整个记忆宫殿，享受美景的同时记下可以用作记忆桩的特征物。

因此，建立记忆宫殿其实是一个观光过程——一个多数人都喜欢的休闲活动。多进行这种活动，可以多建立存储空间来存储其他信息。可以选用以下任一方式，一边观光游览一边构建记忆宫殿：

1. 去（上文细述的博物馆、城镇、城市等）观光游览，并记下你感兴趣的特征物。系统地选择你的观光游览线路，简短地记下沿途的特征物——用笔记下或用拍照、录影的方式记下，这对首次构建记忆宫殿或将来用作参考都很有用。

2. 或者，选好一个你打算记忆的课题，带着你针对这个课题做好的笔记去观光游览。遇到每个特征物时，都将你需要熟记的一个新信息块标记到你面前的特征物上去。在此需要再次强调，要系统地走完你所选的记忆宫殿。这种方法能让你在创建新记忆宫殿的同时记住新课题。

3. 采用以上两种方法里的任一种完成记忆宫殿的创建后，在大脑中回顾几次游览过程，查看沿途的特征物（如果采用第二种方法的话，同时查看标记的信息）。熟悉了游览历程和沿途的特征物以后，不要做任何替换或改变。这一游览历程可用来记忆临时信息或一个具体课题的整个内容。

为了进一步解释上述原则，我们在此将上班路线作为示例进行讲解。下文行程中的斜体字是指记忆宫殿的特征物，新信息可以标记在这些特征物上：

1. 练习者走出居住的*建筑*。
2. 穿过路上的*斑马线*。
3. 路过一间有蓝色木制招牌的*老式酒吧*（特征物的名字不重要，重要的是特征物的视觉形象）。
4. 穿过*大桥*，进入*码头*。
5. 路过*轮渡站*。
6. 向*中国餐馆*的服务员问好，中国餐馆旁边是长长的*楼梯*。
7. 左边是*四季酒店*。
8. 继续朝前走，走进一个*圆形花园*。
9. 经过花园，进入*主路*。
10. 穿过主路，来到钢铁和玻璃建造的*高层建筑*前。

以上讲解涵盖了构建典型记忆宫殿所需要的细节和顺序。再次说明，构建记忆宫殿的关键是要使用你自己规划的行程——一个你亲自走过并能回想起的行程。

一旦用这种方法练习过几次后，你就能感知这种方法的力量。一边复习课题，一边在脑海中再现自己漫步于美丽的景色中，这会给你带来一种愉悦而有趣的体验，也让学习成了一种享受。另外，有一种额外的好处就是游览中加入了情感和具体的空间维度，这些都能让标记的信息深刻地印在脑海中。

虚构宫殿

虚构宫殿是宫殿系统的一个延伸，利用创新能力在大脑中构建宫殿。虚构宫殿的创建理念是在完全放松的状态下，在大脑中建造一座房屋、一座宫殿、一个城镇、一个城市或一个国家，甚至整个世界。这很像《模拟城市》（SimCity）游戏，但和游戏不同的地方是，你并不局限于电脑里设置的城市版本，你只受到想象力的限制，而想象力本身是无边无界的。

因为必须要熟悉新构想的地方后才能将其用作记忆宫殿，所以这种方法更难运用。记忆宫殿要与存储在记忆中的实体宫殿一样生动清晰。当一个人实际游览实体宫殿时，他能自动捕获到记忆中的景色。但当在脑海中创建一个实际并不存在的地方时，需要付出更多的努力来创建记忆。不过，多加练习，虚拟宫殿的构建过程就会变得得心应手。

虚构宫殿的一个应用示例是在大脑中构建一个社区，用于归类和熟记某种题材的所有书籍。具体来说，就是你打算熟记最近阅读的十本领导力书籍，并将这些书籍归为一组，流程如下：

1. **在你的脑海中创建一个小型社区**。你可以选择创建任何类型的社区（城市社区、郊区社区、历史社区、封闭式社区或农村社区等）——社区类型没有任何限制，但创建混搭社区是个不错的选择。

2. **创建一条穿过社区的道路**。清晰地想象道路的颜色、路面宽度和路旁的树木等。

3. **想象一本"领头"的书籍——这是你计划存放在此的书的类型**。这本"领头"书穿着军装，带着一把剑。想象他领导着身后的一众书本军队行进：生动地构想数十亿书本听从这位领导的命令，行走在你刚创建的新路上。

4. **现在在社区的入口处创建一座房屋**。可以根据你的意愿创建任何类型的房屋——放飞你的想象力，创建你认为适合这个地方的最佳房屋。

5. **给房屋配一个邮箱，将你需要熟记的一本书标记到邮箱上**，如孙子的《孙子兵法》。作为记忆桩，你可以确定构建一个邮箱正在和一块画布打仗的景象（画布提示艺术，打仗提示战争）。屋前，邮箱和画布互相用机关枪和坦克扫射对方，用歼击机和原子弹轰炸对方等——影像要足够生动荒诞才能将物件连接起来。

6. **下一步，步入通往房屋的小路，开始形象地构思房屋的建筑结构和属性**。在这时，你可以进一步按照自己的喜好细化房屋：房屋的式样可以是现代的、西式的、东方的、新的、旧的、大的、小的、五颜六色的、朴实无华的等。一旦构建完成，你至少应该能回答如下问题：房屋的主门是什么颜色？房屋上了什么颜色的漆？房屋有几层？

7. **接着创建房屋的内饰**。你走进房子，走进的第一间房间是哪一间？是客厅吗？这间房间里有哪些物件？房间的墙面是什么颜色？

8. **创建了第一间房间后，沿顺时针方向创建第一间房间的内饰，确保具体清晰地构建了每一项内饰的所在位置**。构建好内饰后，从书（为衔接上文实际，在此继续用《孙子兵法》为例）的第一章开始，将主要信息块逐个标记在房内的物件上。为了清楚地记忆顺序，总是沿顺时针方向游览房间。标记信息时，采用夸张和荒诞的手法创建影像。

9. **运用同样的流程创建房屋的其他房间**：每一间房间对应一章内容，房间中的每一个物件都标记上这一章的一个信息块（对于非虚构房屋记忆宫殿，也要采取同样的游览顺序）。

10. **存储完第一本书的所有内容后，走出房屋，走向路边的另一座房屋。** 这座房子可以位于第一座房屋的对面，或所有的房屋都可以位于主路的同一侧，这些同侧的房屋也可以面向大海——当然这取决于你自己，你可以跟随自己的意愿设计记忆宫殿。

11. **可以为这座房屋安装或不安装邮箱。** 可以与之前的房屋不同，把书名标记在通往房屋的小路上，而不是邮箱上。再次强调，这取决于你的个人喜好；标记信息的位置有无数种。你可以根据书的封面图案和颜色来设计屋的正面，重点是要把书名标记到房子外的任何物件上，这样你才能清楚这座房屋里有什么信息，就像存放文件之前先为文件夹命名一样。

12. **进入第二座房屋，为每个房间分配一个章节的内容，** 将需要记忆的信息块标记在房间内的物件上，进而熟记这一章节的主要内容。

上述示例中，新的内容在创建虚构记忆宫殿时就一同被记忆了。这是虚构记忆宫殿的应用方式之一，另一种应用方式是提前两天创建好虚构记忆宫殿，在创建好的这两天里，每天回顾几次（两到三次），然后再分配信息。

总体来说，第一种创建方式更方便，因为记忆宫殿会刚好足够存储新信息（如为每本书安排一座房屋，房屋里的房间数直接对应书的章节数，每间房间的物件数量刚好足够对应相应章节的重点内容）。然而，因为记忆宫殿在存储信息前就已经稳固地建立好了，第二种方式中的记忆桩更深刻，且就速度而言，因为在第二种方式中已经提前准备好了记忆宫殿，所以第二种方式能更好地完成限时记忆任务（如脑力记忆竞赛）。

建立好（上述示例中的）基础虚构记忆宫殿后，有如下几种方法可以进一步延展基础虚构记忆宫殿。如：

a. 构建好一条路以后，你可以将这条路与下一条路相连，而这条路可以用来存储你阅读过的历史知识，房屋可以对应不同的时代。

b. 建立起第一个社区后，你可以打造一条主路连接到下一个社区，这样每条路对应一个综合学习课题。例如，一条路对应计算机语言，这条路上的每座房子存储一种语言的语法和规则。另一种方式是，对于一个大课题或专业领域，每个社区可对应一个研究领域（如数学），每条路代表该领域的不同分支，每座房屋代表一个子分支。

c. 你可以用这种方式构建许多社区，直到建立一个城市。

d. 然后，继续构建更多城市，进而形成国家，再形成世界等。

建议读者定期重访这些记忆宫殿，并在脑海中游历一遍，回顾记忆桩，最终将记忆桩转化为长时记忆。读者应该参考前文中"复习的重要性"相关章节，选择在最佳时间进行复习。如果记忆宫殿已经包含了课题内容，回顾记忆宫殿的记忆桩的同时，自动就会复习到该课题的内容。

当记忆宫殿里装满了需要学习的信息时，复习信息时只需要躺在床上或最好躺在绑在两棵棕榈树间的吊床上，在脑海中游览一遍你创造的虚构世界即可。利用虚构宫殿进行学习会给你带来一场愉悦的体验；它提高了你的创造力和空间意识，并能轻易地存储大量信息。与机械学习相比，助记系统的好处就不言而喻了。

网格系统

网格系统主要通过信息呈现的形状和顺序来记忆视觉信息，也可当作一个标准记忆桩列表使用，但简单一点的记忆桩列表更易于创建，所以网格系统最常用于记忆视觉信息。

典型的记忆示例如：一张地图，一副纸牌的特定排列方式，一份图表或周期表。将网格系统稍加改动，变成圆形，就可以运用在以圆形呈现的信息上——如世界地图（椭圆形）、迷宫等。

利用网格系统记忆信息的方式，与记忆桩系统和宫殿系统的方式完全相同，需要将新信息块标记到网格既定位置上的已知项上（下文将引用示例进一步讲解这一流程）。

标准网格

标准网格是网格系统的主要操作工具——可以用于捕获任意二维视觉信息。标准网格的创建流程如下：

1. **画图**。画一个尺寸适当的网格。
2. **标注**。第一行用字母标注，第一列用数字标注。
3. **命名**。每一格用字母加数字的方式命名，如第一行最左边格子，即为 A1。
4. **设置唯一识别码**。每个格子的唯一识别码以该格字母开始，加上该格数字的发音。（详见"数字"下面的小节"音标"；记住，运用音标时，重点是发音而不是字母。）
5. **保持一致**。确保每个网格中选用的物件不与你已创建的其他唯一识别码（如其他记忆桩列表）混淆冲突。一旦建立好，不要做任何变动。
6. **扩充**。随后，如有需要，你可以通过添加行和列来扩大网格尺寸。但再次强调，不要改变已经创建的内容（如现有网格中已创建的物件）。

为了更好地讲解流程，在此以一个 5×5 的标准网格为例（见表 2-11），该网格是按照上述步骤创建的：

表 2-11   5×5 标准网格

	A	B	C	D	E
1	Ad 广告（想象一则你指导的搞笑电视广告）	Bat 蝙蝠	Cod 鳕鱼	Dodo 渡渡鸟	Eddie 艾迪，《欢乐一家亲》（*Frasier*）中弗雷泽的狗
2	Annoy 烦躁（想象有人用勺子狠击蒸锅）	Bono 波诺（Bono，U2 乐队主唱）	Can 罐头	Dean 系主任	Eon 永恒（想象一个沙漏）
3	Ammo 弹药	Beam 横梁	Comb 梳子	Dam 堤坝	Emmy 艾美（想象艾美奖的塑像）
4	Air 空气	Bar 酒吧	Crow 乌鸦	Dry 干燥（想象吹风机）	Ear 耳朵
5	Ali 阿里（想象拳王阿里）	Ball 球	Clay 泥土	Doll 洋娃娃	El 厄尔（想象厄尔尼诺现象）

可以进一步拓展这个网格的列数或行数，或同时拓展列和行。关键要求是每个格子都要有唯一识别码。

运用这一系统的典型示例，是熟记元素周期表及其结构。为了运用 5×5 的网格，在下文的讲解中，我们只用元素周期表的前 25 位格子。如果你想涵盖整个周期表的话，只需用一个更大的网格就可以。

表 2-12   元素周期表示例

	A	B	C	D	E
1	氢				
2	锂	铍			
3	钠	镁			
4	钾	钙	钪	钛	钒
5	铷	锶	钇	锆	铌

为了记住表 2-12 中的部分元素周期表，只需要把周期表中的每个元素标记到标准网格中对应位置的物件上。比如，与锂对应的 A2 格中的词语是*烦*

躁，因此如果要记住锂在周期表中的位置，只需要把*锂*标记到*烦躁*上就可以了。你可想象一个烦躁不安的锂电池撞击着一口锅，把它周围的一切都搅得和它一样烦躁不安（因为听到撞击的噪音，所以对周围的一切都感到不满）。

另一个示例是钒，对应 E4 格中的*耳朵*。要抓住这个信息块，只需将*钒*标记到*耳朵*上。你可以想象电影演员尚 – 克劳德·凡·戴姆[1]（Jean-Claude Van Damme，即尚格·云顿）在街角斗殴，试图飞起一脚去踢一个庞大强健的耳朵。

用同样的方法完成周期表中的剩余项：将每个格子中的元素标记到标准网格里对应的物件上。

如果打算或需要进一步记下周期表中元素的原子数，可采用下面任一种方法：

1. 将元素标记到标准网格中的对应位置后，把元素与原子数连接起来。以钒为例，你可以将尚 - 克劳德·凡·戴姆与小矮人土地神连接起来，因为钒的原子数为 23，数字 23 用小矮人土地神代表（详见"数字和符号的视觉化"章节内容）。

2. 或者，如果记下了整个周期表，你可以通过该元素与另一元素的相对位置而找出原子数。即将已知元素作为记号，从已知元素开始计算两者之间的格子数——从左到右，从上到下。例如，如果你知道钙的原子数是 20，钛在钙的右手边两个格子远，简单计算一下，你就能得出钛的原子数是 22。

很明显，要使第二种方法发挥效用，必须在固定间隔处设置记号——如每五个元素设置一个记号，这就意味着每隔五个元素记住一个原子数就可以了，其余元素的原子数可以根据记号进行推断。

1　凡·戴姆用来代表钒，因为凡和钒发音相同，并且可以用尚格·云顿的形象来表示（详见前面"词语视觉化"相关章节）。

总体来说，第一种方法更好，因为它能更快地让人回想起必要信息。

数字网格

与标准网格的创建方式类似，数字网格也能用下述流程创建：

1. **画图**。画一个尺寸适当的网格。
2. **标注**。第一行和第一列都用数字标注。
3. **命名**。每一格用列序号加上行序号的方式命名，如用3-1表示下面网格中第一行最右边的格子。
4. **设置唯一识别码**。用音标将每一格的标注转换成一个易于进行视觉想象的词语。列序号的发音组成词语的第一部分，行序号的发音组成词语的第二部分。
5. **保持一致**。确保每个网格中选用的物件不与你已创建的其他唯一识别码（如其他记忆桩列表）混淆冲突。一旦建立好，不要做任何变动。
6. **扩充**。如有需要，你可以通过添加行和列来扩大网格尺寸。但再次强调，不要改变已经创建的内容（如现有网格中已创建的物件）。

表 2-13   数字网格示例

	1	2	3
1	Tot 幼儿	Knot 绳结	Mat 垫子
2	Ton 吨	Neon 霓虹灯	Man 男人
3	Dame 妇人	Anime 动漫	Mime 哑剧

数字网格的使用方法和标准网格完全一样。

以标准网格和数字网格为例，用相同形式创建多个网格是为了确保同时进行多个记忆任务时，有多个可用网格，从而避免用一个网格来进行所有记忆任务。如果大量的记忆任务都使用同一个记忆桩列表、记忆宫殿或网格，会导致记忆速率缓慢、造成混淆，并且影响回忆信息的效果。因此，创建大量记忆桩列表、记忆宫殿和几个网格，有利于提高记忆效果。

圆形网格

圆形网格的创建与以标准网格和数字网格为代表的方形网格的创建方式一样。基本原理是将表格的形状分割成特定的扇形，然后用一个唯一物件代表每个扇形。

用字母加数字的组合代表圆形网格的每个扇形。圆圈的标注方向是从中心向外标注，因此 A 是最里圈；B 是紧紧包围 A 圈的第二圈，以此类推标记 C、D、E 等圆圈。

从 12 点钟方向开始分配数字，从数字 1 开始。分割圆形时，尽量确保扇形数量能满足需要。

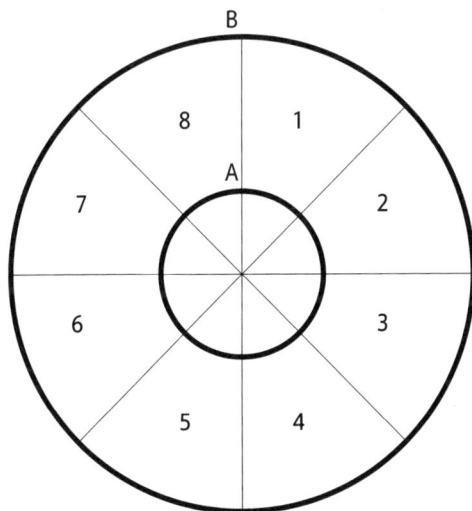

图 2-1 圆形网格创建示例

由于圆形网格能用于记忆与标准网格（与圆形相对的是矩形）不同的信息格式，所以圆形网格可以采用与标准网格相同的命名方式。对于练习者来说，一般不太可能混淆需要回想的信息的总体形状。由此看来，圆形网格可看作是标准网格记忆圆形信息块时的变体应用。为了进一步解释这一说法，我们来看两个示例：A 圈中第一个扇形是 A1，用 ad（广告）代表；B 圈中最后一个扇形是 B8，用 beef（牛肉）代表。标准网格里同样位置的格子对应的也是这两个物件。

也可以将圆形网格中的每个扇形的名称与标准网格每格的名称区别开来，很简单，只需要使用不同的物件就可以了。例如，标准网格里 A1 的内容是 ad（广告），圆形网格可以选择以下任一物件：AUD（澳元）、Audi（奥迪），或 Auto（可以想象成汽车或机器人）。但对于大型网格，按照上述命名规则来找到两个易于进行视觉想象的词语会很困难，因此，创建几个这样的网格会很费时。而采用同样的命名规则，两种网格之间产生混淆的可能性就变大了。

另一种方法是，方形信息采用标准网格的命名规则，圆形信息采用数字网格的命名方式（将其变化应用于圆形网格）。

多数情况下，标准记忆桩列表比网格更常用，因此，用一种方法命名两种形状的网格看起来是最佳办法。不过，与本书介绍的其他所有技巧一样，读者本人可以根据具体需求和目的，来选用最适合自己的方法。

圆形网格可用来记忆内伦敦[1]地图。将内伦敦的地图重叠在圆形网格上时，图形如下：

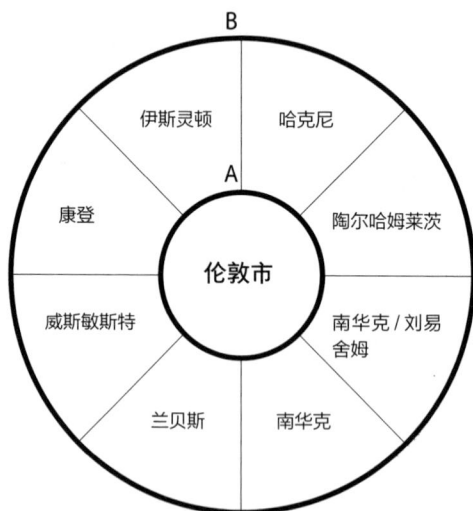

图 2-2   用圆形网格记忆内伦敦地图示例

---

1   在行政划分上，由伦敦城与其周围的卫星城镇所组成的都会区——大伦敦（Greater London），可以被划分为伦敦城（City of London）、内伦敦（Inner London，靠近伦敦城的 12 个行政区），以及外伦敦（Outer London，外围的 20 个其他行政区）。——编者注

将每一个自治市的名称标记到相应的扇形里，就可以记住这个地图。比如，B1 是哈克尼，将*砍残的膝盖*（hacked knee，与 Hackney 发音相近，前者更容易想象，因此用砍残的膝盖代表哈克尼）标记到*蝙蝠*（bat）上。想象一只蝙蝠的膝盖被残忍地砍残了，这只可怜的蝙蝠拖着被砍残的巨型膝盖一瘸一拐地走着。虽然这个影像很荒诞、残忍和令人不安，但这样的影像才容易被记住。

另一个示例是 B8 的扇形，其指代物是*牛肉*，对应的行政区是伊斯灵顿（Islington）。于是，想象一块多汁美味的牛排徒步穿过灰熊镇（Grizzly Town，代表伊斯灵顿：想象一个由很多饥饿的灰熊组成的城镇），想象这块牛排面临这样的命运安排时是多么绝望。

请注意里圈，即 A 圈的整个圈代表的是伦敦城，所以没有被分成扇形，只需要将表示 A 这个字母的物件——*猩猩*（详见"字母列表"小节）——标记到伦敦城上，就能记住这点。可以想象伦敦是一个住满了猩猩而不是人类的城市，当你在莱斯特广场地铁站坐上地铁以后，才发现地铁里满是去上班的猩猩，他们正低着头读着早报（在此无意冒犯居住在伦敦市的市民）。

一旦建立了上文中的两级圆形网格，就可以直接添加更多圆圈来拓展网格。只需添加另一个圆圈包住最后画的外圆，然后将直径向外延伸到这个新圆圈上去即可。

圆形网格可以用来记忆圆形城市、圆形地图、迷宫、饼状图、行星轨道等。记忆流程与方形网格的记忆流程完全一样：

1. 将网格叠加到需要记忆的信息上。
2. 确定每个信息块在网格扇形中的摆放位置。
3. 将每个扇形中的信息标记到代表这个扇形的物件上。

对上述圆形网格的一个常见改动是，多增加几个扇形，将圆形分成 12 块，与同为圆形的钟表格式相对应。为了达成信息记忆目标，练习者可以自由试验或将网格分解成任何适当数量的扇形。

对上述圆形网格的另一个常见改动是，运用数字标注方式，即每一个圆圈用数字来表示而不用字母表示，这与创建数字网格类似，只是网格的形状由方形变为了圆形。

空格和重复信息

在此阶段，需要对空格和重复信息稍加解释。例如，在上文中的元素周期表中，B1 到 E1 是空格（即没有包含任何内容）。多数情况下，熟悉自己课题的练习者在回想信息时，会忽略这些空格区域，而对于了解元素周期表基本特性和形状的人而言，自己的已知知识能够辨别空白区域存在的原因，所以没有必要记忆这些空白区域。

不过，针对不熟悉的课题，或为了对所学习的材料更有信心，也可以记住空白的格子。只需要将空白区域标记到*棒球运动员的长凳*（通常位于棒球运动员休息区）上，就可以记住这些空格了。坐在长凳上的运动员没有加入进行中的比赛，就像空格没有参与待记忆的课题一样，基于这种关系，我们选择了将空白区域标记到棒球运动员的长凳上。

让我们以上文的元素周期表为例来进行讲解。为了记住元素周期表中的空格，我们先把 B1 *蝙蝠*标记到*长凳*上。想象很多打棒球的蝙蝠穿着棒球队服坐在长凳上，眼巴巴地望着赛场，渴望着出场比赛。然后将 B1 与 C1 连接，C1 与 D1 连接，以此类推，连接完剩余的空格。

或者，如果 B1 到 E1 的格子都是空白的，也可以仅将起始空格与最后一个空格绑定到一个单独影像上，提示自己这两个格子和它们之间的所有格子都是空白的，这样就无须连接每个空格，只要连接 B1 和 E1 就可以，即将*蝙蝠*和艾迪标记到*长凳*上。影像可以这样创建：许多有着蝙蝠身体和巨型艾迪狗头的怪物们（一种狗和蝙蝠的混血种）坐在长凳上，眼巴巴地等待着出场比赛的机会。

整个流程如下：

1. 想象一条长凳。

2. 将第一个空格的代表物件标记到长凳上。

3. 将下一个空格的代表物件连接到上一个空格的代表物件上。

或者，如果整段都是空格，可以将起始空格和最后一个空格的代表物件绑定在一起，共同与长凳连接并创建影像。然后将下一段的空格影像与上一段的空格影像连接起来，以此类推。

对于含有信息的格点（格子或整段），假如其信息在另一个格点重复出现，如伦敦地图中，B3 和 B4 都含有南华克，就需要像标记其他格点的信息一样，将信息（如南华克）分别标记到每个格点的物件上。但如果有一大段格点含有相同的信息（如世界地图上的海洋面积占据了大段的网格），可以将重合信息的起始格点和末尾格点绑定在一起，再把代表重合信息的物件标记到绑定格点（如海洋）上。

请注意，绑定时，不用只绑定行或列上的内容——也可以绑定方形或其他形状的内容，这很大程度上取决于哪种形状能够用最少的影像捕获需要的信息。如元素周期表中，C1 到 E3 是空白的，这片方形区域涵盖了多个空白格，因此应该将两者绑定在一起，再创建标记到长凳上的影像。

应用

举例说明是课题讲解的最佳方式。鉴于本书课题是用于自我完善的，因此应该进一步展示如何将示例运用到实际日常生活中。

前文中，每个系统讲述的示例应该已经达到了解释通用方法和原理的目的。下文章节中的示例旨在巩固主要概念，强调和解释具体记忆任务，以及阐明不同类型信息的记忆规则。

下文中的示例将说明不同情况需要使用不同的技巧，并将详述不同类型信息应该选择哪一种最佳技巧。读者请注意，这里的技巧选择是以作者的经验为基础的，而作者是在测试了有关记忆速度、信息回忆速度以及精确性的记忆效果后做出的选择。掌握技巧后，练习者也可以在每个任务和技巧之间选择区别于下文示例的匹配方法。建议在选择有别于下文示例的匹配方法时，尤其是要永久地采用这种方法之前，核实所选的匹配方法相比于下文示例中的方法，是否提升了记忆效果。在此强调，建议（尤其是初学者）坚持使用下文中讨论的方法，而只有在积累了经验后（且仅在仔细评估过另选方法的效果后）再改用自己另选的方法。

外文词汇

使用连接系统，能轻松愉快且毫不费力地学习外文词汇。学习流程如下：

1. **将外文词语转化**为发音相近、易于想象的母语词。

2. 将外文词语的翻译转化为可以进行视觉化想象的物体。

3. 将步骤 1、2 中的两个物体构建成一个滑稽影像，要包含荒诞的构思和无厘头的行为。

4. 为达到最佳的长时存储效果，通过立即重建影像进行自测，回顾步骤 3 中的连接。在首次记忆信息后，分别在以下时间节点进行自测：1 小时、12 小时、24 小时、1 周、2 周、1 个月、3 个月、6 个月和 12 个月。

我们将用不同语言的一些具体示例，来讲解流程的前三步。

中文

Ying hung——（一家）银行

银行（Ying hung）的发音听起来像"ink hung"（ink，墨水；hung，悬吊），可以视觉化为（钢笔存储墨水的）inkwell（墨囊）被 hung（吊起来了）。因此，所有的转化就是将*吊起来的墨囊*与*银行*连接起来。想象一下，一个墨囊由于未授权透支，而被一个非常粗暴凶狠的银行职员吊在了银行大厅中央（给这种荒诞背景加上一点逻辑，能够增强连接效果）。

生动地构想墨囊被绞索捆绑全身时眼泪汪汪的场景。想象这个场景发生在你的银行，或你认为内部设置适合这种场景的银行。比如在装满金子的保险库里，墨囊试图把脚垫在一堆金子上，避免被绳子勒死。

Fung chien——（一间）房间

第一个字的发音 fung（房）与"fungus"（真菌）的第一个音节发音相似；chien（间）与"chain"（锁链）发音相似。因此，要记住这个中文词语，需要把*真菌、锁链*与*房间*相连。比如，想象一间房间里住着一个由真菌而不是金属做成的锁链。想象这个真菌锁链从房间里的双人床上跳起来，穿上酒店的拖鞋，然后去套房卧室洗脸。总是把影像夸张化：想象一个巨大的真菌锁链，躺在床上时，末尾的锁链都拖到了床的边缘。当它从床上跳起来时，整个房间都在颤抖，直到听到隔壁房客的叫嚷声，锁链才安静下来。

在此要说明一个关键原则：上述技巧的最佳使用方法是用同样的物件代表外文词汇中相同的发音。比如，中文中一小部分主要音节就可以相互组合，产生不同意义的词语。为了熟记这些音节，最好是每次都用同样的物件代表各个主要音节。

方法如下：

1. 如果整个外文词语的发音与一个易于进行视觉想象的物件的发音相近，就使用这个物件代表这个词语。
2. 否则，就将外文词语分解成发音组合，然后将其转化成发音相似的物件。
3. 之后，遇到新词语时，再把发音转化成词语时要和之前已有的物件保持一致。如以上文示例为例，学习中文新词的过程中遇到发音为"ying"的词语时（或任何其他语言中遇到这个发音），都用上文示例中使用的 inkwell（墨囊）来表示。强烈建议准备一个笔记本，记录主要发音，以便在应用时保持一致性（如创建和保存一张唯一识别码列表）。

日语

Chumon——点菜

Chu 听起来与"chew"（咀嚼）的发音很像；mon 与"moon"（月亮）的发音相近。因此，要记住词义，就将*咀嚼*、*月亮*与点菜连接起来。构思一个顾客在饭馆里一边咀嚼一个月亮，一边举手打算点更多菜的场景。想象这个顾客的嘴里吃着巨型月亮，费劲地把月亮嚼碎吞咽下去的样子。但他还是很饿，或者他是一个大胃王，还想多点几个月亮吃。

法语

Colère——气愤

Colère 的发音与"collar"（项圈、衣领）相近，因此要记住词义，就将*项圈*连接到气愤上。构思一个狗项圈被主人拽了一天后非常气愤的场景。想象一个巨大而又怒气冲冲的项圈气得全身通红，项圈上的金属嵌钉都冒烟了。生动地构想拽项圈的主人惊恐地面对着这个他刚刚解开的巨型怪物的场景。

阿拉伯语

Tabeeb—— 一个医生

Tabeeb 这个词可以分解成发音相似的"tab"（账单）和"hip"（臀部），所以词义可以通过将*账单*、*臀部*和*医生*连接起来记忆。想象一下，（餐馆的）账单的臀部受伤了，它一瘸一拐地慢慢走到诊所。医生检查了它的臀部并给它开了止疼药方。长了臀部的账单，这是多么不可思议啊！生动形象地想象医生像检查人类一样小心翼翼检查账单臀部的样子。夸张地构建影像的尺寸和比例，感受账单经受的疼痛。

西班牙语

Sellos（发音如"seyos"）——邮票

西班牙词语 sellos 的发音与"cellulose"（纤维素）相近。（读者请注意，从以上示例中可以看出，没有必要寻找与外文词语发音完全相同的母语词。只要选择的母语词能够让你想起这个外文词语就好。）要记住上文中的西班牙词语的词义，只要将*纤维素*连接到*邮票*上就可以了。想象一株植物正在写一封信，突然想起来家里没邮票了，于是它使劲地抓挠它的细胞壁，最后，一张邮票从细胞壁上剥落了出来。它拿起这张血淋淋的邮票贴在了信封的右上角。

与日常生活相结合

如果你正在学一门新语言或一直想学一门新语言，选择一本流行的课本，从头开始一篇一篇学习其中的课程吧。遇到新词时，运用上文所述系统来记忆新词。

建议在笔记本上记下新词，并记下为新词选用的影像，需要时，可为以后学习或记忆提供参考。在本书本部分推荐的最佳复习时间里进行复习时，就可以参考笔记本上的内容，还可以查看笔记本上的主要音节 / 发音，以便明确音节 / 发音的唯一识别码，并在应用时保持一致性。笔记本中的每一条笔记应包含以下信息：

1. 外文词语后面加一条长破折号。
2. 破折号后写下词义。
3. 词义后添加左方括号，并在方括号内注明你为这个外文词语找到的影像。（简短地描述影像，而不是把影像画出来。）
4. 外文词语的影像描述好后，在其后添加破折号，破折号后记下词义的影像。最后打下右方括号，把这些内容都括起来。
5. 建议用黑色墨水笔记外文词语，用蓝色墨水笔记词义，绿色墨水笔描述影像。

让我们用以下示例来讲解笔记格式。上文中的两个中文词这样记在笔记本上。

Ying hung—— 一家银行（一个墨囊被吊起来了——在一家银行里）

Fung chien—— 一间房间（一个真菌锁链——在酒店房间里）

非外文词汇

用于记忆外文词汇的技巧也能用来记忆母语词，记忆流程是相同的，示例及说明如下：

Pejorative——表示蔑视或不认同。

Pejorative 的发音与"Peugeot-rat-Eve"（标致汽车—老鼠—夏娃）相近。要记住词义，需要把*标致汽车、老鼠、夏娃*与*轻蔑*连接起来。想象一只老鼠开着标致汽车在伊甸园停了下来，它摇下车窗，开始对夏娃和亚当的行为表示轻蔑。生动地构想一只巨型老鼠在标致汽车里轻蔑地摇头，夏娃羞愧地低下了头。把影像夸张化，感受此番场景中表达的各种情感。

Hegemony——一个国家或社会团体对其他国家或其他人的领导力或统治。

Hegemony 的发音与"Hedge-money"（树篱—钱）相近。只需要将*树篱*和*钱*连接到领导力上，就能记住词义。想象由钱（而不是树叶）构成的一个灌木树篱，领导着一支小树篱组建的军队去打仗。生动地想象长在领头树篱枝丫上的巨型大钞。领头树篱正召集树篱部队前往战场，感受紧张不安的备战氛围。

与日常生活相结合

要在生活中有效利用上述流程来记忆生词，可随身携带一个笔记本，在任何时候遇到不了解其意的生词时，都随手记下来。这个生词可以是你从收音机或电视里听到的，可以是在报纸、杂志、书本上读到的，也可以是一段对话中用到的。采用下文介绍的格式记录这些词语；每记下一个生词，就用上文教授的技巧记忆生词；要长时存储这些生词，你需要根据"外文词汇"小节中讲授的最佳复习时间表，复习所有生词。

词汇笔记本的记录格式如下：

a. 写下新词（之前不知道的词或不知道其定义的词），在新词后面加一个破折号。

b. 破折号后写下词义。

c. 词义后添加左方括号，并在方括号内注明你为这个新词找到的影像。再次强调：就像外文词汇笔记本中的记录一样，你要简短地描述影像，而不是把影像画出来。

d. 新词的影像描述好后，在其后添加破折号，破折号后记下新词词义的影像。最后打下右方括号，把这些内容都括起来。

e. 建议用黑色墨水笔记新词，用蓝色墨水笔记词义，绿色墨水笔描述影像。

让我们用以下示例来讲解笔记格式：

> Pejorative——表示轻蔑或不认同［Peugeot(标致汽车)、rat(老鼠)和Eve(夏娃)——"轻视"和摇头晃脑地不认同］
>
> Hegemony——一个国家或社会团体对其他国家或其他人的领导力或统治［Hedage-money(树篱—钱)——领导军队去打仗］

拼写

本小节将着手处理难以拼写或字母组合让人不解的单词，与音调相近的读音相比，这些字母组合常常让人感到缺乏明确的逻辑。

可以利用本书前面内容中教授的字母列表来记忆单词的拼写。你可以使用字母列表把每个难处理的字母转化成唯一的物件，这些物件反过来可以提醒你哪些字母出现在了单词的拼写中，这样你就可以确定这个单词该如何拼写。流程如下：

1. **单词的唯一识别码**。为需要熟记其拼写的单词找到一个代表物。

2. **字母的唯一识别码**。为难处理的字母组合找到代表物。可以使用字母列表来寻找代表物。

3. **连接**。用荒诞的方式将步骤 1 和 2 连接起来。

对于双写字母的组合（这很常见），建议为所学语言中常见的这种字母双写组合创建唯一识别码，加以利用来学习词语的拼写。因为，在记忆单词的拼写时，记忆这样的唯一识别码比分两次记忆代表字母的相同物件更高效。表 2-14 展示了部分字母双写组合的典型示例：

表 2-14　部分字母双写组合唯一识别码示例

字母组合	唯一识别码	选择该唯一识别码的原因 / 逻辑
cc	注射器	cc 是注射器上的液体测量单位。
ss	纳粹	ss 是党卫军（Schutz-Staffel）的简称，是纳粹党的一个准军事组织。
ll	埃勒·酷（LL Cool J）	著名说唱歌手埃勒·酷（LL Cool J）英文名的开头。
mm	走鹃	动画片《哔哔鸟和歪心狼》中的哔哔鸟（走鹃）在逃离歪心狼前，总会平静地叫出两嗓它特有的"meep-meep"声。

让我们来看一个示例：

N-c-c-e-s-s-a-r-y（必要的）——这个单词常常会被错写成 n-c-c-c-s-a-r-y、n-e-c-e-s-a-r-y 或 n-e-c-c-e-s-s-a-r-y。我们可以利用上文详述的流程，来记住单词中有一个"ss"和一个"c"。

首先，我们要找到代表 necessary 这个单词的代表物。这个词语听起来很像"NASA-sari"（NASA，美国宇航局；sari，纱丽）这个单词组合的发音，所以我们可以想象一条美国宇航局设计的纱丽，并且纱丽上还有美国宇航局的标志。接下来，我们需要为不好记的字母组合找到代表物。在字母列表中，

c 是用 *sea*（大海）表示的，结合上文中的表格，ss 用*纳粹*来表示，因此我们可以想象出一片纳粹人海，用其来表示这个难记的字母组合。

最后，把这些代表物全部组合起来，我们需要把 *NASA-sari* 与*纳粹人海*连接起来。可以想象，一名美国宇航局的宇航员不穿宇航服，而是穿着纱丽在月球上行走。接着，他跳进了一片纳粹人海中，试图游到对岸去。但这些暴力的纳粹分子阻挡着他游向对岸；因为宇航员身穿纱丽，这些纳粹分子要坚决惩处他这种可笑的穿着。到此处，为影像添加情感应该已经成为一种习惯。因此，体会一下这名宇航员感受到的恐惧以及纳粹对他的憎恨。把影像中的一切都夸大化：想象由数十亿甚至数万亿的纳粹士兵组成的人海，生动地想象宇航员跳进纳粹人海中溅起的纳粹水花。

现在就很容易回想起，单词 necessary 的拼写中有一个"c"和一个"ss"。

对某些读者而言，用 necessary 来举例恰到好处，但对另一些读者而言，用 necessary 举例太小儿科了。作者需要在此说明，重点不在于用哪一个单词举例，而在于如何运用技巧：这一技巧可以用来记忆任何单词和拼写。

电话号码

要记住电话号码，我们需要借助本部分介绍过的数字列表。电话号码记忆技巧的目标是把抽象的事物，如数字，转化成易于想象的物体，以便轻松创建连接。数字列表可以作为转化的参考，避免（通过音标）为电话号码创建新代表物。而且，重新创建代表物也需要一定时间。因此，数字列表就成了一套必要的构件，用来生成长数字的唯一识别码（正如音标也是一套构件，用来设置数字列表的唯一识别码）。

电话号码的记忆流程如下：

1. **为联系人设置一个唯一识别码。**找到代表这个联系人或公司的物件。

2. **为号码中的数字创建唯一识别码。**用数字列表为电话号码找到一个代表物或一组代表物。

3. **将联系人与电话号码的第一个物件连接起来。** 将代表联系人（或公司）的物件与电话号码的第一个代表物件连接起来。

4. **继续连接代表电话号码的物件。** 将电话号码的第一个代表物件与剩下的代表物件连接起来，直到将代表电话号码的所有物件都连接在一起。

让我们来看几个示例（请注意，以下示例中的电话号码都是为了讲解示例而编造的）：

555-3495——花店

因为自身的特性，花店很容易就能转化成易于想象的物件。接下来，我们需要把电话号码拆分成易于想象的物件，根据数字列表，把电话号码中的数字两两配成一对再设置代表物，因此这个电话号码的代表物为：*百合花*（lily）、*羊羔*（lamb）、*肋骨*（rib）和*李小龙*（lee）。到本节为止，你应该已经记住了数字列表的内容，前面小节中也是强烈建议熟记数字列表，这能大大提高转换的速度。

最后，将*花店*与*百合花*、*羊羔*、*肋骨*和*李小龙*连接起来。首先，想象一间花店，这间花店里的店员是一株巨型百合花；接着想象一只羊羔，它的羊毛是百合花做的；再按着想象一只羊羔坐在餐桌旁，吃着人肋骨；最后想象一根肋骨一边耍双节棍（李小龙使用的武器，通常人们想起李小龙时，都会把他和双节棍联系在一起），一边发出勇士般令人震慑的叫声。

此后，想记起这个电话号码时，你只需要想一下花店，其他影像就会接二连三地进入你的脑海，提示你具体号码。每一个影像里都包含了一个代表具体数字的物件，因此能完整无误地回忆起整个电话号码。比如，想到花店时，你就能想起花店里那个欢快的巨型百合花店员，根据音标或者数字列表，百合花（lily）表示数字55。将同样的方法运用于其余影像，就能迅速回想起这个电话号码。

如前面章节所建议的，要长时存储这个电话号码，还需要根据最佳复习时间表对影像进行复习。

+44-666-6219—奈杰尔（Nigel）

如果你想要记住一个住在英国的朋友的电话号码，且你知道英国的国家代码是 44，那么在将物件连接起来的时候，就不用包含国家代码这条信息了——跳过国家代码，连接余下的数字。记忆技巧的目标是仅用来记忆未知信息。

因此，针对上文中的示例，你可以从 666 开始记。对于 666，我们不采用数字列表，而选择为 666 创建一个唯一识别码——即用恶魔来指代 666（西方国家将 666 称为魔鬼的数字）。当你恰巧遇到这种简便的指代时，建议直接利用它。这样，我们可以在一个影像中纳入更多信息：如示例中，我们选的这个代表物对应了三个数字，而不是两个数字。

奈杰尔这个名字听起来像 "Nike-gel（耐克—凝胶）"。因此，我们必须把耐克—凝胶与恶魔、锁链（chain）和厕纸（TP，即 toilet paper）联系起来。首先构想这样的画面：进入炎热的地狱前，恶魔先在身上涂抹了一层耐克凝胶（一种由捣碎了的耐克鞋做成的胶状物）保护膜。然后，想象恶魔站在锁链的肩上，对着锁链的耳朵低声私语，建议它与自己达成一项魔鬼契约。接下来，是一卷由厚金属锁链而不是纸制成的厕纸（感受一下一个倒霉蛋用这种厕纸的痛苦）。

请注意，除了上文所述的方法外，练习者还可以用加入更多特征（如加入两个特征）的方法来记忆号码。以上文示例做演示，影像如下：耐克—凝胶与恶魔连接起来，恶魔与一条红色快要爆炸的锁链连接起来（使用 VWYZ 方法）。上文已经讲解了如何将耐克—凝胶与恶魔连接起来。对于第二个连接，可以想象一条由恶魔制成（而不是金属制成）的红色锁链。这条锁链在地狱的强压和高热下不断膨胀，直至突然爆裂。

不管最终选用哪种方法，重点在于要保持一致性。例如采用加入更多特征的方法时，重点是要明确哪部分数字采用哪种特征转换，要持续使用这种转换方式，无任何例外，不进行任何变更。比如，我们有一些七位数的电话号码，要记住这些号码，不能既用 VWYZ 方法来记忆一个电话号码的前四位数，又用 VWYZ 的方法来记忆另一个号码的后四位数，这样做只会在回忆时带来困惑。相反，如果记忆方式始终保持一致，如只用 VWYZ 表示前四位数，那就不会带来任何困惑。

为了贯彻一致性，一个简单的通用法则是，每遇到四位数就用 VWYZ 来表示，不足四位的则用数字列表来表示。因此，一个九位数的前八位数都可以用 VWYZ 来表示，第九位数则从数字列表中找到对应物件来表示。采用这种通用法则可以避免花时间考虑不同长度的数字要对应采用哪种记忆方法的问题。

如果想要巩固对这一技巧的理解，作者在此建议读者用这一技巧对一天中遇到的电话号码进行练习。在翻看智能手机、平板电脑或名片盒中的电话号码前，先尝试在脑海中回忆一下号码。

纸牌记忆

要记忆纸牌，我们需要通过一套系统的方法，将一副牌中的每个要素转换成易于视觉化想象的物件。最简单的方法是通过如下规则，运用数字列表（读者到此应该已经注意到了这一模式：数字列表是记忆力工具箱中重要的主力军）来记忆（见表 2-15）：

表 2-15 运用数字列表记忆纸牌方法示例

花色	该花色指代的数字区间
黑桃	1 到 13
红桃	21 到 33
梅花	41 到 53
方块	61 到 73

数字列表和这里讲解的方法共同使用，能为一副牌中的每张牌都安排一个独有的指代物件。方法如下：

▶ 每个花色的数字区间的第 1 个数字，都等于该花色对应的 A 牌（如数字 1、21、41、61 分别对应黑桃 A、红桃 A、梅花 A 和方块 A）。

▶ 每个花色的数字区间的第 2 到第 10 的数字，分别等于该花色对应的纸牌 2 到 10。

▶ 每个花色的数字区间的第 11 个数字，等于该花色对应的纸牌 J。

▶ 每个花色的数字区间的第 12 个数字，等于该花色对应的纸牌 Q。

▶ 每个花色的数字区间的第 13 个数字，等于该花色对应的纸牌 K。

根据上述规则，我们已为每张牌安排好了一个数字。接下来运用数字列表，我们就能找到每张牌对应的唯一物件。

比如，梅花的数字区间是 41 到 53，因此梅花花色的第 11 个数字是 51，即梅花 J 是 51。然后参照数字列表，这张牌就由拿铁来表示。同理，方块 5 的对应数字是 65，用果冻来表示。

现在，记忆一副牌简直就是小菜一碟。我们可以运用宫殿系统来记忆纸牌的顺序。为了更好地展示如何运用宫殿系统记忆纸牌，我们在此假定了一条行程来进行讲解，这条行程中有以下特征物（这里所选的特征物是为了展示纸牌记忆技巧，如前文所述，作者建议你用自己的宫殿系统进行记忆）：

一间酒吧、一座教堂、一间健身房、一座桥和一家鞋店。

假设纸牌的顺序如下：

方块 10、梅花 J、方块 Q、梅花 K 和黑桃 A。

纸牌的顺序可分别用数字 70、51、72、53 和 1 表示，数字对应的物件为*盒子、拿铁、硬币、羊羔和领带*。

现在，要记忆纸牌的顺序，可以先把第一张纸牌标记到宫殿里的第一个物件上，如将盒子标记到*酒吧*上，想象一个巨型行李箱穿过回转门，走进酒吧。突然间，酒吧里的所有人都被这一幕震住了，音乐也停止了，所有的眼睛都聚焦在这个缓慢走向吧台的陌生行李箱上。

接下来，将拿铁标记到教堂上。想象一杯热拿铁身着牧师装站在教堂门口，大声叫你来教堂忏悔。

继续将*硬币*标记到*健身房*，羊羔标记到*桥*，领带标记到*鞋店*上。（在脑海中）游历几遍行程，置身其中查看你在一路上放置的记忆桩。之后如果要回忆纸牌顺序，你只需要在脑海中走一遍已设置好的行程，记忆桩就会跳出来，让你想起纸牌顺序的细节内容。

要想记住更长的纸牌顺序（如几百张或几千张），练习者需要一个收纳了很多条目的宫殿。虽然看起来是个艰巨的任务，但其实创建这样的宫殿很简单（参见前文宫殿系统的详细讲解）。准备两个分别含有至少 100 个条目的宫殿待用，有备无患。请注意，对于脑力锦标赛来说，只收纳了 100 个条目的宫殿是远远不够的。参赛人员需要准备多个包含大半个城镇或城市的行程，用来标注竞赛中可能出现的数千个影像。

你也可以通过使用加入更多特征的技巧，来减少对大规模宫殿的需求，即一次记住两张或两张以上纸牌的信息。例如，我们可以使用 VWYZ 方法在每张影像中记住两张纸牌，即通过将两张纸牌转换成一个四位数字[1]来记忆。以上示例中，我们可以把方块 10 和梅花 J 合并成 7051。这个数字的影像是*一个橙色的行李箱在洗澡*。把这个影像标记到*酒吧*上就开启了这一行程。想象一下，你走进酒吧，看到一个巨大无比的橙色行李箱在酒吧正中央洗澡的场景。

1　VW 表示数字列表中的物件，Y 表示颜色特征，Z 表示行动特征。

　　加入更多特征的方法使宫殿中的每个物件附带了更多信息，因此可以减少行程长度。这是一种强效有力的方法，多加练习后，这种方法能让练习者获得远超其他竞赛者的优势。

　　先将数字列表从 0 到 100 延伸至 0 到 9999，然后再加上四个特征，这能使技巧更高效。这样一来，练习者就可以在行程沿途的每个物件上标注四张纸牌。记忆力系统正如亚伯拉罕·林肯（Abraham Lincoln）所说的那句名言一样[1]，你准备得越充分，工具备得越足，实际记忆过程就会越高效快速。

　　将纸牌转换成数字，再将数字转换成影像，接着快速将这些影像标记到行程沿途的条目上，然后再多熟悉几遍标记了影像的行程。这一程序需要内化，使其变成一个自动程序。当然，这需要多加练习。

　　加入特征时，将纸牌转换成数字的那一步通常会阻碍记忆速度。练习这个技巧一段时间后，当一次只应对一张纸牌时，纸牌一被展示出来，你便能立刻想到代表这张纸牌的物件，而完全省略将其转换成数字的中间步骤。但当一次应对两张及两张以上的纸牌时，就需要思考如何将这些纸牌转换成一个数字，这就对总体速度产生了阻碍。不过，熟能生巧，多加练习后你也能快速转换。

二进制码

　　利用宫殿系统能轻松记住二进制数字序列。再次强调，关键的第一步是为每个数字组合分配一个唯一识别码。这些识别码要用荒诞的方式标记到行程沿途。根据二阶，二进制数字的识别码如表 2-16（00 的识别码来自逻辑，其余二进制数字组合的识别码源于音标）：

1　给我六个小时砍倒一棵树，我会先花四个小时磨斧头。——亚伯拉罕·林肯（请注意，这句话是否出自林肯还有一定争议。）

表 2-16 二进制数字唯一识别码示例

二进制数字组合	唯一识别码
00	Toilet 厕所
11	Date 大枣
01	Suit 西装
10	Toes 脚趾

在此，以"纸牌记忆"章节的行程为例（一间酒吧、一座教堂、一间健身房、一座桥和一家鞋店），讲解如何记忆下列二进制序列：

0111010100

根据上文中的唯一识别码列表，示例中的二进制数字可以转换为：*西装、大枣、西装、西装和厕所*。现需要将这些识别码标记到行程沿途上，即*西装*标记到*酒吧*、*大枣*标记到*教堂*、*西装*标记到*健身房*、*西装*标记到*桥*、*厕所*标记到*鞋店*。

同理，运用"纸牌记忆"章节中详述的方法，加入更多特征可以减少所需的影像数量。

另一种能改善技巧的方法，是创建按更高阶制作的唯一识别码列表。上文的列表以二阶为基础制定。如果将其扩展至四阶，就能创建一个列表将所有二进制排列以四位数字序列进行整理（如 0000、0101、0111、1000 等），并为每个四位数字序列安排一个唯一识别码。使用四阶列表，每次都能通过四个数字一组的方式记忆二进制序列。在此基础上，你还能加入特征让数字组合更长，如加入颜色特征和行为特征，这样每个影像就能代表六个数字。

更妙的是，我们可以创建专属于二进制数字的特征。例如，我们可以用上面列表中的唯一识别码来表示 VWZY 中的 VW，然后选定一种颜色来表示 XY，要为 0、1 这两个二进制数字可能出现的四种组合各选定一种颜色来表示（再次强调，要确保唯一识别性），如 00 表示白色、01 表示绿色等。在此设置下，二进制序列 0001 就可以用*绿色厕所*来表示。

至此，我们已经很容易理解选用宫殿系统记忆二进制数字的原因了。假如采用连接系统来记忆二进制数字，对于一个长序列，由于同样的影像不断重复且要被连接很多次，记忆过程中会很容易出错或产生困惑。而在宫殿系统的行程中，每次重复都是没有关联的，即使频繁出现同样的二进制数字组合，相互之间也不会产生关联。由于这些二进制数字要标记在沿途毫无关联的条目上，所以每个影像都是独一无二的，也就不会在记忆时产生丝毫困惑。

计算机代码

要记忆计算机代码，我们需要将代码解构成主要组成部分，并为每个组成部分分配一个唯一识别码。在创建荒诞影像时，这个唯一识别码要代表这个主要组成部分。

创建好唯一识别码后，按照如下总体流程进行记忆：

1. 对于不常用语言：

　　a. 运用连接系统，记忆代码的每个元素。

　　b. 回顾。

2. 对于常用语言：

　　a. 利用连接系统，记忆语法规则。

　　b. 只记忆代码的主要步骤和功能，跳过标点符号和其他通过语法知识可以推断出的部分。

　　c. 回顾。

鉴于每种计算机语言都会使用不同的语法，下文中的典型示例将以

C++ 代码为基础，读者可以通过学习这个示例而将记忆程序应用于其他计算机语言。

首先按照老规矩，先制定唯一识别码列表（见表 2-17）：

表 2-17 计算机代码的唯一识别码示例

组成部分	唯一识别码
int	旅馆（inn）
main	菜单（menu）
()	双子塔
{	蜘蛛
}	蜘蛛
count	斧头［因为 count 的发音有点像 cut（砍）这个词］
<<	吃豆人（20 世纪 80 年代流行的一款街机游戏）
\	滑梯
"	蛇（形状看起来像被蛇咬后的伤口）
return	装满老鼠（rats）的瓮（urn）
;	眨巴着的眼睛

通过以上识别码，我们可以通过连接系统，记住以下代码：

```
int main ()
{
count << "Hello World\n" ;
return 0;
}
```

先将程序名 *Hello World* 与代码连接起来。可以把 *Hello World* 想象成*世界在挥手打招呼*。代码从 int 开始，根据上文的识别码列表，用旅馆表示 int，因此我们要把*挥着手打招呼的世界*与旅馆相连接。可以想象成一家小旅馆高兴地迎接一名新房客：走进这家旅馆狭小接待区的是一个挥着手打招呼的巨型世界。

接着，我们按照代码顺序将其余识别码连接起来。下一个代码是 main ，因此我们需要把旅馆和菜单连接起来。可以想象成一份巨大的餐馆菜单带着他[1]的女朋友在一家旅馆办理入住。

接下来是 ( ) ，我们要把菜单和双子塔连接起来，可以想象成两个巨型菜单双子塔矗立在纽约城中。

后面是 { ，我们需要把双子塔和蜘蛛连接起来。想象这样一幅画面：一只大蜘蛛有一对双子塔组成的腿。

接下来是 count ，我们需要把蜘蛛与斧头连接起来。想象一只蜘蛛伐木工用一把庞大的蛛丝斧头在森林里伐木。

紧接着是 << ，我们需要把斧头和吃豆人连接起来。想象一把斧头正在砍伐一片长满吃豆人的森林。

然后是 " ，我们需要把吃豆人和蛇连接起来：想象吃豆人凶狠地紧咬住一条蛇。

接着逐一把剩下的代码创建成影像：把蛇和*挥手打招呼的世界*连接起来，*挥手打招呼的世界*和*滑梯*连接起来，*滑梯*和*母鸡*（用字母表找到 n 的识别码）连接起来，*母鸡*和*蛇*连接起来，*蛇*和*眨巴着的眼睛*连接起来，*眨巴着的眼睛*和*装满老鼠的瓮*连接起来，*装满老鼠的瓮*和*锯子*（用数字列表找到 0 的识别码）连接起来，*锯子*和*眨巴着的眼睛*连接起来，*眨巴着的眼睛*和*蜘蛛*连接起来。

如果读者很耐心地跟随示例思路一直学习到示例结论，那么读者应该注意到了一条关键概念。C++ 示例的重点在于把代码分解到最基本的组成成分，这就需要创建大量的单独影像，应该只在对课题完全不熟悉的情况下才采用这种方法。

幸运的是，理解计算机语言的基础语法规则后，能大量减少需要记忆的信息。以上文中的 C++ 语言为例：每个 { 都会有相应的 } 结尾，每个子程

1　运用拟人手法，我们用"他"而不是"它"来指代菜单。

序或功能括号内的语句都会以 $\boxed{;}$ 结尾，每个 $\boxed{"}$ 都会有相应的 $\boxed{"}$ ，引号内会插入文本串；了解这些内容能大幅减少需要熟记的代码信息量。

了解计算机语言的主要规则之后，需要熟记的内容就只是代码的主要特征了，而不是精确脚本和标点符号。因此，最佳策略是学习和熟记计算机语言规则，之后只需要记忆任何特殊代码的主要命令 / 步骤即可。

例如上述 C++ 示例中，你可以把*眨巴着的眼睛*直接连接到语句上。这是因为根据语法规则，每个语句都会以一个 $\boxed{;}$ 结尾。在此之后，就不再需要记忆这个 C++ 代码的 $\boxed{;}$ （眨巴着的眼睛）了。

此外，还有一个让人感到有点儿不适的示例：想象一把凶残的斧头正在劈砍吃豆人，吃豆人喷出的黄色血液喷到了计算机屏幕上，使得屏幕上的字都在滴血。这个连接捕捉到了功能 $\boxed{\text{count<<}}$ 的目的，即输出数据流到控制台。因此，只要记住需要输出数据就足够了，因为你已经知道应该调用哪种函数来达到此目的。

总之，经验丰富的程序员不需要记住精确的代码脚本，因为根据长期积累的经验，脚本的大多数内容都能从预期目的的逻辑中倒推出来，他们会运用技巧来：

1. 熟记一种新语言的语法规则。
2. 熟记一个复杂程序的主要步骤——尤其是主要函数调用。如前文所述，这些步骤可以通过连接系统来熟记。
3. 熟记一个函数的名称、需要输入的数据、函数的执行（同样，运用连接系统）。高级编码形式通常强调通过代码调用其他函数——熟记大量函数数据库能够大大提高编程速度。

数学公式

通常采用连接系统来记忆数学公式。记忆流程仍然是先为每个元素构建一个唯一识别码（见表 2-18 中的详细示例）。

表 2-18　数学符号唯一识别码示例

符号	唯一识别码	选择该唯一识别码的原因 / 逻辑
+	脓疮	Plus（加号）发音和 pus（脓疮）相近
−	《淘气阿丹》（Dennis the Menace）	Minus（减号）与 menace（在此意为淘气）发音相近
=	老鹰	Equal（等号）与 eagle（鹰）发音相近
2π	两个派（pies）	希腊字母 π（pi）的发音与 pie 相同，而且还是两个
μ	母牛	该字母的发音是"mu"
$\sqrt{\ }$	根	这个符号是平方根符号
()	双子塔	看起来像两个依偎在一起的塔
σ	西格蒙德·弗洛伊德（Sigmund Freud，想象他的白胡子）	这个字母的发音是"西格玛"（sigma），和西格蒙德（Sigmund）发音相近
÷	大砍刀	Division（除号的英文，同时可以表示分割）可以联想到切割，因此可以用大砍刀来表示
幂（^ 或 X^y）	健身达人 / 肌肉	Power（幂 / 次方的英文，同时表示力量）能让人想到肌肉
积分（$\int$）	审讯灯	Integration（积分）与 interrogation（审讯）发音相近
微分（∂）	袜子	把洗干净的衣服分类叠好时，需要在其中区分并找出配对的袜子，通过想象这种家务杂事的情形，可以用袜子来表示微分（微分的英文，differentiation，也指区分）

请注意，部分唯一识别码是一时兴起的荒谬想法，不用觉得不好意思使用。唯一识别码唯一的选用标准，就是你选用的唯一识别码能不能让你想起该识别码指代的信息。

一个看起来很短小的公式，却需要记住这么长的列表，读者可能会感到有点泄气。不过制定上文的列表旨在为所有基本公式提供一个唯一且一致的结构。一次熟记就能解决之后遇到的所有类似问题。（请注意，如果公式更复杂，则需要拓展列表。读者可根据本书介绍的原则，配合实际需要拓展列表。)

没有列表做参考，学习过程中难免会出现重复或不一致的识别码，造成混淆和信息回忆得不准确。

只需要花点小力气，就能维护好一份唯一识别码列表，这样做的好处就是拥有一个更系统化的方法——即快速编码能力，且能更快速、准确地回忆起信息。

如前文一样，最好的讲解来自示例展示。我们在此以记忆正态分布密度函数为例，展示连接系统在数学公式中的运用。流程如下：

1. **唯一识别码**。为每个元素创建一个唯一识别码。

2. **连接名称**。将公式名称连接到等式中的第一个元素。

3. **连接元素**。接着，运用连接系统将剩余元素连接起来。

   a. 从左到右进行连接。

   b. 从上到下进行连接。

4. **回顾**。

以正态分布密度函数为例：

$$f(x) = \frac{1}{\sigma\sqrt{2\pi}} e^{-\frac{(\mu - x)^2}{2\sigma^2}}$$

我们已经为等式中的符号制定了一套唯一识别码，等式中的字母则用字母列表中的物件来表示。

首先，我们把等式的名称转换成一个影像。正态分布可以用一个大钟来表示（因为分布曲线呈钟形；实际上，该曲线也被称为"钟形曲线"）。

现在将大钟和等式的第一个元素—— f（在字母列表中，由小精灵来表示）——连接起来。想象一只小精灵在敲一个无比巨大的大钟，告诉大家晚饭已经准备好了。

等式中的下一个元素是 (x)。因此，将小精灵连接到*挤压在双子塔中间的鸡蛋*上。双子塔向鸡蛋施加了巨大的压力，这个巨型鸡蛋最终被挤破了，然后一只小精灵破壳而出。

接下来是 $=$，将*挤压在双子塔中间的鸡蛋*连接到老鹰上。想象双子塔挤压蛋的惨烈场景发生在老鹰窝里，老鹰作为和事佬，在旁边恳求双子塔手下留情。

等式中的下一个元素是 $1/\sigma$。因此我们需要把老鹰和*用大砍刀劈砍一条领带的白胡子*连接起来。领带表示 1；白胡子表示 σ，是一个易于想象并能与西格蒙德·弗洛伊德联想起来的物件；大砍刀表示除号。想象这样的场景：凶神恶煞的白胡子举起一把大刀使劲地劈砍着老鹰佩戴的一条领带，而老鹰拼命拉扯着领带试图保全自己的性命。

之后是 $\sqrt{2\pi}$。我们需要把*白胡子*和*两个由树根做的派*连接起来。可以想象成白胡子在试吃两个派，派有种"树根"的味道，让它觉得很恶心。

接着是 e。因此需要把*两个由树根做的派*和鳗鱼连接起来。构想这样一个画面：两个派被鳗鱼电了，导致派里的"树根状"馅料起火了。

接下来的元素是 $-$。我们需要把鳗鱼和*健身的淘气阿丹*连接起来（因为等式中，减号及其后面的部分都是次方的一部分，所以用健身来表示）。想象一个魁伟的健身达人淘气阿丹，手臂上长着巨大的鳗鱼，而不是肱二头肌。

接下来是 μ，我们需要把*健身的淘气阿丹*和*一个有母牛皮塔身的塔*连接起来。想象阿丹像表演骑术一样骑着一个塔，塔身完全是由母牛皮做成的。

下一个元素是 $-x$。我们需要把*母牛皮塔身的塔*和*巨型鸡蛋头阿丹*连接起来。为了实现这个连接，我们可以想象巨型鸡蛋头阿丹试图吃掉有母牛皮塔身的塔。

下一个元素是 $)^2$。我们需要把*巨型鸡蛋头阿丹*和*有着极度发达的膝盖肌肉的塔*连接起来。可以想象，有着极度发达的膝盖肌肉的塔把巨型鸡蛋头阿丹放在膝盖上弹来弹去。

倒数第二个元素是 $\boxed{/2\sigma}$。我们需要把*有着极度发达的膝盖肌肉的塔*与*挥着大砍刀的两个白胡子*连接起来。因此可以构想这样的场景：两个白胡子面露凶光，挥着大砍刀劈砍塔肌肉发达的膝盖。

最后的元素是 $\boxed{^2}$，即二次方。我们需要把*挥着大砍刀的两个白胡子*与*一个肌肉发达的巨大膝盖*连接起来。想象肌肉纠结的膝盖躺在精神病医师的躺椅上（这种场景设置是为了进一步强调胡子源于西格蒙德·弗洛伊德的形象，代表 σ），两个白胡子试图用一把大砍刀砍掉膝盖。

读者可能已经注意到，这种方法不是每次只连接一个参数，而是将等式中的某些参数合并起来形成一个更复杂的影像。这一过程称为"捆绑"。这与把更多特征添加到数字列表的原理相似，结果都是减少影像数量，只保留必要影像。不过，这种方式的优势是以提高影像的复杂性为代价的。

比如，$\boxed{)^2}$ 元素被想象成*有着极度发达的膝盖肌肉的塔*。这个影像将代表*一半双子塔的符号*（右括号）和代表*健身膝盖的符号*（二次方）合为一体。这样捆绑可以避免创建两个单独的连接（把塔连接到健身膝盖上，然后把健身膝盖连接到下一个元素上）。

推荐用捆绑条目的方式整合影像，从而达到减少影像数量的目的，但不建议创建太过复杂的影像，这会阻碍信息回忆。多加练习，就能找到影像复杂度和易于记忆的影像之间的清晰边界。

当越来越熟悉一个课题（如上文示例中的数学课题），且之前积累的与该课题相关的知识足以让你构建完整信息，就可以略过部分信息（如等式中的一些参数，这一点已经在计算机代码部分提到）。换句话说，连接仅作为一种工具，用来捕捉你不熟悉的那部分数据，而之前积累的知识是组装数据的载体。

如上文中的等式，如果有相关的知识积累，就可以不必记忆 $\boxed{x)}$，因为这个等式是 x 的函数（μ 和 σ 分别表示均值和方差，因此等式右边唯一的其他变量就是 x）。记忆过程中应该总是利用这种捷径，只记忆未知内容。

另一个需要注意的重点是，一旦学习了新内容，就应该在之后记忆信息量更大的新内容时把学过的内容利用上。以数学课题为例，一旦记住了基础组成部分（如函数），且已构建好基础组成部分的影像，那么记住含有基础组成部分的拓展等式就轻而易举了。例如，我们打算记住正态累积分布函数：

$$\Phi(x) = \frac{1}{\sigma\sqrt{2\pi}} \int_{-\infty}^{x} e^{-\frac{(\mu-t)^2}{2\sigma^2}} dt$$

根据课题的基础知识，记忆正态累积分布函数只需抓住一个重点，即正态累积分布函数是正态分布密度函数的积分，之后就能轻松记忆了。我们需要把骆驼（英文为 camel，听起来与累积的英文单词 cumulative 前面部分的发音相似）连接到审讯灯（根据上文中的唯一识别码列表，审讯灯表示积分），然后把审讯灯和大钟（表示正态密度）连接起来。

根据上述说明（当然也有逻辑推论），可以很清楚地理解到：学习一个课题时，应该先学习基础原理，再上升到复杂理论。这样一来，前期学习的基础内容就能使记忆更复杂的理念变得轻松一点。再则，拥有更好的知识构架能在一开始就减少需要记忆的信息量，因为理解课题的基本规则能够帮助清晰理解新学到的特定信息。

化学符号

本书采用连接系统作为化学符号的主要记忆方法。但在某些必要情况下，会利用捆绑法或宫殿系统，详见下文。

与往常一样，记忆过程是先把需要学习的化合物打散成子成分，并为子成分设置影像，从而顺利地将影像连接起来。具体流程如下：

1. **唯一识别码**。确保信息中的每个符号都有唯一识别码。（把唯一识别码写下来，避免出现不一致的情况。）

2. **将需要记忆的化合物的名字转换成影像。**

3. **将化合物的每个成分都转换成影像，** 如果你了解每个成分的子成分，则用子成分的名字（下文中，我们以胺为例）。

4. **如果采用连接系统：**

 a. 将化合物的影像和化合物第一个组成成分的影像连接起来。

 b. 接着将每个成分一一连接。

5. **或采用宫殿系统：**

 a. 将化合物的影像标记到宫殿入口（可以是一个房间的门、一栋房屋的大门、一条路的起点等）。

 b. 将化合物组成成分的影像标记到宫殿的其他物件上。

6. **记忆化合物：**

 a. 从左到右。

 b. 从上到下。

 c. 如果物件摆放方式呈圆形，则按照顺时针方向记忆。

7. **回顾。**

表 2-19 列出了示例中需要使用的唯一识别码。

表 2-19　化学符号唯一识别码示例

符号	唯一识别码	选此唯一识别码的原因 / 逻辑
双键（Double bond）	有两个头的 007，詹姆斯·邦德（James Bond）	含有"键"含义的单词 bond，也可作为人名
单键（Single bond）	无	除了具体指出外，都当成单键
字母	用字母表中相应的代表物件	
NH_2	牧师	胺的英文 amine 发音像 amen（阿门）

读者请注意，下文中的化合物中出现 NH_2 时，我们使用 NH_2 的名字（胺）来进行记忆，而不再单独记忆其组成元素。这一原则已经在数学公式部

分有所提及，我们在此再次强调这一原则的重要性：

1. **应灵活运用已积累的相关课题知识，从而简化信息转化为影像的过程。** 比如，已知某个元素组合的名称，就以组合名称记忆，不再将其分成单个元素成分进行记忆。（如已经记得 NH_2 为胺，那就不用再记忆胺的单个化学元素了。在数学公式部分的示例中，利用已熟记的正态密度函数来记忆正态累积分布函数，而不是将正态密度函数再分割成各个单独参数。）

2. **应灵活利用课题的结构性知识，从而避免记忆能自行推导出来的信息。** 在下文的化学示例中，我们不记忆单键。因此，除非出现双键的影像，我们都假定分子式中的是单键。练习者越来越熟悉课题的总体规则后，就能进一步减少需要记忆的实际信息量。正如计算机语言语法一样，先学习规则能减少需要记忆的信息量。

下文以三聚氰胺为例：

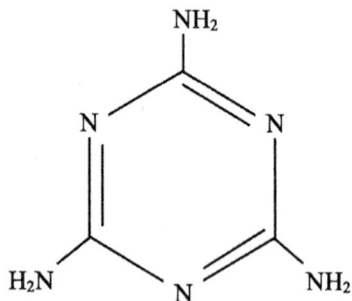

三聚氰胺的英文 melamine，与 "melon-mean"（瓜—刻薄）发音相近，因此可以将其想象成一个*面相刻薄的瓜*。首先，把这个*面相刻薄的瓜*与*牧师*连接起来。可以想象成，这个面相刻薄的瓜在一群惊慌失措的瓜前面祷告。

接着将*牧师*连接到*双头詹姆斯·邦德*上。构想这样一个场景：双头詹姆斯·邦德和参加礼拜会的会众坐在一起，他一边听着牧师布道，一边点头。

下一步，把双头詹姆斯·邦德和母鸡连接到一起。可以把母鸡想象成一个大反派，邦德的死对头，母鸡俯视着双头詹姆斯·邦德，洋洋得意地讲述着它的邪恶大计划。

接下来，把母鸡与牧师连接到一起。你可以想象一只母鸡对着鸡舍里的其他母鸡说教：附近有狡猾的狐狸出没。

之后把牧师与双头詹姆斯·邦德连接到一起。这次可以将影像构想成数十亿个双头詹姆斯·邦德在参加礼拜会。

接着将双头詹姆斯·邦德与母鸡连接到一起。想象一只双头母鸡穿着精致的燕尾服参加高管晚宴，喝着伏特加马天尼与大家闲聊拉关系。

接下来，把母鸡与牧师连接到一起。想象一个牧师在农场里用鼻子啄地找米粒吃。

然后把牧师和双头詹姆斯·邦德连接到一起。可以这样构建影像：双头詹姆斯·邦德穿着牧师袍在晚宴上四处溜达。

最后把双头詹姆斯·邦德与母鸡连接到一起。想象双头詹姆斯·邦德用鼻子啄地找米粒吃。

感到疲乏和困惑了吗？作者有意以连接系统来讲解这个示例，是为了说明这样一个微妙之处：连接系统可以用来熟记化学分子式，但其中会有很多重复的连接，这些重复实际上是在测试连接系统的功用极限。连接系统在相邻信息块很少重复的情况下，能很好地发挥作用，而当出现人量重复信息块时（有机化学里会有大量重复信息块），只有两种可能的选择：

1. **使用宫殿系统**。在这一系统中出现的重复信息块不会产生混淆。
2. 如数学公式部分说明的一样，**使用捆绑法（加上连接系统）**。通过捆绑条目使重复连接最少化。

多数情况下，如果审慎使用，捆绑法是最佳方法。但是，捆绑法不适用于某些（会产生重复捆绑的）结构时，就应该采用宫殿系统。

如果采用捆绑法，上述示例会变为：

将面相刻薄的瓜连接到双头牧师上；双头牧师连接到母鸡牧师上；母鸡牧师连接到双头母鸡上；最后把双头母鸡连接到双头母鸡牧师上。

有一个更好的捆绑方法，是把圆形部分捆绑进一个影像中。比如，我们可以想象一个*母鸡球*（hen ball）：一只母鸡被当作足球。如果采用这种方法，今后遇到圆形结构时都要以同样的方式处理，即采用唯一的转换方式。上文示例中，利用外围字母（三聚氰胺使用字母 N）决定球的类型。如果外围是字母 C，那么这个球就是*海球*（sea ball）。（请注意，运用这种方法需要有一定的化学基础知识，才能推断出球中有哪种化学键。）

这种方法通过构建单幅影像来捕捉整个结构信息：想象三个牧师站成三角队形，极端凶残地把一个巨大的母鸡球踢来踢去，惩罚它的罪孽。在这种残忍的惩罚下，数十亿的鸡毛满天飞，想象一下每次踢打给母鸡带来的钻心之痛。

对于喜欢使用宫殿系统的练习者，建议有组织地安排一组你自己的宫殿，专门用于记忆化学式。例如，为了记忆化合物，练习者可以选择一个他曾经去过的地点来建造化合物记忆宫殿，宫殿里的每个房间对应一个化合物。不过，随着学习的逐步深入，练习者很快就会发现，记忆化合物需要一个有大量房间的大型宫殿。可以选择使用大型宫殿或城镇，但正如"宫殿系统"章节中讨论过的那样，高效利用宫殿之前，需要先创建并熟悉宫殿。

姓名和面孔

记住一张面孔很简单，但要记住对应的姓名就不那么容易了。识别面孔是生存的必要技能，能帮助区别对方是敌是友；姓名是对人的一种抽象表现形式，对人来说，没有太大的生存意义。大脑会将生存需求排在首位：所有的能量和资源都要优先分配到影响生存的任务上去。

具有讽刺意味的是，经济生存是我们所处的人类世界的一个相关特性，即记忆姓名和记住面孔的重要性不相上下，但我们的基因还没能自然地选择记住姓名。可能我们寻找方法 / 工具来战胜自然环境的能力，让我们在进化过程中自然舍弃了记住姓名这个能力。

抛开对人类能力进化方面的猜测，不管出于什么原因，较之其他感官，我们的大脑会动用大量的资源来优先处理视觉刺激，因此一个抑扬顿挫的姓名比起所有人的面孔来说，先天就缺乏被记住的优势。再则，和别人初次相见时，整个会面过程中都能看到对方的面部特征，而姓名只会在见面之初提到，也有可能在道别时再次提及，因此听到姓名的时间远比看到面孔的时间短得多。

最后，大脑中处理视觉刺激的区域与存储姓名（指存储词语）的区域不同，因此两种信息之间的薄弱联系进一步阻碍了对姓名的回忆。

记忆姓名的方法要以记忆面孔为基础，这样能同时将面孔和姓名相对应。因此记忆姓名的流程如下：

1. **寻找独具特色、不同寻常或有趣好笑的面部特征。**尝试避免关注首饰或眼镜，因为最好是记住这个人脸上或头上永久的固定特征。如：

   a. 大耳朵或尖耳朵。

   b. 有抬头纹的额头。

   c. 浓密的眉毛或两条连在一起的眉毛。

   d. 长鼻子或鹰钩鼻。

   e. 薄嘴唇或厚嘴唇。

   f. 向上翘起的下巴。

   g. 任何明显疤痕、胎记或痣。

   （主要原则：要像漫画家一样抓住面部重点特征。）

2. **选择一个人与众不同的面部特征，与在一个宫殿中选择主要的特征物有异曲同工的作用。** 面部特征和主要特征物，都是为了进一步记忆所需信息而首先存储在脑海里的，以用来标记信息。因此，面部特征通常又被称为"视觉记忆桩"。

3. **注意听名字。** 如本书本部分前面章节指出的一样，注意力是形成任何记忆的首要要素。

4. **将名字转换成影像。** 明确唯一识别码后要保持一致性。如果遇到第一个叫唐纳德（Donald）的人时，你用唐老鸭（Donald Duck）来表示，就得确保今后遇到叫唐纳德的人时都用唐老鸭来表示。

5. **把代表名字的影像标记到面部特征上。**

6. **接着把表示姓氏的影像连接到表示名字的影像上。**

7. **回顾。**

这一流程结合了记忆桩系统和连接系统：我们把名字标记到面部特征上，再把名字连接到姓氏上。如前所述，要着重保持组成成分的一致性。在本节中，要一直保持把相同的名字转换成同样的影像。截至本章节，我们已经多次强调了这一重点，因此在这里读者应该能够理解一致性的重要性和这一逻辑。

请注意，找出一个人特有的面部特征并不是要贬低这个人的名字或是这个人本身，也不是在这个人的身上或名字中找碴，而仅仅是通过这种有意的行为来调动注意力，从而记住这个人的面孔和名字。

下文通过示例来讲解这个流程。选取名人作为示例，是为了确保读者熟悉这些名人的面部特征。

乔治·沃克·布什（George Walker Bush）

美国第 43 任总统。

面部特征：偏分的花白头发、浅蓝色的小眼睛，以及薄嘴唇、抿嘴"一"

字笑（任选其中之一）。

乔治（George）这个名字可以转换成发音相近的 gorge（峡谷）。

姓氏布什（Bush）可以直接从词义转换成灌木丛（bush）。

因此，把峡谷标记到*偏分的灰白头发上*。你可以想象这样一幅画面：你在峡谷附近散步，峡谷里装的不是水，而是巨大无比的偏分灰白假发。接着，把*峡谷*与*灌木丛*连接在一起。想象你在一丛灌木丛附近散步，灌木丛的枝干上长着峡谷，而不是叶子。

当你采用宫殿系统时，非常重要的一步是在你的影像中精确运用"视觉记忆桩"。因此，在上文的示例中，峡谷中满溢的巨型偏分灰白假发要与乔治·沃克·布什的头发完全一样。仅用一般的偏分灰白头发作为记忆桩的效果要差一些；完全照搬前总统在照片、视频中的发型，或你遇见前总统时他梳理的发型，这样做效果要好得多。

记下名字后，再补充与这个人相关的其他信息就轻而易举了。比如，我们想加上乔治·沃克·布什是美国第 43 任总统这条信息，只需要将*灌木丛*与*朗姆酒*连接起来即可（朗姆酒在数字列表中代表 43）。利用连接系统将你感兴趣的下一条信息连接到朗姆酒上，以此类推。

伯纳德·麦道夫（Bernard Madoff）

伯纳德·麦道夫（Bernard Madoff）是公认的历史上最大的庞氏诈骗计划的幕后操纵者。

面部特征：大鹰钩鼻和薄嘴唇。

他的名字伯纳德（Bernard）可以转换成圣伯纳犬（St. Bernard）。他的姓氏麦道夫（Madoff）与"mad-off"（疯狂断开）发音相近，因此可以想象成一个*疯狂的断开按钮*（mad off-button）（断开按钮是一个红色的圆形按钮，上面有一条短竖线）。影像可以这样构想：一个穿着紧身衣的断开按钮。

把上文内容整合在一起：把*圣伯纳犬*标记到*大鹰钩鼻上*；然后将*圣伯纳犬*和*疯狂的断开按钮*连接起来。想象一只圣伯纳犬脸上长的不是狗鼻子，而是麦道夫的鼻子，这个鼻子特别大、特别沉，与它的脸完全不成比例，所以它要抬头都很困难。接着这只圣伯纳犬流了很多口水，口水里面有数十亿穿着紧身衣的断开按钮。

总统和统治者

要记住不同时代的总统或统治者名单，我们需要采用记忆桩系统。读者可自行选取一个记忆桩列表，在下文的示例中，我们将采用图像列表。一份长长的统治者名单需要一份长度相当的记忆桩列表。如果手头没有这样的列表，我们可以延展现有的记忆桩列表，使之与新信息的长度相匹配，或者使用宫殿系统（加上记号）。

假设，需要记忆的信息的先后顺序以及每一条信息的准确数位都是同等重要的，那么优先选择记忆桩系统。如果要采用宫殿系统，通过在宫殿的固定增量上放置记号，也能达到记忆信息顺序和准确数位的效果。不过，由于记忆桩系统能很快地反映出数位，因此更加高效。

流程如下：

1. **选择一个长度适当的记忆桩列表**。确保记忆桩列表中的记忆桩数量充足，能够用来记忆整组新信息。
2. **将统治者的名字转换**成影像。
3. **将代表统治者的影像标记到记忆桩列表中的记忆桩上**，并确保列表中记忆桩的数位与统治者列表中的数位相对应。如果要同时记忆姓氏和名字，可以标记代表名字的影像，然后将代表名字的影像连接到代表姓氏的影像上。
4. **将其他相关信息（如当选日期）连接**到代表统治者姓氏的影像上。
5. **在合适的地方，运用捆绑法减少影像数量**。

为了讲解具体流程，我们将以表 2-20 列出的美国前五位总统为例。读者可以自行补全总统列表。（请注意，如果想选用下面的记忆桩列表来记住所有总统的话，需要对下表进行延展。或者，读者可以采用含有 101 个记忆桩的数字列表，就目前为止，101 个记忆桩远远超过了美国总统的数量，因此能满足需求。）

表 2-20　美国前五位总统及当选年

编号	总统	当选年
1	乔治·华盛顿（George Washington）	1789
2	约翰·亚当斯 (John Adams)	1797
3	托马斯·杰斐逊 (Thomas Jefferson)	1801
4	詹姆斯·麦迪逊 (James Madison)	1809
5	詹姆斯·门罗 (James Monroe)	1817

现在我们采用图像列表，从乔治·华盛顿开始。乔治的影像是*峡谷*（和前文乔治·沃克·布什一例的影像一样）。因此我们将*峡谷*标记到*树*上（图像列表中代表 1 的记忆桩）。想象一下，一棵树的树干是一条长长的垂直峡谷。

请注意乔治的唯一识别码在上文的示例中是如何保持一致的。正如在之前的章节中提及（和重申）的一样，一致性对高效性有显著影响。

华盛顿的英文 Washington 与 "washing-town"（清洗城镇）发音相近，因此将*峡谷*连接到*清洗城镇*上。可以想象成一个装满水的峡谷站立在一座城市之上，仔细地擦洗着城镇中心。

接下来要记忆乔治·华盛顿当选总统的年份，我们采用加入多个特征的技巧和 VWYZ 转换方法。1789 的影像为一个*快爆炸的棕色鸭子*。因此，将*清洗城镇*和*快爆炸的棕色鸭子*连接起来。想象在城镇中心，一只棕色的鸭子正在被清洗，洗着洗着，鸭子不断变大，直到雷鸣般的一声炸响，鸭子爆炸了，整个城镇挂满了黏糊糊的鸭子碎片。

请注意，对话题越熟悉，练习者就越能够自行推断出总统当选年份的前两位数字，因此可以忽略乔治·华盛顿当选年份中的前两位数字 17。

接下来是约翰·亚当斯总统。约翰的英文 John 与 "yawn"（哈欠）发音相近，亚当斯（Adams）可以用 Adam's apple（喉结）来表示。运用捆绑法，*喉结打哈欠的影像*就可以用来表示总统的全名。将这个影像标记到图像列表中的第二个条目*天鹅*上。可以想象成一只美丽的天鹅长着硕大的喉结；突然这个巨型喉结打出了一个长长的哈欠，哈欠声随着它的气息逐渐减弱——尝试想象这个影像和哈欠声。

要记住约翰·亚当斯的当选年份，我们可以把*猪*连接到*喉结打哈欠*上。想象你站在一个猪圈中央，但周围围着你的不是猪，而是数百个打哈欠的喉结。想象各种奇怪的哈欠声此起彼伏。

读者应该已经注意到，在这一示例中我们只用了年份的后两位数字 97，而不是完整的年份 1797。因为，你只需要记忆必要的未知新信息。我们已经知道乔治·华盛顿是在 1789 年当选总统，所以就没有必要记忆在华盛顿之后接任总统的约翰·亚当斯当选年份中的 17 这个数字了。在记忆过程中，如果能够用到这种窍门和捷径，就要尽量灵活运用。所有这些方法都呼应了作者在本书中像咒语般不断重复的一个原则，读者到此应该非常熟悉这个原则了，那就是只记忆未知信息，并从已知信息中推断出其他信息。

接下来是托马斯·杰斐逊。托马斯这个名字可以用*托马斯小火车*（Thomas the Tank Engine）的形象来表示。把名字标记到图像列表上，找到表示数字 3 的物件——*蚂蚁*，然后将*托马斯小火车*标记上去。想象一只巨型蚂蚁脸上带着托马斯小火车一样的微笑，拉着一列火车车厢。

他的姓氏是杰斐逊（Jefferson），与 "chef-fussing"（满腹牢骚的大厨）发音相近，因此要记住这位总统的姓氏，我们需要把*托马斯小火车*和*满腹牢骚的大厨*连接起来。想象托马斯小火车戴着大厨高帽，在厨房对着锅大发牢骚的样子。

接着是要记忆他当选总统的年份 1801，利用之前所学的知识，我们用*西装*来表示 01，因此将*满腹牢骚的大厨*连接到*西装*上。想象满腹牢骚的大厨戴着高帽，穿着一套名牌西装。

如果练习者不想采用推算的方法来得出年份，而希望采用 VWYZ 转换法，那么记忆 1801 就需要把*满腹牢骚的大厨*连接到*洗澡的灰鸽子*（grey dove showering）上。因此，我们可以构想这样一幅影像：一个大厨对着锅大发牢骚时，发现本该被炖熟的灰鸽子却在锅里惬意地洗澡。

之后，根据流程记忆剩下的总统信息就轻而易举了：

▶ 詹姆斯·麦迪逊，1809：将果酱（jams）标记到*船帆*（sail）；将果酱与*药*（medicine）连接；然后将药和*汤*（soup）连接。

▶ 詹姆斯·门罗，1817：将果酱标记到*钩子*（hook）上；将果酱和*月亮*（moon）连接；然后将*月亮船桨*（moon row）和*鸭子*（duck）连接。

▶ 以此类推，记忆余下的其他总统的信息。

日程表

为一天做计划时，我们常利用一本日程本或一张数字日程表来帮助记住一整天的安排。除此以外，为了让这种方式更加完美，我们还可以指定一份记忆桩列表，专门用来存储一天的日程安排。下文中的示例将采用韵律列表。流程如下：

1. 将一天的"0 时"（新一天中开始行动的时间）标记到所选的记忆桩列表的第一个条目上。之后，不要对对应关系做任何变动。这样，一天的每个阶段都能通过这个阶段与 0 时之间的距离，来进行唯一识别。以韵律列表为例，假设一个人的一天是从早上 8 点开始（0 时），因此我们用*佐罗*来表示从早上 8 点开始到早上 9 点结束这个时间段。此后，佐罗总是表示这一时间段。

2. 记忆桩列表上的每个条目都表示一个小时。这个小时的起始时间取决于物件指代的数字与 0 时之间差了多少。在韵律列表中，*动物园*表示 2，因此和代表 0 时（8 点）的*佐罗*相差 2，即表示从 10 点开始的阶段。

3. 将每项日程安排对应到记忆桩列表上的相应阶段。

4. 对于发生在半点的事件，可以在影像中加入一把大砍刀。大砍刀表示除号，加入影像中就表示一个小时被分割开了。

5. 对于要持续超过一个小时的事件，仅需要将同样的安排标记到多个条目上，使其对应记忆桩列表上的多个阶段。

比如，一个人需要记忆的一天日程如下（见表 2-21）：

表 2-21　日程安排示例

时间	安排
08：00—09：00	读早报
09：00—10：00	员工会
10：00—11：00	巡视工厂
11：00—12：00	读销售报告
12：00—14：00	在法国餐厅吃午饭
14：00—15：00	面试秘书职位的应聘人员
15：00—16：00	与银行经理会面
16：00—17：00	接孩子放学
17：00—18：00	读晚报
18：00—19：00	准备晚饭

运用韵律列表，我们指定记忆桩列表中的 11 个条目，每个条目都代表工作日中的一个小时（从早上 8 点到下午 7 点）。

要记住第一个日程安排——读早报，我们仅需要把*报纸*这个影像标记到韵律列表对应的条目*佐罗*上。可以想象一张巨幅报纸带着一副环绕眼睛的面具，骑着一匹安达卢西亚黑马拯救身陷险境的少女。

接着，将下一项日程安排员工会标记到韵律列表对应的条目*枪*上。可以构想这样一个场景：当你走进会议室时，看到围坐在会议桌旁的不是公司主管们，而是一把把穿着西装的亮晃晃的枪，它们端坐着准备开会。想象一下你看到这种场面而感受到的震惊和恐惧，以及空气中弥漫的火药味。

继续把每个日程安排标记到韵律列表对应的条目上。

想要记起一个日程安排的时间，只需要将韵律列表上的条目编号与你的 0 时相加，上述示例中的 0 时就是早上 8 点。比如，记住了上述日程安排后，你的合伙人打电话问你当天什么时候吃午饭，这时一个涉及午饭和门的荒诞影像就会出现在你的脑海中，*门*在韵律列表中表示 4，因此把 4 与早上 8 点相加，得出午饭时间是中午 12 点。

上文示例中选用早上 8 点作为 0 时，练习者可以根据自己的日程安排来更改 0 时的起始时间。重点是，选定 0 时以后就要保持一致性，不要再改变 0 时，因为当天其他所有时段都是从选定的 0 时推算出来的。

如果需要在一天中加入更多时间，练习者只需要使用一个长一点的记忆桩列表，或者扩展韵律列表即可。

不过，如果要安排一个月甚至是一年的日程安排，最好采用不同的系统。若要为一整个月做计划安排，可以选用网格系统，因为每个格子可以对应这个月的每一天，各项安排都可以标记到每个格子的影像中：把当天的第一项安排标记到该格的影像上，然后将其余安排按照先后顺序连接起来。

要为一整年做计划的话，可以使用音标为一年中每天的每个小时创建一个影像。我们可以运用 UVWXYZ 转换法，其中 UVW 用音标创建的影像表示，XYZ 通过添加特征来表示。

比如，假设你安排了 5 月 12 日早上 10 点看医生。那么，日期时间可以用数字表示为 120510（日期和时间的转换方式是日 / 月 / 小时）。

要记住这项安排，我们可以先用音标创建 120 的影像，分别用音标表示为（T 或 D）（N）（S 或 Z）。于是，可以选用 TeNniS（网球）这个字母组合，接下来，就用*网球*表示 120。

后面三个数字 510，分别表示地点、颜色和行动的特征。因此我们最终用*从外太空跳伞下来的一个红色网球*来表示 120510。接着，只需要将这个影像连接到日程安排"医生"上。可以构想这样的场景：一个红色网球从外太空跳伞，落到一个星星的尖角上被划伤了，然后它急匆匆地去找医生治疗伤口。

同理，也可以用同样的方式来记忆生日，不过需要采用 VWYZ 转换法（日期和月份的转换方式为日 / 月）。VW 用数字列表中的相应物件来表示，YZ 用两个特征来表示。

顺便提一句：对已讲授过的技巧进行适当组合后，能够用于记忆一个人的名字，再将其生日连接到其姓氏代表的影像上，以此来记忆姓名和其对应的生日。具体流程如下：

1. 将这个人独有的面部特征的影像连接到名字的影像上。

2. 再将名字的影像连接到姓氏的影像上。

3. 再将姓氏的影像连接到生日的影像上。

请注意，如前面章节中讲解的一样，如果能够采用捆绑法，上述步骤可简化为：

1. 将这个人独有的面部特征的影像连接到这个人全名的影像上。

2. 再将全名的影像连接到生日的影像上。

人力管理器

以前面章节讲解的技巧为基础，本节将介绍一个有力工具，该工具可以在你无法获取笔记的情况下帮助你整理思路、建立互动，在需要展现智力 [1] 和职业水平的时候尤为有用——如面试，或与公司高管开会时。

这一工具是本书至此已讲解理念的一个合集。当整合使用时，即使手头

---

1   小说《暴雨基金》（*Rain Fund*）的主角就是采用了这种技巧，没有使用笔记本或平板电脑——当然小说也带了点卖弄成分在其中。

没有书写工具，也可以运用自如。

人力管理器由下文各小节中介绍的工具组成。因为其具有管理器的一般功能，且使用方式方法取决于练习者所处情况，因此将它称为"人力管理器"。

在以下小节中，将抽象思维和概念转换成影像的方法与本书前面章节中所讲的转换方法相同。这些影像会被标记到人力管理器中的相应工具中。

灯泡

在谈话、洗澡、休息、开车、体育运动、健身等过程中冒出一个想法时，将该想法标记到*灯泡*上。总之，任何一个好点子出现，而又没法用笔记下或不需要用笔记下时，就把代表这个想法的影像标记到灯泡的影像上，如果接着又出现了其他想法，就把随后出现的想法连接到第一个想法上（即将想法1标记到灯泡上，将想法2连接到想法1上，将想法3连接到想法2上……依次类推，把最后一个想法N连接到想法N-1上）。

手推车

手推车用来记忆需要购买的物品——通常指购物清单上的物品。如果你想起有个物品需要加到购物清单上，就把这个物品标记到*手推车*（或购物车）上。再把其他需要购买的物品连接到已标记好的第一个物品上。

扩音器

谈话过程中，尤其是另一方说话时，如果你想起一个需要提及的关键点，就把代表这个关键点的影像标记到*扩音器*上。如果有其他关键点需要提及，那就把这些关键点连接到已标记好的第一个关键点上。

铁锤

当你忙于每日基本任务时，突然想到有件事情需要处理，就把代表这件事的影像标记到*铁锤*上，从而将其加入待办事项清单，随后的其他待办事项可以连接到标记好的第一个事项上。

笔记本

会议上、听讲座或谈话过程中，出现一条很有价值的信息时，你可以把出现的第一条信息标记到*笔记本*上进行记忆，之后把接下来出现的其他信息都连接到标记好的第一条信息上。

这些方法的重点是快速捕捉信息，不用花费时间精力细想应该怎样归档信息。这样做是为了确保会议、讲座或对话不被打断，持续进行。如果暂停或打断会议、讲座或对话，就违背了使用这一系统的本意。

如果大量使用了笔记本，尤其是在长时讲座中，则建议（在使用工具前提前）创建一个虚拟宫殿——可以把宫殿里的房间建造成笔记本的形状，然后将新信息标记到宫殿里的物件上。宫殿中的不同房间可以用来分隔讲座／对话中谈到的不同话题。

请注意，如果在谈话、会议或讲座开始前，你就已经知道了将要谈到的话题，那最好是将信息归档记录在方便查看和保存的地方，而不是采用临时笔记本来记忆。

日程表

前面章节中单独讲解了日程表，用于记忆生日和整理日程安排。

联系人

用记忆名字和面孔的技巧来记录联系人信息。重要信息连接到联系人姓氏上（如生日、职业、电话号码等）。

每天清理影像

建议在一天结束的时候，清理人力管理器中的每项工具，为第二天做好准备，以便其发挥最佳作用。

清理工具时，对于每个重要信息块，要么把它们写下来，要么根据信息类型，将其归档记在相应的记忆区块。对于不太重要的信息，则可以舍弃，或简略记在笔记本的杂项中，便于查阅。

还未做完的待办任务（如购物清单或待办事项列表上的条目）应该在一天结束时重新连接和检查。第二天，新的条目出现时，可以将其直接连接到人力管理器中相应工具的最后一条上。

人力管理器的另一种使用方法

可以为人力管理器的各个工具设定一个专门的记忆桩列表或一个宫殿，而不是每个工具只有一个单一记忆桩（*灯泡、手推车、扩音器和笔记本*）。例如，灯泡可以是一个宫殿，而不是一个单一的记忆桩——灯泡，这样一来，所有想起的点子都可以标记到宫殿中的条目上。

由于很可能遇到某一天结束的时候，待办事项清单或购物清单上的任务没有全部完成的情况，因此有一份记忆桩列表或一个宫殿，对于待办事项清单或购物清单来说尤为有利。原来的方法是把未完成的条目重新连接起来，而运用记忆桩列表或宫殿方法时，需要先清理掉已经完成的任务项，对于尚未完成的任务项，仅采用原来的记忆桩进行回顾即可。

因为记忆桩之间没有交叉依赖的关系，所以没有必要重新整理列表。旧任务项（未完成任务项）仍然标记到原有的记忆桩上，新任务项则标记到清理后的记忆桩上。比如，待办事项清单上原有七个任务项，如果第三个和第四个任务项在第一天结束时被清理了，那么到第二天时，新的任务项就可以标记到宫殿中的第三和第四个位置上，至于其他新任务项，则从第八个位置上开始继续标记。

这种方法的缺点在于，它限制了工具的范围：理论上，运用连接的方式可以连接无数个条目，而运用记忆桩列表或宫殿系统，就要受到列表上记忆桩条目和宫殿大小的限制，并且需要提前准备好记忆桩列表及宫殿。

品酒专家和"生命之水爱好者"（Uisgeophiles）[1]

品酒专家、"生命之水爱好者"，以及其他嗅觉、味觉发烧友们，能从某些葡萄酒和烈酒复杂的口感中获得乐趣。

有两种技巧可以用来记忆品酒笔记，具体选用哪一种，取决于需要记忆的品酒笔记的细致程度。如果只是记住几瓶酒的大概品酒笔记，那么可以用连接系统来记忆；如果需要记忆整个系列藏品中每一种酒的细腻口感，则最好使用宫殿系统。

采用连接系统

如果只是为了记住主要品酒笔记，连接系统就可以轻而易举地解决这一问题。主要品酒笔记首先要查看几个标准类别：颜色（葡萄酒或烈酒的颜色）、气味（葡萄酒或烈酒在酒杯中的香气）、酒体（葡萄酒或烈酒的质地）、品饮（葡萄酒或烈酒在口腔内的感受）、尾韵（喝下葡萄酒或烈酒后，口腔内逗留的回味）。每一个主要笔记都要通过具体顺序连接到这瓶酒的名字上，之后我们就可以通过这一具体顺序，来回忆每个笔记的所属类别。

采用连接系统的流程如下：

1. （理想情况是在品酒的过程中记忆酒标，这会使抽象描述和实际体验在神经系统上产生一种微妙但强有力的联系。）
2. **酒名**。把酒名转换成一个影像，用捆绑法把年份或酒龄也纳入影像中。

1　注意，术语"uisgeophile"不是正规词。这一词语是由苏格兰盖尔语"生命之水"（usige beatha，指酒）加上希腊语前缀 phile（表示"爱好者"）组成的。这一词语用于威士忌爱好者中，他们用这个词语指称自己，但也不常使用。

3. **颜色**。把颜色转换成一个影像。

4. 将酒名的影像**连接**到颜色的影像上。

5. **气味**。把气味转换成一个影像。

6. 将颜色的影像**连接**到气味的影像上。

7. **酒体**。把酒体转换成一个影像。

8. 将气味的影像**连接**到酒体的影像上。

9. **品饮**。把品饮转换成一个影像。

10. 将酒体的影像**连接**到品饮的影像上。

11. **尾韵**。把尾韵转换成一个影像。

12. 将品饮的影像**连接**到尾韵的影像上。

13. **回顾**。

我们在此以迈克尔·杰克逊[1]（Michael Jackson）的苏格兰威士忌品酒笔记为例。挑选一瓶艾雷岛产的单一威士忌——拉佛格（Laphroaig）18 年，迈克尔·杰克逊在第六版的《单一麦芽苏格兰威士忌完全指南》（*Complete Guide to Single Malt Scotch*）中写道：

拉佛格 18 年

▶ 颜色（colour）：明亮的金橘色。

▶ 气味（nose）：海风气息、太妃糖、泥煤烟熏。

▶ 酒体（body）：丰醇、含油。

▶ 品饮（palate）：蒸汽机烟熏味、红甘草味、山桃木黑椒牛排烧烤味，口感圆润饱满。

▶ 尾韵（finish）：较长尾韵、泥煤红甘草和山桃木烟熏味在口中久久徘徊。

1　这里的迈克尔·杰克逊，是指英国作家、记者、啤酒和威士忌大师迈克尔·杰克逊，而不是流行歌手迈克尔·杰克逊。

　　运用连接系统时，我们只能记忆每个类别的单一笔记，其关键是使用主要笔记——在多数专业品酒笔记中，品酒作者通常先写下主要笔记。

　　记忆上文的拉佛格 18 年的品酒笔记时，我们需要先把酒的名字转换成一个影像。"拉佛格"的发音与"la-frog"（青蛙，la 在法语中表示定冠词 the）相近，所以可以想象成*一只有法语口音的青蛙*。接着把"18 年"加入影像中，运用数字列表把 18 转换成*鸽子*，因此这瓶酒的名字就用一个*鸽头蛙身的动物*来表示。

　　接下来是颜色类别——明亮的金橘色，把*鸽头蛙身的动物*与*明亮的金橘色*连接起来。可以构想这样的画面：这个鸽头蛙身的动物小心翼翼地剥着一个橘子，结果发现橘子皮里裹着一大块金子。

　　接下来是气味类别——海风气息，因此我们需要把*明亮的金橘色*与*海风气息*连接起来。想象一片海水冲向岸边的礁石，浪花里散发出阵阵金橘的香味。

　　接下来是酒体类别——丰醇、含油，这时需要把*海风气息*和*丰醇、含油*连接起来。想象一桶油坐在餐桌边准备吃盘中最后一点饭菜，突然这桶油开始打嗝，它的嗝里带着海风气息，吹向餐桌上的其他食客。把海风气息想象成翻滚起伏的样子冲向食客，并且这团海风嗝与这一小桶油在体积上完全不成比例。

　　接下来是品饮类别——蒸汽机烟熏味，要将*丰醇、含油*与*蒸汽机烟熏味*连接起来。想象一个蒸汽机发射出数十亿只油腻腻的油桶。

　　最后是尾韵类别——较长尾韵、泥煤口感，因此我们必须把*蒸汽机烟熏味*和*较长尾韵、泥煤口感*连接起来。想象一个蒸汽机发射出数十亿含着泥煤块垂直张着的大嘴。

采用宫殿系统

　　上文中的连接系统示例让我们抓住了单一麦芽苏格兰威士忌的主要特征。

但如果需要记忆其中微妙的口感，就要同时把相关话题存储在易于从脑中取用的区域，那就应该采用宫殿系统了。

运用宫殿系统来完成这个任务时，建议将记忆宫殿设置为一座宫殿、一座大房子，或一个博物馆。流程如下：

1. （理想情况是在品酒的过程中记忆酒标，这会使抽象描述和实际体验在神经系统上产生一种微妙但强有力的联系。）
2. **分配房间**。为每瓶酒安排宫殿中一个单独的房间。
3. **将酒名标记到房间的入口处**。
4. **将酒的年份和酒龄标记到房间里的第一个物件上**。
5. **将酒的品酒笔记标记到房间里的其他物件上**。
   a. 首先，将类别的影像标记到房间里的下一个物件上。可以用蜡笔（crayon）表示酒的颜色（colour），鼻毛（nose hair）表示酒的气味（nose），尸体（cadaver）表示酒体（酒体的英文是body，也可以表示身体），舌头（tongue）表示品饮（palate），格纹终点线（chequered finish line）表示尾韵（尾韵的英文是finish，也可以表示完成）。
   b. 然后，将各类别下的品酒笔记按顺序标记到房间中的其他物件上。这样就很容易理解，该类别影像下的所有物件都属于这一类别。
   c. 以此类推，为其他类别和对应的笔记构建影像。
6. **顺时针环绕宫殿行走，先走楼下的房间，再走楼上的房间**。
7. **顺时针环绕每个房间行走**。
8. **回顾**。

为了讲解示例，我们构建的宫殿有以下房间，房间入口处有以下物件：

1. 大厅：吊灯、喷泉、花瓶、肖像画、金色塑像、骑士盔甲、镜子、伞架、地毯和楼梯。

2. 餐厅和厨房：送餐桌、长餐桌、阳台、大衣架、洗手池、炉具、食品
　　预处理台、挂在架子上的锅、微波炉和冰箱。

为讲解技巧，我们需要记忆几瓶名酒。请注意，这种技巧也可以用来记忆威士忌和其他烈酒；下文以红酒为例只是为了增加示例的多样性，并不是因为下文中运用的技巧只能用来记忆红酒。

罗曼尼康帝（Romanee Conti）1929

▶ 颜色（colour）：红色／橘色。

▶ 气味（nose）：泥土辛香。

▶ 酒体（body）：丰醇脂香。

▶ 品饮（palate）：坚果味和咖啡味。

▶ 尾韵（finish）：较长尾韵和泥土香味。

柏图斯（Petrus）1961

▶ 颜色（colour）：紫色。

▶ 气味（nose）：巧克力香、梅李果香、淡烟熏味。

▶ 酒体（body）：油脂丰厚。

▶ 品饮（palate）：果味、泥土味、植物草本味。

▶ 尾韵（finish）：尾韵较长，带着咖啡香辛味。

我们从宫殿的大厅开始记忆旅程。罗曼尼康帝的发音和"Roman counting"（罗马人数数）的发音相近，因此我们把罗马人数数标记到大厅里。想象罗马士兵齐步进入大厅时，大厅的门在清点罗马士兵的数量。

接着是大厅里的第一个物件：吊灯。我们将酒的年份1929标记到吊灯上。运用VWYZ转换法，1929用快爆炸的黑色厕纸来表示。可以将画面构

想成：一个由大量黑色厕纸卷做成的吊灯，在厕纸卷爆炸时可以产生白炽灯的效果。

　　房间中的其他物件用来标记酒的特色。首先将蜡笔（表示随后的物件都属于酒的颜色类别）标记到喷泉上。想象从喷泉中喷涌而出的是巨型蜡笔，而不是水。

　　房间里的下一个物件是花瓶，我们要标记的是颜色类别的特色——红色/橘色，因此将红橘子标记到花瓶上。想象一个花瓶中插着散发宜人香味的红橘子。

　　接下来是品酒笔记中的气味类别，首先将鼻毛标记到肖像画上。想象一幅肖像画，画中画着神情严肃的鼻毛。

　　标记品酒笔记中的气味时，我们可以采用捆绑法提高效率。因此，对于气味中的泥土辛香特色，可以将装满泥土的香辛料瓶标记到金色塑像上。想象一个饥肠辘辘的客人在用餐前，摇晃着装满了泥土的香辛料瓶，为盘中的金色塑像加点味道。

　　接着是酒体的特色，同样运用捆绑法，把丰醇脂香和尸体（表示酒体类别）组合到一起，因此我们将油脂丰厚的尸体标记到骑士盔甲上。想象一个酒足饭饱、脂肪丰厚的尸体费力地将骑士盔甲往身上穿，但就是穿不进去。

　　接下来的品酒笔记是品饮，我们先把坚果味舌头（品饮类别用舌头来表示，把品饮类别中的第一个品酒笔记坚果味与舌头捆绑在一起）标记到镜子上。想象当你从镜子前走过时，镜子中出现的是一个巨大无比的坚果味舌头。

　　接着是品饮类的第二个笔记，将咖啡标记到伞架上。想象伞架呼噜呼噜地大声喝着一杯咖啡。

　　接着是尾韵，我们先将格纹终点线标记到地毯上。想象一条特别粗的格纹终点线慢慢走在地毯上，感受着地毯柔软的质地。

　　最后是尾韵的品酒笔记：较长尾韵和泥土香。将长条地球（泥土的英文是 earth，也可以表示地球）标记到楼梯上。想象一个垂直拉伸的地球正沿着楼梯往上走。

采用同样的方法记忆第二种酒，我们首先从第二间房间门口开始。

▶ 将宠物摔跤（pet wrestling，表示柏图斯）标记到房间门口。

▶ 接着

  ▷ 把在洗澡的绿色厕纸（表示1961）标记到送餐桌上。

  ▷ 把紫色蜡笔标记到长餐桌上。

  ▷ 把巧克力鼻毛标记到阳台上。

  ▷ 把梅李果子标记到大衣架上。

  ▷ 把烟标记到洗手池上。

  ▷ 把油脂丰厚的尸体标记到炉具上。

  ▷ 把果味舌头标记到食品预处理台上。

  ▷ 把泥土和植物草本味标记到挂在架子上的锅上。

  ▷ 把格纹终点线标记到微波炉上。

  ▷ 把香料瓶中的长咖啡豆标记到冰箱上。

接下来可以把其他红酒的品酒笔记标记到宫殿中的其他房间里。

另一种使用方法

上文中讲解的两种方法可以强强联合，联合的原则是利用宫殿系统，但只记忆每个类别中的一个主要特色。这就避免了标记类别（*蜡笔*表示颜色，*鼻毛*表示气味，*尸体*表示酒体，*舌头*表示品饮，*格纹终点线*表示尾韵），因为已经预先明确了类别的先后顺序，并且只需要记忆每种类别中的一个特色，所以在捕捉红酒或烈酒主要品酒笔记信息的过程中，就减少了所需的影像数量。

其他考虑

"宫殿系统"章节中曾做过详细说明：最好使用你熟悉的地方作为虚拟宫殿。不过，游历了上文中创建的宫殿，并回顾了其中的影像后，读者对宫殿的熟悉程度会有所增加。这是建造虚拟宫殿的绝佳示例。如果练习者想用虚拟宫殿进行练习，或想拓展上文中的虚拟宫殿，只需要在记忆下一种红酒或烈酒之前，先创建一个新房间就可以了。

一旦创建好这样的虚拟宫殿，复习宫殿中的信息就会给你带来如现实生活中实际品酒一般的愉悦感。走进宫殿里的每一间房间，都能让你再次感受到房间里存放的红酒／烈酒的芳香气味、质地和口感（如果多加练习本书第一部分中介绍的专注力技巧，你的感受会更加明显）。学习和复习都不再是枯燥的机械流程，而是值得期待的乐事。

其他应用

下文中列出了本质相似的其他学习任务，这些任务都可以使用上文中讲授的方法进行记忆和学习。针对每一个学习任务，我们概述了如何将材料打散成唯一识别码，并讲解了应该选用哪种系统进行学习和记忆。

国际象棋开局

我们采用代数记谱法或小雕像代数记谱法，来记忆国际象棋开局。通过下述步骤将棋局转换成唯一识别码：

1. 将每颗棋子都想象成三维立体影像。
2. 每一列的字母（更正式的说法是棋盘纵列上的字母）都按字母顺序转换成相应的数字。如 e 是第五个字母，所以就是数字 5；同理，f 就用数字 6 来表示。
3. 用数字列表把落棋位置转换成一个影像。如 e4 由数字 54 表示，在数字列表中对应的是货车。
4. 将表示棋子的影像与表示该棋子落棋位置的影像绑定在一起。如 Nf3

用马做的果酱来表示（N 表示马 [1]；f3 可转换成 63，由果酱来表示）。

5. 其他棋谱（如兵升变，或吃子）可以进一步绑定到一个影像中。

建立好了唯一识别码后，可以通过以下流程来记忆开局：

1.（采用宫殿系统。）

2. **指定一个宫殿**。指定一个宫殿来记忆所有的象棋开局。

3. **每间房间一个开局**。宫殿中的每间房间涵盖一个开局的所有细节。

4. **标记名称**。把开局的名称标记到房间入口处。

5. **标记落棋着数**。将组成开局的落棋着数标记到该房间内的物件上。

6. **按顺时针方向在宫殿中行走**，从楼下到楼上。

7. **按顺时针方向在每间房间中行走**。

公司层级

运用网格系统，把首席执行官 / 总裁放在最顶排，从上到下将每个人的名字标记到他所在的格点上。

路线

采用宫殿系统，将组成路线的元素标记到宫殿中的各个条目上。

大多数路线是由道路名称和指示方向组成的，因此为"左"和"右"指定唯一识别码很重要（可以用*手表*表示左，用*拳击手套*表示右）。将表示左 / 右的唯一识别码，与下一个转弯处的道路名称绑定在一起。然后将该影像标记到宫殿中相应的条目上。

如果没有将左 / 右的唯一识别码绑定进影像中，说明保持直走。

1　在国际象棋中，为了便于记忆棋谱，各棋子都会用英文首字母来指代。但由于王（国王，king）的首字母与马（骑士，knight）的首字母相同，所以王用 K 代表，马则用 N 代表。——编者注

地图

取决于需要记忆的城市或国家的形状，选用标准网格或圆形网格。在每个格点的格子里明确主路名、主街道名或主要地点名称，然后将它标记到代表格点的影像上。

接着运用连接系统将上文提及的首要要素连接到格子中的其余内容上。系统化地遍历每一个格点，完成一个格点内容后，再开始并完成下一个格点的内容：从左到右，从下到上（从西向东，从南向北）。

摩尔斯电码

运用音标法。

1. 用字母 T 或 D 来表示划（dash）。
2. 用字母 R、P 或 B 来表示点（dot）。
3. 上述字母可以用任何元音进行连接。
4. 将字母表中的每个字母先转换成摩尔斯电码的点划组合，然后用前三步的方法把每一个点划组合转换成易于进行视觉想象的词语，就这样，依次为字母表中的每个字母创建唯一识别码。

比如，字母 A 在摩尔斯电码中为"·—"（一点一划表示 A）。

运用上文中的系统，字母 A 就可转换成 RaT(老鼠)、RoD(棒子)、PaD(衬垫)、BaT（蝙蝠）等，可任选其一。

接着，为余下的字母分别创建唯一识别码。只需要将摩尔斯电码的影像标记到字母表中相应的影像上，就能记住这些唯一识别码了。

期权波动率平面

采用网格系统，可以通过修改网格来使其适应记忆期权波动平面的任务，期权执行价作为第一行，期权期满日作为第一排，将期权波动率填进每个格

子中。把每个波动率影像（利用数字列表将数字转化为影像）标记到代表相
应格点的影像上。

绘画

运用连接系统。

1. 找到画幅中显著的特点，或用画幅本身来设置影像。
2. 将这个显著特点或画幅本身连接到画名上。
3. 将画名连接到作画的艺术家名字上。

香水

运用"品酒专家和'生命之水爱好者'"章节中记忆红酒和烈酒的宫殿系
统，以同样的方式来记忆香水。

集邮爱好者

运用连接系统。

1. 找到邮票中显著的特点，或用邮票本身来设置影像。
2. 将这个显著特点或邮票本身连接到邮票名上。
3. 将邮票名连接到邮票发行年份上（运用 VWYZ 转换法）。

诗歌

运用连接系统。

1. **慢速读完整首诗，大声朗读为佳，确保理解了诗歌大意。**
2. **将诗人的姓名连接到诗歌名字上。**
3. **将诗歌名字连接到诗歌的第一个词上。**

4. **将诗歌的第一个词连接到诗歌的下一个关键词上**——尤其是和下一句诗押韵的词语。

5. **连接主要词语**。然后把主要词语两两相连。

6. **同时记忆两句诗**。建立连接时，一次连接两句诗，尝试回忆关键词以外的其他词语（如那些没有被连接的词语）。重复这一步骤，直到你能背诵两句诗中的所有词语为止。

7. **记忆和回顾**。接着是下两句诗，先将主要词语连接到一起，再尝试记忆这两句诗。然后背诵前两句诗，并再次尝试回忆当前记忆的两句诗。

8. **同时回顾四句诗**。以同样的方法把后面的诗句四句组成一组：背诵已知的两句，同时尝试记忆这两句后紧跟的两句。

9. **回顾整页内容**。记忆了一整页的诗歌内容后，在记忆下一页内容时，需要尝试回忆刚记忆的那一整页内容。

10. **回顾整首诗**。

请注意：也可以连接诗歌中的所有词语，但总体来说，连接所有词语非常烦琐，并且会降低乐趣，而只连接关键词能减轻记忆任务，提高效率，也创建出一种结构，把诗歌中的其余内容隐含其中。

菜谱

运用连接系统。

1. 将菜谱的名字连接到菜谱的第一步上。
2. 将菜谱的第一步与剩余步骤一一相连。
3. 连接菜谱步骤时，将菜谱中出现的数量、比例、计量和温度捆绑到你创建的影像中。

也可以选用宫殿系统，每间房间安排一个菜谱，由此创建一个"菜谱宫殿"。

地铁／火车线路图

可以采用"地图"小节中详述的网格系统，来记忆整张地图，或采用连接系统将每条线路上的各个站点连接起来。

采用连接系统时，需要把地铁／火车线路名称按照各站点的先后顺序，依次连接到各站点的名称上。

创建你的个人系统

了解了上述应用方法和示例之后，读者到此应该已经很熟悉如何为记忆任务分配记忆系统了。你可以根据上文中的应用逻辑，为示例中没有提及的新应用指定记忆系统。如果有疑问，可以参考上文中与你的记忆任务最接近的示例，并采用该示例的记忆流程。

使用记忆系统进行练习一段时间后，你会形成具有个人偏好的独特记忆方式。不过，使用记忆系统的过程中要遵循几项基本原则：

1. 从信息中提取出构成课题的主要成分。

2. 为每个主要成分创建一个影像——一个唯一识别码。确保你选用的唯一识别码在整个课题内不会产生冲突，与其他课题也不会产生冲突。

3. 保证唯一识别码应用的一致性：不要做任何修改或创建例外情况。

4. 针对每个记忆任务，选用最适当的记忆系统。可以根据个人喜好做出选择。

5. 连接和标记越荒诞，记忆力就会保持得越持久、越牢固。逐渐地，你的脑海中会形成具有个人特色的快速影像创建方式。

6. 关于这一点在前面章节中也强调过，即最重要的是要形成对信息的长

时记忆，所以必须回顾信息。要按照"复习的重要性"章节中详述的时间表进行复习。如若跳过复习，那么信息只能在记忆里存储很短的时间。

训练计划

为掌握本部分介绍的技巧，建议读者按照下文中的进度表进行训练。读者需注意：掌握记忆技巧的最佳方法，是将训练与日常活动衔接起来，因此进度表也要循序渐进地将技巧融入日常生活。

第一周到第四周：熟悉系统

第一个四周的宗旨，是创建适用于所有记忆任务的记忆工具。因此目标如下：

1. **如果你还没有创建记忆工具，至少牢记下列系统：**
   a. 音标。
   b. 数字列表：可以每天记忆列表上的 10 个数字，及其相应的物件，并在每次学习列表上的数字时，先复习前一天记忆的数字，再学习记忆新数字。
   c. 字母列表。
   d. 图像列表。
   e. 韵律列表。
   f. 躯干列表。
   g. 标准网格。
2. **至少创建三个宫殿**（需要是真实地点的建筑物，而不是凭空幻想出的宫殿）：其中一个宫殿至少要有一百个特征物 / 物件条目，其余两个至少每个含有二十个特征物 / 物件条目。

3. **每天学习五个新词**：可以是阅读、对话、看电视时遇到的生词。简单写下生词，查出生词的意思，并用本部分介绍的技巧记忆生词和词义，要确保你按照指导回顾了这些词语。如果一天内无法发现五个新词，那就从网上找——"word-a-day"（"天天记单词"）网页是不错的选择——或系统化地从字典中学习新词。

4. **记忆你新遇到的每个人的名字**——不管是生活中遇到的人，还是新闻发言人、电视剧里的角色或网上用户名等。

5. **记忆你一天中遇到的数字**。可以是股市指数、商品价格、电话分机号、度量尺寸等。养成将数字信息转化为影像，并记忆影像信息的习惯。

6. **请注意**：你不打算长时存储的信息，**不必复习**。这些练习的目标是找到适当且相关的机会练习技巧；用于练习的信息是否需要长时存储，由你自己决定。

第五周到第八周：将技巧融入日常生活

第五周到第八周的目标，是将你现已掌握的记忆工具运用到日常记忆任务中。

1. **增加每日词汇学习量**：每天学习十个新词。
2. **记忆你的购物清单**并在不参考书面清单的情况下购物。
3. **拨打电话的同时记忆电话号码**。在下次打电话给同样的人时，尝试不查看通信录，直接拨打电话。
4. **记忆你的日程安排**，在不参考书面记录的情况下，尝试回忆日程安排。
5. **继续培养记住你遇到的每个人的名字的习惯**。

6. 运用人力管理器。如果你还没有足够的信心运用这个工具，就使用你的常规管理器，但首先尝试从人力管理器中搜寻信息，再参考常规管理器。假以时日练习，你就会越来越熟练，也越来越有信心。

7. **在去一个新地方前，记忆这个地方的地图或路线**。携带导航仪器或地图，但首先尝试根据你记忆的信息抵达目的地——如果需要另寻路线，可将导航仪器／地图作为备选项。

8. **定期驾车游历新地点，或围绕新地点转圈绕行，或步行游历新地点**。这将有利于打造你的宫殿。每次亲身游历后，在脑海中回顾几次，并从中选择可以使用的特征物。为了逐步创建广阔的宫殿，建议系统地游历新地点。

第八周之后

继续按照之前的内容来训练习惯，但在训练中加入如下内容：

1. 学习一门新语言。运用本部分讲授的技巧记忆语法和词汇。
2. 牢记你遇到的每一个新事实和数字。
3. 每天从你喜欢的百科全书中阅读（你感兴趣的）三篇文章／词条，并记住每篇／条的主要事实。
4. 创建一个红酒或威士忌或干邑白兰地宫殿，如果你对红酒或烈酒兴趣不大，就创建一个香水或菜谱的宫殿。
5. 每周记忆一首短诗。
6. 创建一座知识城市（宫殿）：把整个研究领域都涵盖其中。
7. 扩展记忆桩列表，增加记忆桩数量，用来记忆更多内容。
8. 扩展你现有的宫殿，每去一个新地方，就创建一个新宫殿。（尤其是你去过的度假之地——这些地点能给你带来积极的感受，且每次使用这些宫殿时，都能为你带来平静的心境。）

9. **确保抽出足够时间复习**——将短时记忆转换成长时记忆的关键就是复习。理想的复习频率，是每天安排固定时间进行复习。

10. **如果你想要参加脑力锦标赛**，就要开始记录你的训练进度。下文包含测量训练进度的主要指标，这些指标一起运用的话能合理地推算出你的训练进度：

   a. 你记忆一副纸牌花费的时间。

   b. 你回忆起一副纸牌花费的时间，标注出你记错的张数（如有）。

   c. 十分钟内能记住多少张纸牌？

   d. 一分钟内能记住多少二进制数字？

   e. 五分钟内能记住一个长串数字中的多少个数字？（以一个值得花时间记忆的数字作为练习数字，如圆周率 π 或黄金分割数 Φ。）

   f. 五分钟内能记住多少名字及其对应的面孔？（使用你未曾就读／不属于的学校、大学、协会的年鉴进行练习；或者，更好的方法是选择一个你不熟悉的时代或国家，利用其中的著名历史人物肖像进行练习。）

   g. 你记忆十件历史事件以及该事件发生的日期，花费了多长时间？（系统地使用一本历史书作为练习材料，最好选用讲述一个你不熟悉的文化／文明的历史书籍。）

   h. 绘制电子表格，备注上述记忆任务以及每次练习的结果。每次练习的记忆任务要相同，这样测量结果才能保持一致且有实际意义。

   i. 一旦你的记录接近纸牌和数字脑力锦标赛现有记录后，开始练习你想参加的竞赛的具体脑力竞赛内容。

   j. 请注意：脑力竞赛中使用的记忆技巧，与用于积累知识的记忆技巧是有区别的。前者的重点是记忆速度，后者的重点是长时存储信息。并且上文用来衡量你的技巧训练进度的任务使用了有价值的信息，而且是对你来说较新的信息，从而避免测量出现偏差。但为竞赛而做训练时，需要花时间来记忆完全没有价值的信息——唯一的价值在于训练本身。因此，建议你一定要先明确自己的目标。

总结和复习地图

重点

▶ 所有的记忆系统都需要先解构新信息，再设计一种方法用一个物件 / 影像作为解构后的每种元素的唯一代表。

▶ 要么按照顺序将生成的物件 / 影像粘黏在一起，要么将生成的物件 / 影像粘黏到指定的宫殿中。

▶ 记忆技巧中使用的粘黏机制要求创建生动夸张的影像、荒诞滑稽的行为、斑斓和对比强烈的色彩，且要尽可能多地加入感知和情绪。

▶ 连接系统要求将新信息块粘黏到上一条信息块上——形成影像链，每个影像都与它的上一条和下一条影像相连。

▶ 记忆桩系统要求将新信息块与创建好的列表中的已知条目粘黏在一起。

▶ 宫殿系统需要将新信息与已知条目粘黏在一起，这些条目的顺序和结构要与练习者熟悉的现实地点中的顺序和结构一致。

▶ 网格系统通过将信息粘黏到相应格子的条目上来记忆视觉信息。

▶ 事先创建好记忆桩列表和宫殿的目的，是让练习者可以随时使用，从而能高效地记录信息——尤其是在需要回忆信息数位的情况下。

▶ 可以加入特征，也可以用捆绑法将更多信息综合纳入每个影像中，这样做能减少单一信息单元的重复次数。

▶ 应该在最佳窗口期内进行复习。复习对于信息的长时存储来说是必不可少的。

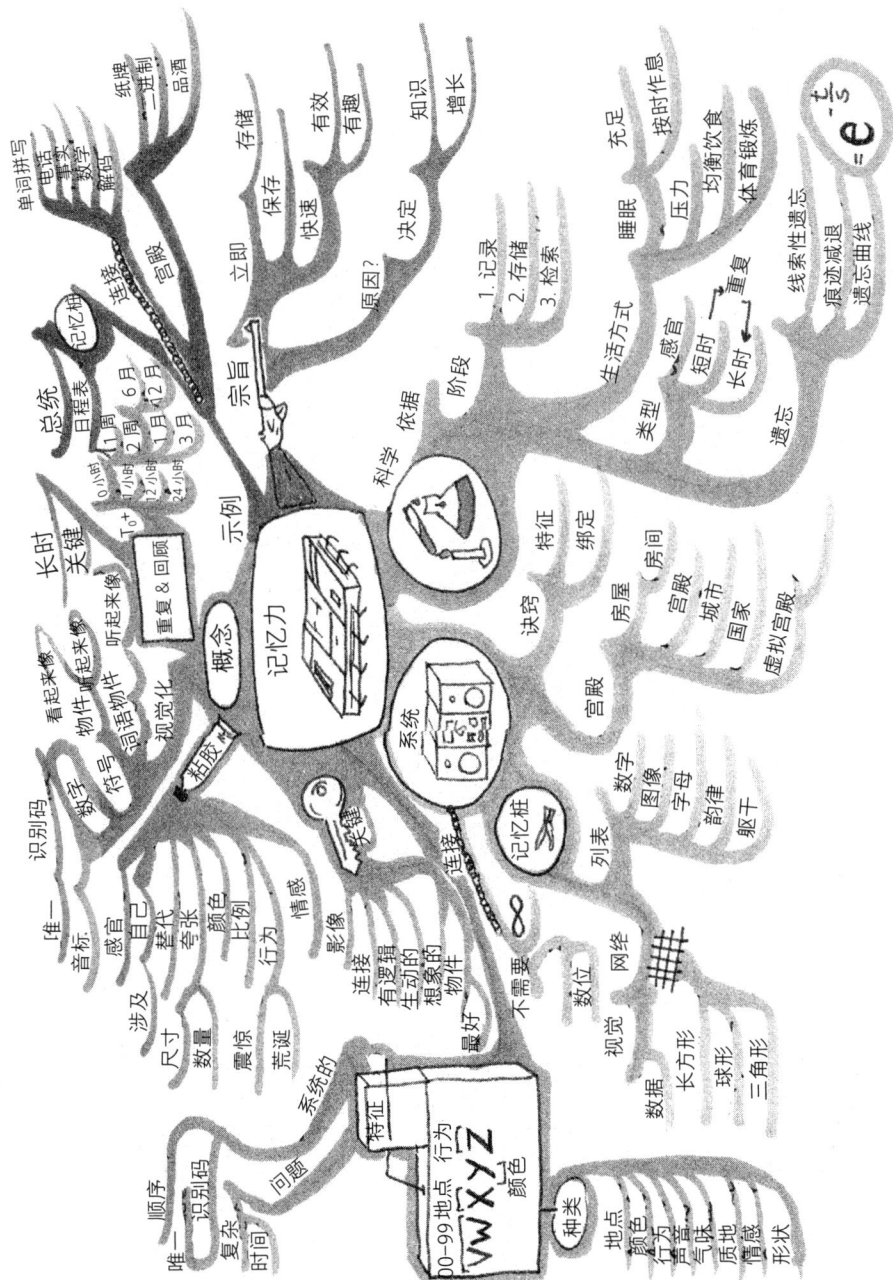

复习地图

记忆力

宗旨
- 记忆钥
- 连接
- 宫殿
- 立即
- 存储：保存、快速
- 有效、有趣
- 知识：增长

示例
- 记忆钥
- 总统
- 日程表：1月、2月、6月、1月12月、3月
- 长时
- 关键
- 重复 & 回顾

概念
- 视觉化：看起来像、物件、听起来像、词语物件、符号、数字、识别码
- 橡胶布

科学
- 依据

阶段
- 原因？
- 1. 记录
- 2. 存储
- 3. 检索

类型
- 生活方式：睡眠、充足、压力、按时作息、均衡饮食、体育锻炼
- 短时、长时：感官
- 重复

遗忘
- 线索性遗忘
- 痕迹减退
- 遗忘曲线

$$e = \frac{t}{s}$$

特征
- 绑定

系统
- 决窍
- 房屋：房间
- 宫殿、城市、国家、虚拟宫殿

记忆桩
- 列表
- 数字、图像、字母、韵律、躯干
- 网络
- 数位
- 视觉：数据、长方形、球形、三角形

钥匙
- 关键
- 连接
- 不需要
- 最好
- 影像
- 情感
- 连接、有逻辑、生动的、想象的物件
- 行为：比例、颜色、夸张、替代、自己、音标、感官、涉及、尺寸、数量、震惊、荒诞
- 唯一
- 识别码

特征
- 行为
- 颜色
- 00-99地点 VWXYZ
- 种类：地点、颜色、行为、语音、气味、质地、形状
- 复杂、时间、顺序、唯一、识别码、问题

第三部分

速读

我上过速读的课程，在 20 分钟之内读完了
《战争与和平》。中间可扯着俄国呢。

——伍迪·艾伦（Woody Allen）

第三部分的目标

▶ 提高阅读速度。

▶ 同时保持理解水平，或提高理解水平。

概述

有关速读的争议历来有很多。这可能是由于这一课题的推动者宣讲了未经证实、有时甚至是空想的言论。接着，速读演化出了另一种伪科学——潜意识阅读或过目不忘式阅读，从而加剧了大众对其的猜疑。对于过目不忘这种传说般的速读形式，大众更是难以接受。伍迪·艾伦那句著名的笑话，就是对这种饱含争议的速读形式最好的总结。

现在，市面上充斥着各类速读课程，这些课程基本可以分为两类：

1. **传统速读**：机械化、系统性地做大量速读训练，从而提高速读效率。
2. **潜意识（或过目不忘式）阅读**：利用深度冥想状态来吸收阅读材料的内容，辅之基于预测的后续阅读，进一步加深理解。

传统速读着重提高阅读技巧，重点在于将阅读过程中回读的次数最少化，这通常需要使用"向导"；避免默读，阅读中每看一眼都要捕获更多词语。这种速读方式需要每天练习，从而提高（之后保持）速读技能。

第二类速读方式需要利用潜意识来捕获信息，这是一种有别于传统速读的阅读方法。重点是要进入深层次的意识，直到潜意识能以超过单独使用意识阅读的速度来捕获所需信息为止。

以上两类速读方法都大肆宣称，其主张的阅读速度是可以通过训练而获得的。传统速读课程通常宣称，练习者最快可达到 5000 词 / 分钟[1]的阅读速

1　此处为英文单词词数。——译者注

度；而潜意识阅读系统常声称，阅读速度超过 25000 词 / 分钟（包含深度理解）是轻而易举的。

根据作者自身经验来看，这两类速读方式各有可取之处，但练习者中很少有人能达到这两者普遍宣传的阅读速度。另外，如果六次蝉联"世界速读大赛"冠军的安妮·琼斯（Anne Jones）的阅读速度仅为 4200 词 / 分钟，那要如何证实大众能达到 25000 词 / 分钟的阅读速度呢？这种宣传对不上事实的情况，很有可能是为了在竞争激烈的行业里吸引关注而过度宣传的结果。手法可能很拙劣，但如果能从中学到有价值的技巧，那么还是应该尝试学习的。

两类速读方法都各有其明确的优势。本部分的目标，是用一种简单的系统将两类方法中的精华内容整合起来，但会将重点放在传统训练上。终极目的就是，整合出一套强有力且实用的阅读技巧，使阅读速度和理解力达到最大化。

如果练习者对下文介绍的系统抱有不切实际的阅读速度幻想，那么很可能会在练习过程中产生过多的杂念。请谨记，我们的目标只有一个，即简单、纯粹地追求读得快一点，理解得多一点。在练习过程中，如果获得了其他方面的进步，都应当将其视作额外的奖励。

这一系统的关键在于定期练习。和竞技体育类似，或更恰当的说法是和健身类似：如果不维持同样的训练等级，努力训练和勤奋练习得来的收效就会毁于一旦。

不过，阅读训练与上文提到的体育和健身仅是部分相似。对于阅读训练，练习者可以自行选择课题进行训练。因此实质上，练习者可以选择用必读材料进行训练。如果规划得当，这就是零成本训练。

最后，要注意不同的阅读材料需要不同的阅读速度，而这一点常常被速读宣传广告忽略。能以 1000 词 / 分钟的速度阅读，并不代表能以同样的速度阅读你之前从来没有接触过的高等数学课本。有些课题需要逻辑推理才能理解，而不是仅仅通过阅读来理解（一个用新颖概念推出结论的数学证明就是最典型的例子）。因此，期望用快速的阅读速度来阅读这种课题，是不切实际的。

　　因此，为了准确地测量你的阅读速度，需要使用一致的测试题材进行训练。现代小说可以作为最佳测试材料，下文的示例中也会以此作为测试媒介。

科学依据

阅读被认为是一种复杂的认知过程，在此过程中需要解码符号，萃取作者想要表达的意义和感情。想要在阅读时实现自动解码，就需要在认知过程中有一定的熟练程度。相应地，自动解码能转而帮助练习者将注意力集中到理解概念上。

阅读的物理力学涉及一系列的目光锁定动作。这些锁定要么是在个别字词上，要么是在一组字词上。研究显示，阅读速度快的人锁定次数相对较少，且每一次锁定都会涵盖大段文本内容。

更具体来说，有关阅读速度快慢评估和比较的研究显示，阅读速度慢的人在阅读过程中通常目光锁定次数更多，锁定时间更长，且回读的次数更多。但这一迹象的因果关系尚不明确。不过已经确定的是，坚持练习速度技巧、练习减少目光锁定次数和回读次数，能在不影响理解的情况下提高阅读速度。

早在 1897 年就有关于速读的研究，当时约翰·O. 宽茨（John O. Quantz）对影响速读的因素进行了广泛的研究。1925 年，威廉·S.格雷（William S. Gray）（在回顾了大量与阅读有关的文献后）整合了速读的有关著作，并得出结论：在不阻碍理解的情况下，通过合理运用各种技巧，可以提高阅读速度。

20 世纪 30 年代到 50 年代发布的研究也确认了这一点，而这些研究也推动了那个时期（直至今天）大量速读课程的问世。遗憾的是，随后的同行评审和分析指出，上述研究存在不足和错误。

后来的速读研究更加有条理且管制更严，并聚焦于量化练习者可能达到的最快速度。这些研究表明，阅读时（这里的阅读指同时捕获并解码每一页上的词语）的最快速度不可能超过 900 词 / 分钟。这种速度限制来源于以下测量标准：

1. 有记录的最短目光锁定时间（约 $\frac{1}{6}$ 秒）。
2. 有记录的两次目光锁定之间的最短时间（约 $\frac{1}{30}$ 秒）。
3. 单次目光锁定时目所能及的最多词数（约三个词）[1]。

将三种测量标准整合在一起，就能得出结论——速读可以一次处理一行十个词语（约十厘米长）的内容，速度最快为 900 词 / 分钟。

即使阅读速度和阅读目光跨度能通过训练有所提高，但它们还是会受限于人眼构造，因此 900 词 / 分钟是以这些限制为基础而得出的最大阅读速度。此外，针对阅读速度异常快的人（尤其是接受过速读技巧训练的人）所做的研究发现，他们的阅读速度和阅读目光跨度均在正常范围内，这一点也进一步验证了最快阅读速度的正确性。

因此，阅读速度超过 900 词 / 分钟，就会被认为是略读。以这种速度阅读，理解力水平会被认为相对弱一些。

最近的证据以及大量分析似乎也证实：想要在阅读过程中保持高度的理解力，阅读速度就要限制在 1000 词 / 分钟以内。但另一方面，有效略读可以有很快的速度，而且搜索信息、回顾之前阅读过的材料，或阅读读者本来就很熟悉的内容时，略读是很有帮助的。不过基于现有的科学依据，这两种阅读方式之间有明确的区别。

1　请注意，每次目光锁定处理的词语数量也可以超过三个词。然而，科学著作中的研究方法所依赖的前提是，所有目光锁定区域内的词语引起的视觉敏锐度都超过 50%。在视觉敏锐度较低的情况下，词语也可以通过上下文来理解。但加入这一因素后，会相应地增加目光锁定时长，影响理解，进而使阅读速度极限的推导过程更为复杂。

从神经力学角度来看看速读。功能性磁共振成像[1]研究发现，接受过速读训练的人在阅读时，大脑的左颞上回和颞中回（或韦尼克氏区附近）以及布洛卡氏区活动性较低——这些区域都与语音语言处理有关。这说明，速读仅涉及很少的语音处理和语义句法处理过程——但重点是，速读并不影响理解。因此研究表明，速读是以一种完全不同的方式处理信息。

有些其他研究着重强调速读在外语学习中的优势，这类研究发现，速读能在保证理解的基础上提升阅读速度。最初，研究者是在课堂上发现了这一结果，当时课堂上使用的是已知词汇文章，而随后的研究发现，这一研究结果在其他文章上也适用。研究还发现，课程结束后，定期练习能进一步提高阅读速度，而且，即使课程结束后没有定期练习，参加速读训练的人也比实验对照组的人阅读速度更快，理解力更高。

泛读是指大量阅读主要由熟悉词汇构成的文章，复读是指重复阅读（大声读和默读）同样的材料。速读与这两种技能相结合，能大大提升外文阅读速度。

▶ 而对于潜意识阅读这个第二种速读形式，现有研究文献指出，练习者实际获得的阅读速度要远低于宣传速度，而且实际上，练习者的阅读速度趋近于正常阅读速度。

▶ 总之，科学文献大多对市面上宣传的阅读速度，以及一些练习者声称的超快速阅读能力持怀疑态度。并且大多数相关研究都证明，这类超快速阅读能力是不可信的。然而更重要的是，这些科学文献中也充满了证明速读功效的证据，但速度更加真实。这些文献的主要观点为：以约 900 词 / 分钟的速度阅读，并完全理解阅读内容是可行的。但这是已确认的阅读速度极限。

▶ 能得心应手地使用略读技能的人，可以用更快的速度（高于 900 词 /

1　英文缩写为 fMRI（functional Magnetic Resonance Imaging）。

分钟的速度）阅读，略读过程中会跳过（或不处理）无关/已知信息。

▶ 以高于 900 词/分钟的速度阅读同时要保持较高理解力时，需要阅读和略读相辅相成——即利用略读技能构建基础，发现新的/相关信息，进行回顾，阅读时再处理这些新信息。

▶ 速读需要运用不同的神经学方式处理信息。

速读系统

把速读当作一种媒介和达到目的的一种方式来看待——重点不在于阅读方法，而在于阅读本身。练习者通常会很执着于取得阅读速度上的进步，而且不管是否采用了正确的技巧，都会搜集其他不必要的练习方法来提高阅读速度，但这样做往往会适得其反。因此，技巧简单易懂、逻辑清晰、易于操作、运用时不会导致分心，就显得非常重要。

下文讲解的系统概念十分简单，因此，希望读者不要试图推敲言外之意或潜在深意——本来也没有。读者应该跟随流程介绍，把注意力集中在阅读上。

进行潜意识阅读时，最大的一个问题是上文提到的自我怀疑问题。潜意识阅读的效果——尤其是对于初学者来说——并不是很明显，所以常导致练习者认为自己的使用方法不当，从而让练习者将不必要的注意力放在技巧上，导致放在实际阅读上的注意力不足。此外，盲目相信市面上大力宣传却无法实现的阅读速度，必然会造成分心。因此，希望读者注意并谨记这一问题。

为克服这一障碍，同时提高阅读速度，下文介绍的系统将高度重视日常阅读训练。参照系统定期训练，能让练习者在无压力的环境下完善技能。而且，只要每日不间断练习，那么阅读速度提高就是必然的。因此，定期进行检测是另一个关键——描绘一个人的表现，将毫无疑问地表明其所使用的技巧是否产生了预期的效果。关于速读的必备条件，首要且最明显的条件就是必须能看清词语（需要时，请佩戴框架眼镜或隐形眼镜）。

第二，为了达到最佳效果，读者需要熟练掌握阅读材料中所使用的语言。速读能帮助人们有效掌握一门外语，但阅读速度等级是针对母语读者设定的，因此非母语读者需要相应地降低目标；速读很有效，但其他语言因素（如词汇、语法、习语等）也要花精力突破才能达到更快的阅读速度。

第三，词汇和术语也会限制阅读速度。可以根据上下文推断出一些不熟悉的词语的词义；但若是频繁借助推断法，阅读速度也会受到影响。因此需要不断地扩充词汇量——可以采用本书第二部分的记忆力技巧来扩展词汇。

介绍完注意事项，现在我们开始介绍速读系统的主要内容：

1. **专注力**。阅读时需要完全集中注意力，排除一切会导致分心的因素。经常练习本书第一部分介绍的专注力技巧，能达到集中注意力、排除分心杂念的目的。

2. **避免回读**。当某个词、短语、句子或段落需要多读几遍才能理解作者表达的观点或增加对文章的认识时，就会很自然地回读。而由于心神不宁、缺乏专注力，或没有运用恰当工具控制阅读节奏，就会频繁回读。

3. **减少默读**。默读和大声朗读一样，都会阻碍阅读速度的提高。改掉默读的习惯能够加快阅读速度，这一点对有效略读尤为重要。

4. **每次目光锁定时，捕捉更多词语**。要实现速读，目光锁定次数就要少，且每次目光锁定时，要尽量使捕捉到的词数最大化。

5. **分层次阅读**。如前文所述，阅读一页满篇词语的文章时，最快的阅读速度约为 900 词／分钟。但并不是每个词语都需要读；利用略读理解大意，明确需要深层次阅读的文段，这样就能在不阻碍理解的情况下提升总体阅读速度。而且，略读可用于概览阅读材料、找出重点文段、复习所学内容，这些不同目的的阅读组合在一起后，实际上有助于理解。

6. **运用潜意识阅读**。与略读相似，潜意识阅读可作为分层次阅读的附加步骤。虽然并没有很实在的科学依据证明其对阅读速度有所贡献，但还是有一些积极的说法称其对理解文意有一定帮助——这些说法大多来自潜意识阅读的练习者，他们称潜意识阅读能够帮助他们提高对所学课题的熟悉程度。

下面章节中会细讲上述概念，并会通过简单、易操作的流程来演示这些概念。

和获得其他任何技能一样，要获得速读技能需要定期练习。想要使技能得到快速提升的话，可以将其运用到日常活动之中。因此，建议读者形成良好的习惯，不管主题是什么，只要阅读，就运用上文讲解的速读系统进行阅读。遵从下文中的指导训练一段时间后——即熟悉速读概念后，就会自然而然地在日常阅读中自如使用速读系统。

专注力

任何学习过程中，专注力都是最关键的元素，因此本书在第一部分就讲解了专注力。而阅读也许就是获得知识的终极撒手锏，因此专注力自然也就成了任何阅读系统的关键组成部分。

多数时候，由于重复阅读同一句话或同一页内容，读者很容易就会产生受挫感，从而导致大脑无法集中注意力，思维分散。这种断断续续的"阅读—重复"循环导致了低效阅读，并会减少阅读的愉悦感。

对于速读者来说，思维分散对阅读造成的损害更大。速读者一般是高速地阅览材料，思维稍一分散，不但会致使阅读动力溃散，还会漏读大量词语。900 词 / 分钟的阅读速度意味着每秒阅读 15 个词；晃神两秒就会跳过三行文字——这就导致要么重读一遍漏掉的文字，要么理解不全文意。阅读速度越快，晃神的后果越严重。

定期练习本书第一部分讲解的专注力技巧，对运用本部分介绍的阅读技巧起着至关重要的作用。因此，请坚持练习第一部分讲授的专注力技巧。

除了定期练习专注力技巧外，每次阅读前，请先进行五分钟的专注力练习（十分钟更好，条件允许的情况下，尽量练习十分钟；此处选用五分钟，是因为在实际情况中更便于操作）。专注力练习如同"定心装置"，能对紧随其后的学习体验起到指引的作用，同时也能促进 α 脑波频率，能在阅读过程中和之后回忆阅读材料时帮助理解阅读材料。

回读

回读，是指阅读过程中读者不得不停止阅读进程，需要回看已读过的部分文本的情况。虽然在学习复杂课题时经常会回读，但由于学习材料有难度而造成回读的情况很少，实际上，大多数时候回读是由于晃神或没有适当工具来控制阅读节奏而造成的。

即使对于最复杂的课题（如数学、量子物理学或古代多义性诗歌），阅读都应该保持适当节奏，顺畅、不回读地进行。如果在采用了分层次阅读的所有步骤后，还是不能理解某段文字，那就需要进行缓慢的深层次分析式阅读。重点是顺畅读完整篇文章，最后再来细读深奥段落——此时，之前的一些困惑已经在后文中得到了解答。比起仅细读一遍文章但在阅读过程中费力分析每个词语的方式来说，这种渐进的文意理解方式更有效，且更持久。

通常有两种方法避免回读：其一，改善专注力；其二，运用"向导"来控制阅读节奏。由于本书第一部分已经详细地讲解了专注力的相关内容，因此这里将重点讲解如何运用"向导"。

运用"向导"，是指借用辅助手段指引读者通读文章，而无须中途停顿或重读任何段落。根据练习者的技能掌握情况，利用"向导"设置阅读节奏和速度。

多数传统速读系统都重点强调，利用手作为向导，有些系统甚至为读者具体列出了不同阅读材料应该采用的不同手部动作。本书作者根据自身经验得出：强调将不同手部动作与不同材料相匹配，会使关注重心向技巧过度倾斜，从而导致对阅读本身的关注不足。因此，下文中的系统主要以两种简单手部动作为中心：一种用于略读，另一种用于阅读。另外，为了在训练初始阶段帮助练习者进入状态，加入了一个用来提醒不需要宽幅目光锁定的备选手部动作。

用手作为向导的主要原则如下：

1. **要根据你现阶段的阅读能力，有节奏地运用手部动作**。略读时节奏加快，且略读的目的应该是掌握大意。阅读时节奏稍慢，且阅读的目的应该是增进理解力。

2. **适应阅读速度**。如果略读过程中没有掌握大意，手部动作节奏过快，则应该相应地降低手部动作节奏。同样，如果阅读过程中漏掉/跳过太多词以致影响了理解，也应该降低手部动作节奏。

3. **眼随手动，且手要保持在目光前方，千万不要落于目光后方，也千万不要回读**。如果漏读某些词或某个概念，或没有完全理解，就用铅笔在旁边画一个问号，表明此部分需要在通读文章后再读一遍。这是一个值得学习的好方法：第一遍阅读时能捕捉到简单概念和基础知识，随后的阅读用来捕捉更复杂的细节和微妙文意。以此方法逐渐加深理解，能从结构上更好地理解课题。

4. **不要太关注手，或过多注意手部动作**。运用手部动作的目的是不回读，有节奏地移动手来通读全文，仅将关注点放在阅读上。手仅作为向导使用，帮助设定节奏——不能因手的动作分散注意力。

持续的顺畅阅读当然也涉及翻页：阅读过程中要快速有效地翻页。一个简单的翻页方法是在快读完一页时，用不作为向导的那只手做好翻页准备。

略读

以 S 形手部动作引导略读，这一手部动作是为快速阅读而设计的，通常用于初次概览和随后的复习。

这一手部动作的使用流程如下：

1. 把手舒适地放在页面上。

2. 按照图 3-1 所示轨迹移动中指指尖。

3. 在距离各行文字边缘约三分之一处，开始和停止指尖的水平移动。没有必要将指尖从一行文字的起始端移动到末端——目光锁定区域能涵盖起始端和末端三分之一处的文字。

4. 指尖方向往返一次捕捉三行文字信息，即一次阅读三行内容。

5. 跟上手的移动速度：不要回读。本阶段不考虑文意理解低的问题；随后的分层次阅读步骤会进一步加强理解力。

6. 不要关注手部动作本身：所有的注意力都要放在阅读上。手只是用来有节奏地引导你的略读速度，和确保阅读过程中不会回读。

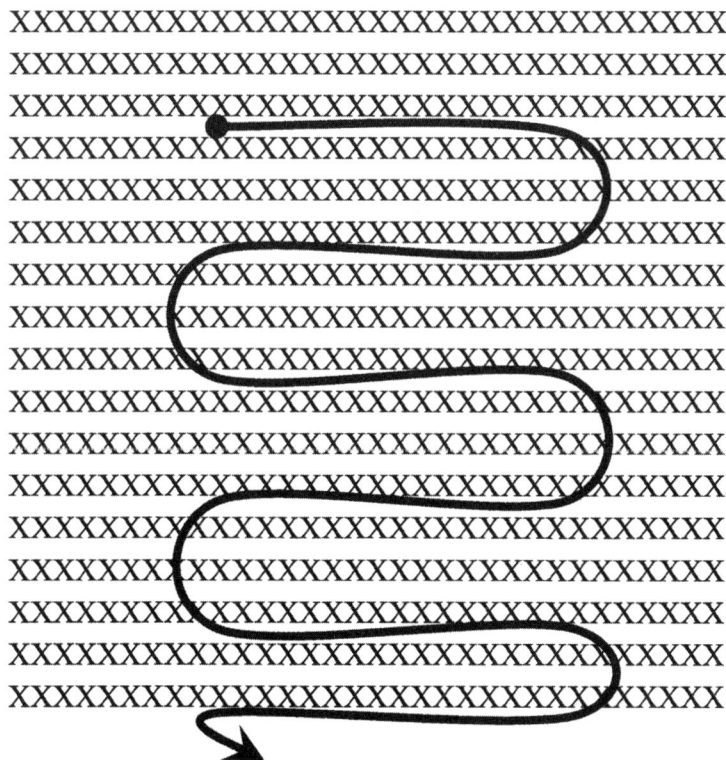

图 3-1　略读的手部动作

阅读：垂直线

常规阅读的手部动作是一条从上到下居中的垂直线。流程如下：

1. 把手舒适地放在页面上。

2. **按照图 3-2 所示轨迹移动中指指尖。**

3. **跟上手的移动速度：**不要回读。在阅读的过程中，如果遇到有问题的文段，就用铅笔在空白处画一个问号，下一遍阅读／分析时再解决标记了问号的文段。

4. **不要关注手部动作本身：**所有的注意力都要放在阅读上。手只是用来有节奏地引导你的阅读速度，和确保阅读过程中不会回读。

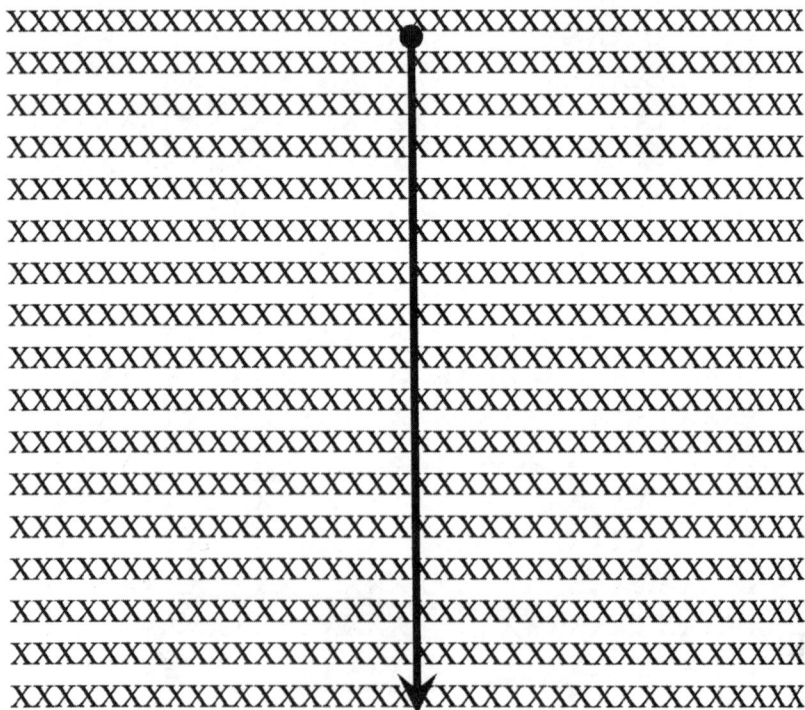

图 3-2　阅读的手部动作

阅读：文本横指（选用）

阅读的另一种手部动作涉及横指每一行文字。对于练习者来说，在最初阶段可能有必要使用这种方法——至少在视线的移动速度和跨度提升到一定程度，即以高度理解力进行垂直线阅读之前，需要使用文本横指的方法。通过以下训练可提高视线的移动速度和跨度，因此文本横指可被当作过渡工具使用。

建议在还未能以高度理解力进行垂直线阅读之前，在训练和实际阅读中都采用文本横指的方法进行阅读。由于持续快速的手部动作在节奏和速度上具有更多的灵活性，因此一些练习者喜欢且一直沿用着文本横指的方法进行阅读。对于一些非标准文本格式，即两次目光锁定也无法读完一行文字的文本（这种文本不适宜用垂直线法阅读），文本横指法更能显示出其优势。

基于以上原因，本速读系统纳入了这一手部动作，但将其作为选用动作，练习者可以根据自身喜好以及文本情况，来决定是否使用这一手部动作。

流程如下：

1. 把手舒适地放在页面上。

2. 按照图 3-3 所示轨迹移动中指指尖。

3. 在距离各行文字边缘约三分之一处，开始和停止指尖的水平移动。没有必要将指尖从一行文字的起始端移动到末端——目光锁定区域能涵盖起始端和末端三分之一处的文字。

4. 跟上手的移动速度：不要回读。在阅读的过程中，如果遇到有问题的文段，就用铅笔在空白处画一个问号，下一遍阅读／分析时再解决标记了问号的文段。

5. 不要关注手部动作本身：所有的注意力都要放在阅读上。手只是用来有节奏地引导你的阅读速度，和确保阅读过程中不会回读。

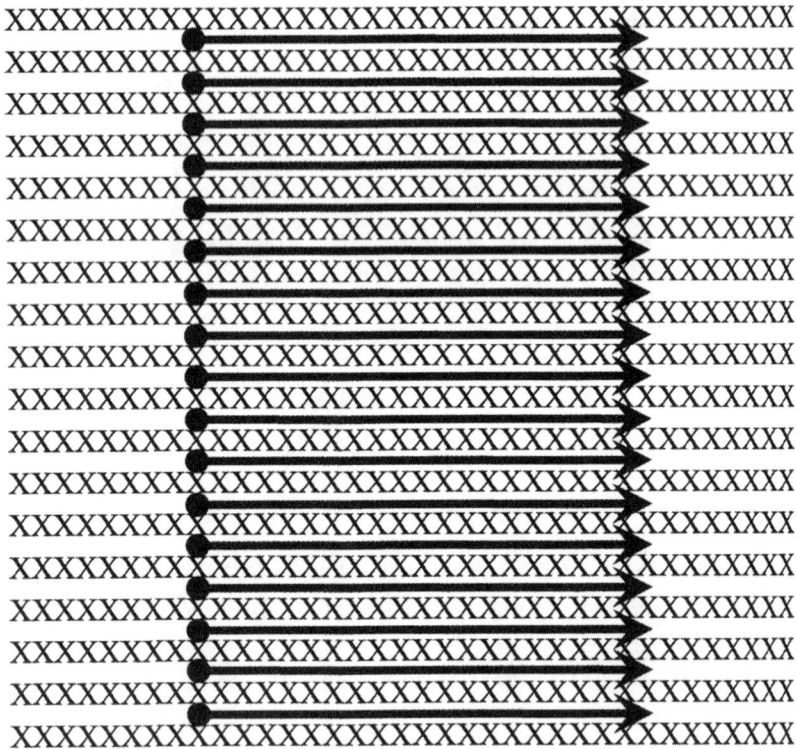

图 3-3　文本横指的手部动作（选用）

　　总体来说，使用向导的重点在于保持舒适的速度，且没有任何停顿地通读完材料。因此，在这一过程中需要将没有完全理解的文段标记出来，以便下一遍阅读时重点解决。想要形成这种阅读习惯，需要对技巧的使用进行训练，并增加使用技巧的信心——练习能增进技巧的熟练运用和信心。

默读

　　默读，是指阅读过程中在内心念出每个词。某些情况下，默读会轻微带动与言语相关的肌肉，有些极端情况甚至会引起唇部动作。这种阅读方式先把视觉输入转化成音频输出，然后再解码成信息概念。

　　有证据显示，不可见的默读是阅读的一个自然部分，它有助于读者评估句意、理解文意和记住阅读内容。但功能性磁共振成像研究在对比阅读速度快和慢的两组读者（在同一个阅读任务中）后，发现他们被激活的脑部区域有很大不同。特别是，阅读速度快的人大脑语言区的激活度较低，这说明减少默读在某种程度上能获得更快的阅读速度。尽管科学研究就默读对速读的影响未达成共识，但我们可以将速读作为另一种处理信息的方式——一种更快，同时能理解文意的方式。

对速读者来说，科学依据也显示，以更快的速度阅读需要做好控制，不要把词语转化为声音。速读主要是直接将视觉信息解码为其所代表的概念。

在不默读出各个组成部分的情况下，将几组词语直接转化为其表示的概念，对于突破限制阅读速度的物理障碍来说极其必要。"声音阻碍"会将阅读速度限制在约 650 词 / 分钟；在默读的情况下，超过这一速度是不可能的。这一预估速度源自世界上语速最快的人们创下的纪录。截至本书写作时，官方记录世界上语速最快的人肖恩·香农（Sean Shannon）的语速达到 655 词 / 分钟 [作为对比，在此列出两位之前获得《吉尼斯世界纪录大全》语速最快称号的人——史蒂夫·伍德莫尔（Steve Woodmore）和小约翰·莫斯塔（John Moschitta., Jr），两人的语速分别为 637 词 / 分钟和 586 词 / 分钟]。

对于是否应该完全根除默读，速读练习者们持有不同意见，但他们一致认为，要想提高阅读速度，就需要减少默读。

刻意全文默读或大声朗读，适用于文本的逐字学习。逐字学习时，大声朗读能加强视觉印象，从而留下更深的记忆。

总之，要速读就必须要减少默读的频率，可使用以下方法来减少默读频率：

▶ **进行具体的日常训练，以达到在默读一个词语时增加阅读词数的目标**。"练习 3"（将在下一章节中进行详述）具体讲解了提高外围视觉和减少默读的必要训练，包含逐步增加目光锁定跨度，以及每次目光锁定时只默读一个词语。这种刻意默读一个词语，同时增加阅读词数的技能会随着定期练习而逐步提高。

▶ **形成习惯**。一旦你能在仅默读一个词语的同时增加阅读词数后，你需要将这种习惯运用到日常的阅读活动中。你的最终目标是将这一程序潜意识化，这样一来，你就能把所有注意力都集中到理解文意上。

有意识地控制默读，将其应用在训练课程之外的阅读过程中时，重点是要确保每次目光锁定的词数在你的能力范围以内——不要让这一新习惯阻碍你的理解力。最开始，先以目光锁定两个词，而只默读其中一个词（注意：是在脑海里默读，而不是大声朗读）；一旦能熟练地锁定两个词后，练习锁定三个词。熟练后，每次增加一个词，以此类推。

这种方法背后的原理很简单：强制进行缓慢默读的同时，用目光捕获多个词语，这样就不可能在阅读中默读所有词语。这一方法有意地控制了默读量，但并不是完全根除默读——控制默读是本书速读系统中一个值得保留的部分。

我们在此通过一个简单示例来说明如何运用这一方法。示例句子 "once upon a time in a land far, far away...", 至少在最开始练习时，只需要默读 "once, time, in, land, far"。随着不断练习，对技能掌握熟练后，这一句子可以默读为 "time, far"。

至此，需要提到一个最常问的问题："应该选择默读哪个词呢？"

这一问题的回答是，选择默读哪一个词语都无所谓。再者，练习得多了以后，自然会产生一定的直觉，届时对于默读哪一个词这样的问题已经不用思考就能自然解决了。简单来说：不要在此问题上耗费心神。默读出现在头脑中的第一个词，通常总有一个词语会重点凸显出来。

在配合手部动作使用略读技巧时，每次目光锁定捕获三个半行的内容，练习者只默读以上三个半行中的一个词语。对于垂直线阅读的手部动作，每次目光锁定捕获半行内容，仅默读这半行中的一个词语。对于文本横指的手部动作，练习者可以选择目光锁定范围，但仍采用同一个原则：仅默读一个词，同时增加阅读词数。

目光锁定

我们在阅读时，通常并不是跟随文本文字逐一阅读，而是有无数次小停顿，即目光锁定。对于大多数阅读者来说，目光锁定是指一次阅览一个或两个词语，识别其意后，接着阅览下一个或两个词语，以此类推，通读全文。因此，阅读就是将目光锁定连接起来的过程。

有些阅读者的阅读效率不高，是因为他们每次只阅览一个词语，这就导致需要增加目光锁定的次数，才能读完整篇文章。每次目光锁定都是一个停顿，从一个目光锁定到另一个目光锁定是要花费时间的。所以，目光锁定次数越多，阅读速度就越慢。

因此，需要在每次停顿时增加阅读词数，即增加每次目光锁定时捕获的词数。用更少的目光锁定次数读完同样的文章，能提高整体阅读速度。另一个间接好处是不会苦苦纠结于某个词在一个概念中的意思，而是通过每次目光锁定来抓住整个概念。在每次目光锁定中抓概念的这种方法，也有利于理解文意：因为不再需要跟踪和连接组成某个概念的各个词语，而是把更多的注意力用来理解概念本身。

用于提升每次目光锁定所捕获词数的方法，与用于控制默读的方法很相似：关键在于进行具体训练和养成习惯。下面章节中的整套训练包括拓宽外围视觉的具体训练以及理解力训练，即通过一组词语来提升对某个概念的理解（而不是一次只读一个词，随着文章逐渐建立概念）。

培养目光锁定习惯也和培养默读习惯一样，关键在于将习惯运用到日常阅读活动中。再次强调，重点是要确保不超出你的能力范围：首先，从一次目光锁定两个词开始，在越来越得心应手后，再一次锁定三个词语，之后每次增加一个词语，以此类推。

与手部动作相配合的情况下，手部动作要控制目光锁定节奏，同时组织目光锁定次序。

要同步目光锁定和手部动作需要记住以下重点：

▶ **每次目光锁定一般不得超过** 0.25 秒。不过，有些人需要多加练习才能达到这一目标。首先在保证高理解力的情况下，找出你一次正常目光锁定所花费的时间，以此为限（通常为 0.5 秒），然后随着练习提升阅读信心，逐步减少目光锁定的时间。

▶ **手部动作设置节奏**。目光锁定要与手部位置相一致（图示见下文，手部动作与前文内容相同，用黑粗线表示）。如果所需的目光锁定时间较短，只需要加快手指在文本上的移动速度即可。

▶ **目光锁定期间，眼睛不要移动**。眼睛应该只聚焦在锁定点上，下图椭圆形中的圆点就表示锁定点。

▶ **眼睛应聚焦在锁定点上，但要通过外围视觉捕获目光锁定区域内的其他内容**。下图中的各个椭圆形就表示目光锁定区域。

▶ **需要定期练习，拓宽目光锁定区域**。练习时，应采用下面章节中的训练内容。

▶ **更宽幅的目光锁定**。尽管科学文献强调，目光锁定区域内词语的视觉敏锐度要超过 50%（即一次目光锁定所处理的词语数量约为三个词），但随着练习的增加，目光锁定幅度也会加宽，练习者就可以逐渐**使用更宽幅的目光锁定进行阅读，而不影响文意理解**。原因如下：首先，并不一定要逐个读完所有词语才能深刻理解文意；其次，视觉敏锐度较低的词语可以通过旁边的词语或上下文推断出词义。

为了更好地讲解上文中的概念，我们在此结合手部动作和目光锁定来讲解阅读程序。

略读

从略读的手部动作开始讲解，图 3-4 中每个椭圆表示一个目光锁定区域。

第四个椭圆内的圆点表示一个锁定点，标记了编号的方框表示目光锁定次序。因此，第一个目光锁定区域是方框 1 标记的椭圆，第二个目光锁定区域是方框 2 标记的椭圆，第三个目光锁定区域是方框 3 标记的椭圆，以此类推。

从图 3-4 可以看出，沿着文本中手部移动轨迹形成了目光锁定次序。

请注意，略读流程中，每次目光锁定的区域涵盖三个半行的内容。这就是说，眼睛要聚焦在目光锁定区域的中部——如每个椭圆的中间——同时捕获整个区域（如所在椭圆内的三个半行）的内容。

同时也请注意，略读时目光锁定的次序不是标准的从左到右次序，而是先从左到右，再从右到左，然后再从左到右，依此顺序交替变换。这并不是一个自然次序，但对略读来说，是一个非常高效的阅读次序。

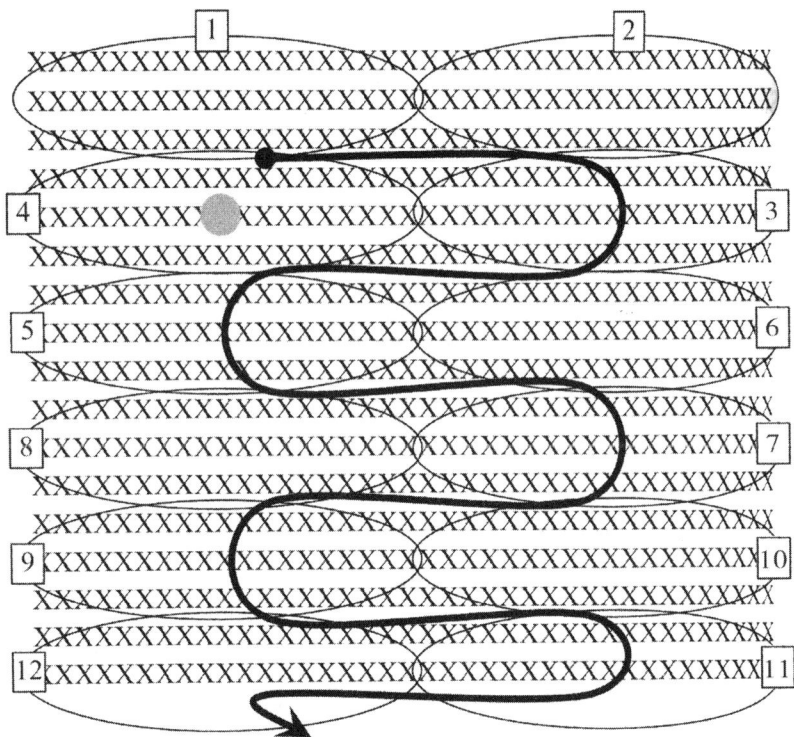

图 3-4　略读时的目光锁定次序

阅读：垂直线

阅读的主要手部动作是垂直线方式，目光锁定的次序是从左到右的自然次序。图 3-5 中，每个椭圆表示一个目光锁定区域。第三个椭圆内的圆点表示一个锁定点，标记了编号的方框表示目光锁定次序。因此，第一个目光锁定区域是方框 1 标记的椭圆，第二个目光锁定区域是方框 2 标记的椭圆，第三个目光锁定区域是方框 3 标记的椭圆，以此类推。

从图 3-5 可以看出，沿着文本中手部移动轨迹形成了目光锁定次序。

请注意，垂直线阅读流程中，每次目光锁定的区域涵盖半行内容。这就是说，眼睛要聚焦在目光锁定区域的中部（如每个椭圆的中间），同时要捕获整个区域（如所在椭圆内的半行）的内容。

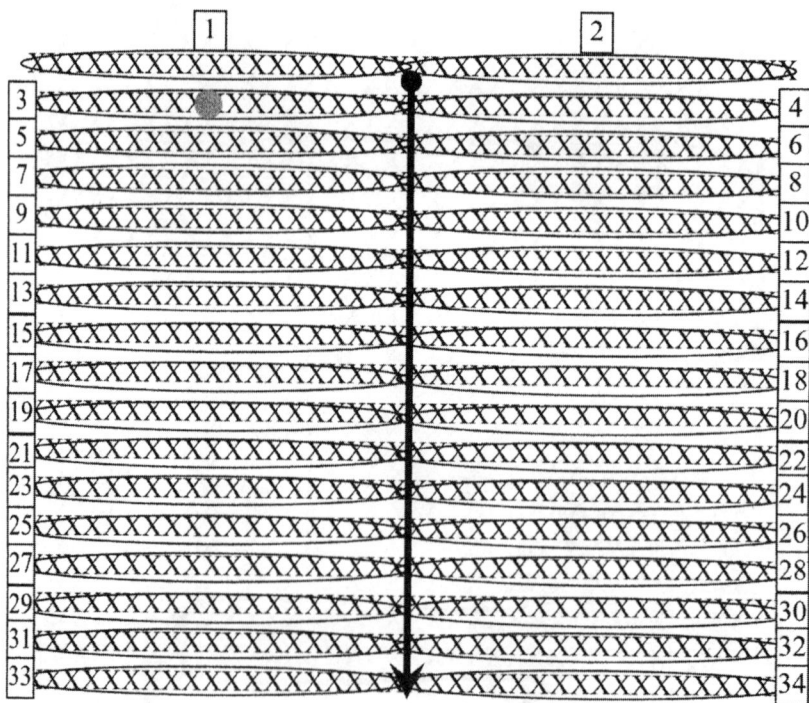

图 3-5　垂直线阅读时的目光锁定次序

阅读：文本横指（选用）

在文本横指手部动作中，目光锁定的次序是从左到右的自然次序，但每次目光锁定的范围根据练习者的能力而定。初始阶段，每次目光锁定大概会仅包含两个词语（目光锁定区域），锁定点位于两个词语之间。目光锁定区域会随着练习而加宽，渐渐地，只需两次目光锁定，就能阅读完一个标准常规行的内容，届时，练习者在阅读时就会优先选用垂直线方式。

作为另一种可选手部动作，文本横指的目光锁定次序也是沿着文本中手指移动轨迹形成的。

（由于图 3-6 中空白位置有限，因此没有将所有编号全部标记在方框中显示出来，但是已有编号都是按照顺序依次标注的。）

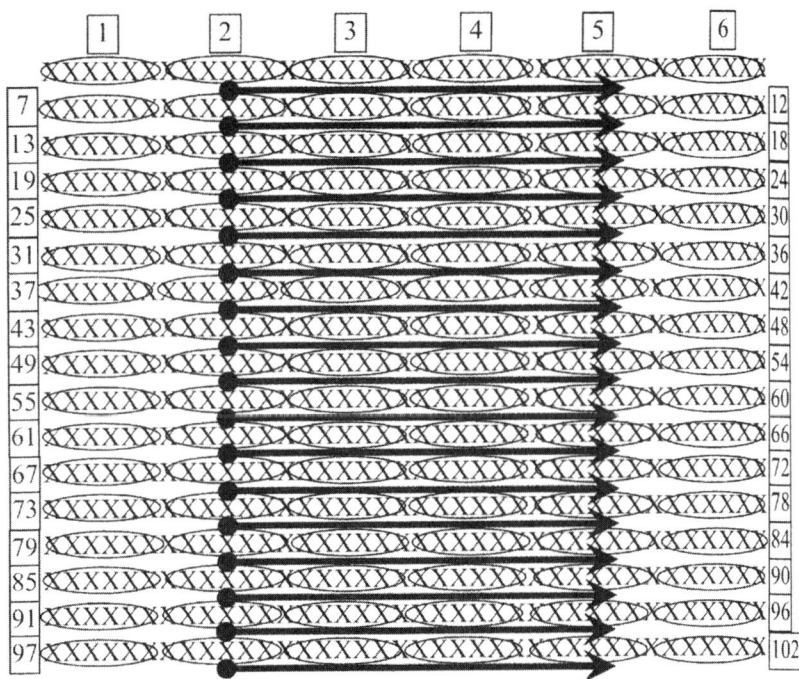

图 3-6 文本横指阅读时的目光锁定次序

分层次阅读

分层次阅读，是将一篇文章分成几个阅读层次来进行学习。随着层次的加深，对文章的分析和理解也会加深。分层次阅读的优势在于，首次通读全文时（即首层阅读）没有完全理解文意，如果内容很重要，那么在后续层次的阅读中，可以重点关注那些没有理解透彻的内容。这是一个非常显著的优势，能让阅读者带着轻松的心情通读材料，阅读过程中有任何遗漏，都可以在通读全文后再次细读。因此，除了能让阅读者在身心放松和倍感自信的状态下阅读文章外，分层次阅读还能使回读的念头最少化。

分层次阅读的第二个优势在于，这种分层次的学习方式能更有效地吸收信息。先行学习基础知识和基本概念，可以为学习更复杂、更细致的概念打下基础。使用这种渐进的学习方式，就能同时理解基础知识和细致概念。

分层次阅读的第三个优势，是总体阅读速度快于达到其同等文意理解度的一次性通读的速度。这是由于：

▶ 略读可以极其快速地进行。它为快速的总体阅读打下了基础，同时明确了需要重点阅读的文段；后续阅读时，练习者就不会将时间浪费在不需要重点阅读的文段上。

▶ 因为知道在阅读中如果出现不能完全理解的地方，还可以在后续层次阅读中重点解决，所以阅读者能够保持轻松、自信的心态进行阅读。这一点也能提升阅读速度，其一是因为心态平稳，其二是因为通读全文时不会回读（即使漏读某些词语/文段）。

因此，推荐在长时阅读时采用分层次阅读方法——尤其是正式研究某个学习科目时。不建议用分层次阅读方法来阅读短文材料、小说或其他休闲阅读材料，如新闻报道和长篇小说。对于这些材料，采用速读方式来阅读即可。

分层次阅读的步骤如下：

1. **预览**。预览步骤要简短——以不超过五分钟为宜。这一步骤包括阅读封底、目录和快速扫一眼文本结构和格式。如有作者信息，应细读。

2. **略读**。略读步骤涉及利用略读手部动作来处理全文。重点是摘取主旨大意、基本概念和基础知识。这一步将设定阅读材料的结构基础，同时对文意和概念形成更细致的理解。略读过程中，可以用圆点标记感兴趣、不熟悉或需要进一步分析的文段。也许星号标记会更明显，但画星号更耗时。时间很关键：分心的时间多了，注意力就会流失，略读流程就会放缓、受阻。

3. **速读**。速读步骤涉及利用垂直线手部动作来通读全文。速读的目标是更深入地理解文意，尤其要集中注意力解决略读过程中标记的圆点部分。速读过程中，在需要进一步分析的文段旁边标记上问号（这样问号就可以与略读时标记的圆点区别开来）。

4. **回顾**。回顾步骤主要涉及利用略读手部动作再通读一次全文。这一步有两个目的：第一，让练习者复习学习过的所有信息，从而进一步加深对文意的理解；第二，回顾是一次额外的机会，能帮助读者进一步深层次地分析速读过程中未能完全理解的概念，因此需要使用略读手部动作，但要在标注问号的段落中放慢阅读速度——优先采用垂直线方式（或文本横指方式）——让练习者能消化、理解这些段落的复杂文意。总体来说，回顾的目的是为了复习整篇文章，以及填补文意理解上的缺口。

如果操作得当，分层次阅读所花费的时间要少于标准阅读花费的时间，而且分层次阅读对文意理解更准确。

对于多篇幅文本——尤其是无法一次性读完的文本——建议采用分层次阅读方法单独阅读每一章（或每一节、每一小节，这取决于文本结构）。建议采用步骤 1 和步骤 2 通读全文，然后每一章单独采用步骤 2、步骤 3 和步骤 4，最后再次采用步骤 4 阅读全文。请注意，这一过程里采用了两次略读和回顾步骤：第一次是全文采用，第二次是重点学习每个章节时采用。

　　为了说明得更清楚，下文根据文本长度再次列出了阅读步骤。

　　对于能 / 会一次读完的文章：

1. 预览整篇文章。

2. 略读整篇文章。

3. 速读整篇文章。

4. 回顾整篇文章。

　　如：一份案例研究、一篇学术文章、一篇分析时事的文章、一封长邮件、一篇百科文章等。

　　对于一个多次阅读才能读完的文本：

1. 预览整个文本。

2. 略读整个文本。

3. 然后，每次一个章节：

　　a. 略读整个章节。

　　b. 速读整个章节。

　　c. 回顾整个章节。

4. 回顾整个文本。

　　如：一本教科书（不管什么科目）、一本传记、一本指南、一份说明书等。

　　建议形成固定的习惯，采用分层次阅读方式来阅读日常生活中你遇到的所有适用材料。

潜意识阅读（选用）

　　本书作者体验了现有的各类潜意识阅读系统后发现，即使没有办法达到这些课程宣称的不可思议的阅读速度（见"科学依据"章节），但通过初始潜意识阅读通读全文后，对于新课题的理解力似乎会有所增加。在此要重申之前提过的一点：这种增进理解的现象可以当作趣闻来看待，（至少在本书作者的了解内）并没有科学依据支撑这一说法。

因为潜意识阅读系统声称能提高理解力，所以本速读系统纳入了这一技巧，但由于缺乏科学依据的支撑，所以潜意识阅读仅作为本速读系统的选用步骤。

潜意识阅读的主要本义，是认定潜意识处理信息的速度比意识和分析性思维更快。

首先，要先进入冥想状态才能进入潜意识阅读状态，然后在保持冥想状态的同时，要极其快速地处理文本信息。为了保持深层次的冥想心境，眼睛不能聚焦。一旦眼睛聚焦到任何词语上，就会触发分析性思维，从而使人脱离这种深层次的冥想心境。

不幸的是，潜意识阅读过程中捕获的信息处于潜意识状态，并不能立即为意识所用。大多速读系统会接着通过使用各种方法来"激活"信息。本系统使用的方法，是依靠分层次阅读的剩余步骤，来触发潜意识推理过的意识联想。

潜意识阅读的支持者认为，潜意识阅读能发挥效用的原因是他们相信它能发挥效用。通常，人们认为潜意识具有高度的暗示作用，因此不相信潜意识阅读的人认为它是自我应验的失效原因，而纯粹的信念是使这种方法奏效的驱动力。

由于缺乏科学依据支持这一说法，纯粹的信念实施起来难度很大，且就定义上来说，纯粹的信念是无法强迫形成或假装出来的。但对这一选用步骤感兴趣的练习者应尝试控制住自己对潜意识阅读的怀疑。想要控制住怀疑，就得谨记这个逻辑推理：既然这个步骤是作为本速读系统的选用步骤，那么除了有可能收获惊喜外，并不会造成什么损失。

潜意识阅读的流程如下：

1. 将书放在你面前的桌上，坐下。

2. 闭上双眼。

3. 花五分钟，用你最喜欢的专注力技巧进入深层次意识。推荐使用（本书第一部分"技巧3"中的）正呼吸方法。时间允许的情况下，最好用十分钟来进入深层次意识；该项练习可以计入你的日常专注力训练中（详见本书第一部分）。

4. 在脑海中陈述书名和你阅读这本书的目的。

5. 将注意力集中到你的后脑，直到你的双眼感觉放松，外围视觉得到扩展。（花一到两分钟。）因为闭着双眼，所以你无法从视觉上看到外围视觉是否已经扩展开，但是你能感受到外围视觉的拓展。

6. 睁开双眼，但不要聚焦（即不要让视线聚焦到任何物体上）。翻开书的第一页，确保你的视野能够覆盖两页内容——你应该能（通过外围视觉）看到书的四个页角。请注意：重点是潜意识阅读过程中，眼睛不能聚焦在任何地方。你无法阅读页面上的字词；只需要在注视中捕获字词的形象，而不是字词的意义。重申一下潜意识阅读的关键原则：不要尝试阅读文本内容！潜意识阅读的目的，是让潜意识来捕获信息（记住之后再吸收）。你的注视看起来是模糊的——但这正是理想状态。每次注视捕获两页内容，不要让视线聚焦到任何词语、短语或数字上。

7. 以一定的节奏翻页。每翻一页都要确保双眼不聚焦，尽量达到每秒翻一页的速度——即利用潜意识，每分钟捕获 120 页信息。

8. 翻页的时候也要确保大脑处于冥想状态中。如果思绪开始分散（如第一部分中的专注力练习一样），就放开思绪并继续翻页。整个过程更像是在冥想，而不是阅读。

9. 一旦潜意识阅读完成后，合上书，确定自己已经吸收了所有信息。另外，在按照分层次阅读的剩余步骤进行阅读时，肯定地告诉自己：潜意识推理会激活随后的意识阅读，并与之合并。

10. 闭上双眼，再花五分钟练习你最喜欢的专注力技巧。

11. **至少休息一小时，让信息得到处理**。最理想的等候期是 24 小时：目标是，让一晚的睡眠帮助吸收潜意识阅读期间捕获的信息。

　　潜意识阅读要在略读之前进行。这样做的目的，是让潜意识捕获和吸收课题，然后再利用分层次阅读的剩余步骤来触发潜意识推理过的知识，并将这些知识与意识联系起来。

　　如前所述，单独进行潜意识阅读并不能提高阅读速度，潜意识阅读是作为分层次阅读流程的一个附加步骤，旨在为所学课题提取一个更牢固的结构基础。有了良好的结构基础，整个阅读流程就会变得更轻松自如，自然就对文意有了更好的理解。

　　为了更好地说明，下文加入潜意识阅读步骤后，重复了一遍分层次阅读的整体流程。

对于能 / 会一次性读完的文章：

1. 预览整篇文章。
2. 潜意识阅读整篇文章（选用）。
3. 略读整篇文章。
4. 速读整篇文章。
5. 回顾整篇文章。

　　如：一份案例研究、一篇学术文章、一篇分析时事的文章、一封长邮件、一篇百科文章等。

对于一个多次阅读才能读完的文本：

1. 预览整个文本。
2. 潜意识阅读整个文本（选用）。

3. 略读整个文本。

4. 然后，每次一个章节：

  a. 略读整个章节。

  b. 速读整个章节。

  c. 回顾整个章节。

5. 回顾整个文本。

如：一本教科书（不管什么科目）、一本传记、一本指南、一份说明书等。

对此感兴趣的读者，可以阅读保罗·R. 席列（Paul R. Scheele）的《影像阅读法》（*Photoreading*）一书，其中有关于潜意识阅读的精彩文章（至少本书作者觉得写得很精彩）。这本精心写就的作品含有一些启人深思的理念，但阅读时要注意书中展示的科学依据。

变化的阅读速度

正如在"回读"小节提到的一样，阅读速度应该根据学习课题的难易程度和熟悉程度而有所调整，因此需要根据学习内容设置最恰当的手部动作节奏。基本规则是，在不影响理解的情况下，读得越快越好。

一般而言，阅读小说的节奏要快一些；而对于技术文本（如开始学习一个新的化学课程）需要大大降低阅读节奏。

再则，阅读一篇文章时，也不是通篇采用同样的阅读速度。有些篇幅需要多花一点儿时间来推理，尤其是做了标记需要进一步分析的文段（略读时画圆点或速读时画问号）。由于阅读前文时已经对讨论的概念有了一定的了解，阅读其他篇幅时就可以加快速度阅读。当然也有例外情况，小说就是其中之一——读者通常可以用同样的速度来阅读整本小说。

在难度大的文段中放慢阅读速度，不视作回读。文段难度大而放慢阅读速度，这和回读是两码事：前者是降低速度，但保持向前阅读的势头；而后者由于要倒回去阅读，失去了向前阅读的势头。

　　不论采用哪种阅读速度，重点是要在阅读中一直遵从阅读原则：要保持专注，避免回读，控制默读，每次目光锁定多个词语，运用分层次阅读方法。最开始，运用这些阅读原则进行阅读时难免会感觉不自然；但假以时日训练，这种阅读方式就会逐渐成为让你感觉舒适的唯一阅读方式。

训练计划

日常训练是能否成功实施速读的决定性因素。没有日常训练，就无法保持快速的阅读速度，也无法提高阅读速度。

建议不要选用复杂的技术文本，而要采用简单的阅读材料（小说是不错的选择）来进行本小节中的阅读训练。这是因为，前者的阅读速度快慢取决于你对课题的熟悉程度，并且各个章节的阅读速度会有所不同；而后者可以通篇采用统一的最快阅读速度，创建一个更有益的环境，推动你突破自己的阅读极限。

练习者也可以选择自己必读清单上的文本（如学术文章、教科书、传记、报告、分析性文章等）来进行训练，可谓一箭双雕，但也应注意控制上述文本的难易程度 / 生疏程度。

暂且不谈用技术文本进行训练，在这里，对于测试训练进度，强烈建议练习者使用现代小说。基本原理如下：一本现代小说基本上能从头到尾保持固定的阅读难度，而其他材料可能会包含阅读难度不一的内容。这种不一致和不统一的阅读难度会导致练习者无法真实地记录训练进度，因此我们需要控制阅读难度这个变量。

当计算阅读文本的速度时（或一般而言无法计算词数时），不用去数阅读材料上每页有多少词，只需要预估一下通常一页文字里有多少词语，就可以得出大概的阅读词数了。其中一个计算方法是，数一下页面上一行内有多少词，将其乘以行数，就能得到这一页的大概词数。然后，阅读速度就可以计算为：阅读页数乘以页面词数，再除以完成阅读所花费的时间（以分钟计）。

这样就能得出你每分钟阅读了多少词，该公式表示如下：

$$阅读速度 = \frac{阅读时间 \times 页码词数}{阅读页码}$$

建议每周记录一次你的阅读进度，以此频率记录进度是因为，记录频率超过此频率，可能会转移训练的注意力，低于此频率则无法产生足够的进度测量粒度。

练习时，重点是要消除与文意理解有关的担忧或焦虑。根据你现阶段的熟练程度，有时你采用的阅读速度会导致对文意理解过低，但如果要突破极限获得更快的阅读速度和更高的理解力，这是必经阶段。关键在于放下担心或忧虑，跟随指导进行练习。

训练重点是，你能毫无羁绊地突破目前的限制，达到具有高理解力的阅读速度。

训练中必须保持专注，即使速度太快而无法完全理解文意和概念，也要将注意力仅放在阅读上。

训练初期，当你仍在尝试把机械的流程步骤与阅读相结合时，你会迫切地思索自己有没有在正确地实施各个步骤，但要全力避免在练习过程中思索这种问题，你可以在阅读前或阅读后进行思索，但决不能在阅读中进行思索。这是一个很重要的习惯，一定要保持。必要时，可以在每次练习开始前和结束后，各用一分钟来思考。用记事本记下你的想法和观点；练习前复习这些观点，练习后补充观点认识。

一个可使用的技巧：为了记录阅读花费的时间（每次练习都需要记录），建议在以下练习中使用一个秒表，这样可以避免察看每个练习步骤还剩多少时间，具有倒计时功能的秒表是记录剩余时间的理想工具。

练习 1：速度和理解力

本练习旨在提升速度和理解力。在训练中需要多次阅读同一段文本，阅读节奏逐次加快。流程如下：

1. 选好阅读材料，并记住起始页码。

2. 采用垂直线手部动作，用舒适的速度阅读**五分钟**。目标是阅读时完全理解文意；这个要求很关键，因此在这一步中，不要尝试以超过你当前极限的速度阅读。

3. 五分钟过后，记下你读到的书页位置。

4. （采用垂直线手部动作）再次阅读同样的内容，但加快阅读速度，在**四分钟**内读到（上面步骤 3）的终点位置。

5. 重读，这次要在**三分钟**内完成阅读。

6. 重读，这次要在**两分钟**内完成阅读。

7. 再重读一次，但这次用略读手部动作，并在**一分钟**内完成阅读。

8. 最后，从步骤 3 的终点位置开始，以舒适的速度阅读**一分钟**。

9. 每周记录一次步骤 8 的阅读速度，即（用上述公式）计算一分钟阅读的词数。

练习 2：速度

本练习旨在突破现阶段极限，达到更快的阅读速度。在训练中，每次阅读时间不变，但阅读文本长度依次成倍增加。流程如下：

1. 选好阅读材料，并记住起始页码。

2. 采用垂直线手部动作，用舒适的速度阅读**三分钟**。目标是阅读时完全理解文意；这个要求很关键，因此在这一步中，不要尝试以超过你当前极限的速度阅读。

3. 三分钟过后，记下你读到的书页位置。

4. 数一下你一共读了多少页，并在步骤 3 标记的终点页码上加入数出来的页数作为目标 1。例如，你从第 103 页读到了第 106 页（包含第 106 页），一共读了 4 页。然后，在终点页（第 106 页）上再加 4 页，则新的目标终点页（目标 1）变为第 110 页，那么你现在总共要读 8 页。

5. 从步骤 1 标注的起始页开始，（采用垂直线手部动作）再次阅读材料，但你需要加快阅读速度，**在三分钟内读完（步骤 4 中标注的）目标 1 的内容**。

6. 再增加一次文本长度：在步骤 4 的终点页码加上（步骤 2 的）原阅读页数，即得到新的终点页码——目标 2。接着上文中的示例，在步骤 4 的终点页——第 110 页后加上 4 页，就得到新的目标页第 114 页，那么现在总共要读 12 页。

7. 从步骤 1 标注的同一页开始，（采用垂直线手部动作）再次阅读材料，但你需要加快阅读速度，**在三分钟内读完（步骤 6 中标注的）目标 2 的内容**。

8. 最后一次增加文本长度作为目标 3。继续使用上文中的示例，再加 4 页内容，得到最终目标第 118 页，现在总共要阅读 16 页。（需要说明的是，每次增加的页数都等于步骤 2 的阅读页数。）

9. 从步骤 1 标注的起始页开始，再次阅读材料，但这次用略读手部动作，且需要加快阅读速度，**在三分钟内读完（步骤 8 中标注的）目标 3 的内容**。

10. 最后，从步骤 3 的终点位置开始，以舒适的速度阅读**一分钟**。

11. 每周记录一次步骤 10 的阅读速度，即（用上述公式）计算一分钟阅读的词数。

练习 3：外围视觉和默读

本练习的目的是，在控制默读的同时，拓宽目光锁定跨度。在训练中，保持默读词数不变，逐步拓展目光锁定跨度。流程如下：

1. **采用垂直线手部动作。**

2. 选好阅读材料，并记住起始页码。

3. 每次目光锁定捕获**两个词语**，且只默读其中的一个词，以此方式阅读两页文本内容（或阅读 700 词左右）。

4. 从步骤 2 标记的同一页开始再读一遍，但这次要求每次目光锁定**三个词语**，且只默读其中的一个词，以此方式阅读两页文本内容（或阅读 700 词左右）。

5. 从步骤 2 标记的同一页开始再读一遍，但这次要求每次目光锁定**半行内容**，且只默读其中的一个词，以此方式阅读两页文本内容（或阅读 700 词左右）。

6. **现在，换用略读手部动作。**

7. 从步骤 2 标记的同一页开始再读一遍，但这次要求每次目光锁定**两个半行的内容**，且只默读其中的一个词，以此方式阅读 4 页文本内容（或阅读 1400 词左右）。

8. 从步骤 2 标记的同一页开始再读一遍，但这次要求每次目光锁定**三个半行的内容**，且只默读其中的一个词，以此方式阅读 6 页文本内容（或阅读 2100 词左右）。

9. 从步骤 2 标记的同一页开始再读一遍，但这次要求每次目光锁定**半个段落内容**，且只默读其中的一个词。（文本中段落的长度各异，但这并不影响练习。）以此方式阅读 10 页文本内容。

在整个练习过程中保持统一的、有节奏的阅读速度。从步骤 2 到步骤 5，应该能使读者获得很好的文意理解；如果没有，则表明你的速度太快。目光锁定的速度并不是练习的重点：本练习的目的，是在控制默读的同时拓展目光锁定跨度。

练习 4：理解力

本练习旨在提高对文意的理解力。在训练中，会多次阅读同一段文字，阅读速度一次比一次慢。每重读一次，都要测试对文意的理解等级。流程如下：

1. 选好阅读材料，并记住起始页码。
2. 采用略读手部动作阅读**一分钟**。此次阅读的目标是理解大意，因此阅读速度应该很快速。但如果你没有吸收到任何文意，则说明你的速度太快，因此，要调整节奏适应你当前阶段的技能熟练程度。
3. 一分钟过后，记下你读到的书页位置。
4. 在一张空白纸上写下你对刚才所阅读的内容的理解，最好参考复习地图的格式来写（见本书第四部分）。
5. （采用略读手部动作）再一次通读文本，放慢速度，在**两分钟**后读到（上文步骤 3 标记的）终点位置。
6. 在一张空白纸上写下你对刚才（第二次）阅读后的进一步理解，最好参考复习地图的格式来写。
7. 采用垂直线手部动作，再一次通读文本，放慢速度，在**三分钟**后读到（上文步骤 3 标记的）终点位置。
8. 在一张空白纸上写下你对刚才（第三次）阅读后的进一步理解，最好参考复习地图的格式来写。
9. 采用垂直线手部动作，再一次通读文本，放慢速度，在**四分钟**后读到（上文步骤 3 标记的）终点位置。
10. 在一张空白纸上写下你对刚才（第四次）阅读后的进一步理解，最好参考复习地图的格式来写。
11. 采用垂直线手部动作，再一次通读文本，放慢速度，在**五分钟**后读到（上文步骤 3 标记的）终点位置。

12. 在一张空白纸上写下你对刚才（第五次）阅读后的进一步理解，最好参考复习地图的格式来写。

在记录你的理解时，重点应该放在书写速度上，而不是笔记的规整度和排版上，因此，要尽快写完笔记（或画好复习地图）。另外，要在没有辅助资料的情况下记笔记，所以不要在记录理解时翻看文本。

记录关于文本的理解，会对大脑产生作用，强力影响大脑在下一遍阅读中捕获信息的能力。定期练习后，能有效提高高速阅读时的理解力。

练习 5：目光锁定跨度和理解力

本练习的目的是，在采用宽幅目光锁定的同时，提高对文意的理解力。在训练中，每次目光锁定会被投射到一张白纸上，然后再移向下一个目光锁定，随着练习的逐步进行，目光锁定跨度会逐渐提升。流程如下：

1. 准备：折叠（或裁剪）一张白纸（或最好是空白卡纸），使其宽度为所选阅读材料半行文字的长度。然后再次折叠（或裁剪），使其长度为所选阅读材料页面的高度。

2. 使用所选材料开始训练，单次目光锁定捕获文本第一页第一行的半行内容，然后用（步骤 1 制作好的）白纸遮住这半行内容，并尝试在白纸上构想捕获的词语。实质上，是要把目光锁定的内容投影到用于遮挡这半行内容的白纸对应位置上。

3. 接着是同一行的后半行，看一眼后迅速遮住，然后尝试在用于遮挡的白纸对应位置上构想捕获的后半行内容。

4. 以同样的方式（目光锁定—遮挡—投影）阅读随后各行内容（每次半行），直到读完三页文本。

5. 然后，重复流程，但每次目光锁定捕获**两个半行**的内容，即首先捕获文本中两个半行的内容，然后在用于遮挡的白纸对应位置上想象这两个半行的内容。以此方法读完接下来的**五页文本**。

6. 然后，重复流程，但每次目光锁定捕获三个半行的内容，即首先捕获文本中三个半行的内容，然后在用于遮挡的白纸对应位置上想象这三个半行的内容。以此方法读完接下来的**十页文本**。

练习过程中保持节奏感很重要：要从头到尾保持一个统一、平稳的练习节奏。

不用一字不漏地将遮住的字词想象出来，尝试投射这些词语的目的是通过这一投射机制来锻炼理解力，因此，不要花时间默记锁定的词语，这样才能更好地练习词语投射。

每次目光锁定的时间应等于你平时阅读时目光锁定的时间，不要超过平时目光锁定时间。同理，在白纸上投射词语的时间最多不能超过平时目光锁定的两倍用时。例如，你平时一次目光锁定用时半秒钟，那么本训练中的目光锁定也只能用半秒钟，最多只能花一秒钟来投射词语，然后立即转入下一次目光锁定，并重复练习流程。

本训练不需要使用任何手部动作，只需关注目光锁定跨度与理解力的相互作用。

训练计划

本书这一部分讲授的系统，首先要依靠训练来提升阅读速度，之后要依靠同样的训练来保持高速阅读。这一系统不通过采用区别细微但主题类似的大量练习来提升速度，而是重点结合五个基本练习，来训练有效速读的各个方面。

正如发展任何技能一样，定期练习是关键。速读需要每天练习。表3-1就是推荐使用的练习计划，其中包含本部分讲解的五个练习，同时强调了加强练习 1 和练习 3 的训练。

表 3-1　训练计划示例

星期	练习
星期一	练习 1：速度和理解力
星期二	练习 2：速度
星期三	练习 3：外围视觉和默读
星期四	练习 1：速度和理解力
星期五	练习 4：理解力
星期六	练习 3：外围视觉和默读
星期日	练习 5：目光锁定跨度和理解力

练习中的每个步骤乘以一个适当的因子后，就可以延长各个练习。例如，练习 1 中的每个步骤乘以因子 5，就能得出第一次通读需要 25 分钟（而不是 5 分钟）；第二次通读需要 20 分钟（而不是 4 分钟）；第三次通读需要 15 分钟（而不是 3 分钟），以此类推。

为明确起见，这里需要说明练习 1、2 和 4 要用时间因素来乘以因子，而练习 3 和 5 要用阅读页数来乘以因子。这里要重点强调：词数和半行的数量不能用来与因子相乘，不论如何延长练习，都要按照本书中说明的词数和半行的数量进行练习。

你最终选择的延长因子，要依据你可用的练习时间来定。只要按照训练计划进行练习，即便不延长练习时间，也会取得可见的进步，因此并没有必要延长练习。但请注意，如果你能每次（假设能定期）延长练习，你的进步会更快。进步快慢通常与延长因子的大小成正比。

将速读带入日常生活中（关键）

掌握一门技能的终极方法是将其带入日常生活，加以使用。可以通过下列方式在日常生活中运用速读技能：

1. 只要阅读，就都采用速读原则进行阅读。

2. 形成一周读一本书的习惯。书读得多了，自然读得快。一旦你能得心应手地运用速读系统，完全可以实现一周读完一本书的目标。

3. 一有适当机会，就采用分层次阅读方式阅读。

4. 同时阅读多个感兴趣的题材，即任何一天都可以选用多个题材的文本来进行练习。如早上阅读技术文本（与工作、学习相关，或者是自己感兴趣的技术文本），中午阅读经典文学，晚上阅读小说。

5. 如果你会多种语言，那么不管你阅读哪种语言的文本，都采用速读原则进行阅读。其次，定期以你会的各种语言进行阅读。比如，你会三种语言，就可以早上用第一语言读技术文本，中午用第二语言读文学作品，晚上用第三语言读小说。

6. 随身带本书（纸制书或电子书都可以）。利用每个碎片时间阅读：排队、通勤、午休等时间都可以利用来阅读。

7. 利用第二部分的记忆力技巧持续扩充你的词汇量，要想取得速读的最佳结果，就得扩充词汇量。

8. 至少每周进行一次潜意识阅读（选用）。

9. 最重要的是：每天进行训练。

总结和复习地图

重点

▶ 专注力对快速阅读起着至关重要的作用，因此要定期练习本书第一部分的专注力技巧。

▶ 应完全根除回读。通过在阅读前集中注意力和使用向导（手部动作技巧）来设置适当的阅读节奏，进而根除回读。

▶ 主要有两种配合阅读的手部动作技巧：略读手部动作和垂直线手部动作。文本横指作为配合阅读的可选手部动作，在训练初期特别有用。

▶ 必须把默读减至最少，才能有所突破，达到更快的阅读速度。

▶ 应拓展每次目光锁定的词数，而保持或进一步减少每次目光锁定用时。

▶ 学习任何课题时都应采用分层次阅读方法，这将减少阅读的总体时间，提升理解力，增加长时记忆，且总体上花费的精力较少，因此能更轻松地学习课题。

▶ 可在分层次阅读流程中加入潜意识阅读，进一步提升理解力。

▶ 注意力必须一直放在阅读上，可以在适当的时候思考自己的速读进步情况和是否正确运用了速读原则，但必须在阅读开始前或结束后进行这种思考分析，决不能一边阅读，一边分析。

复习地图

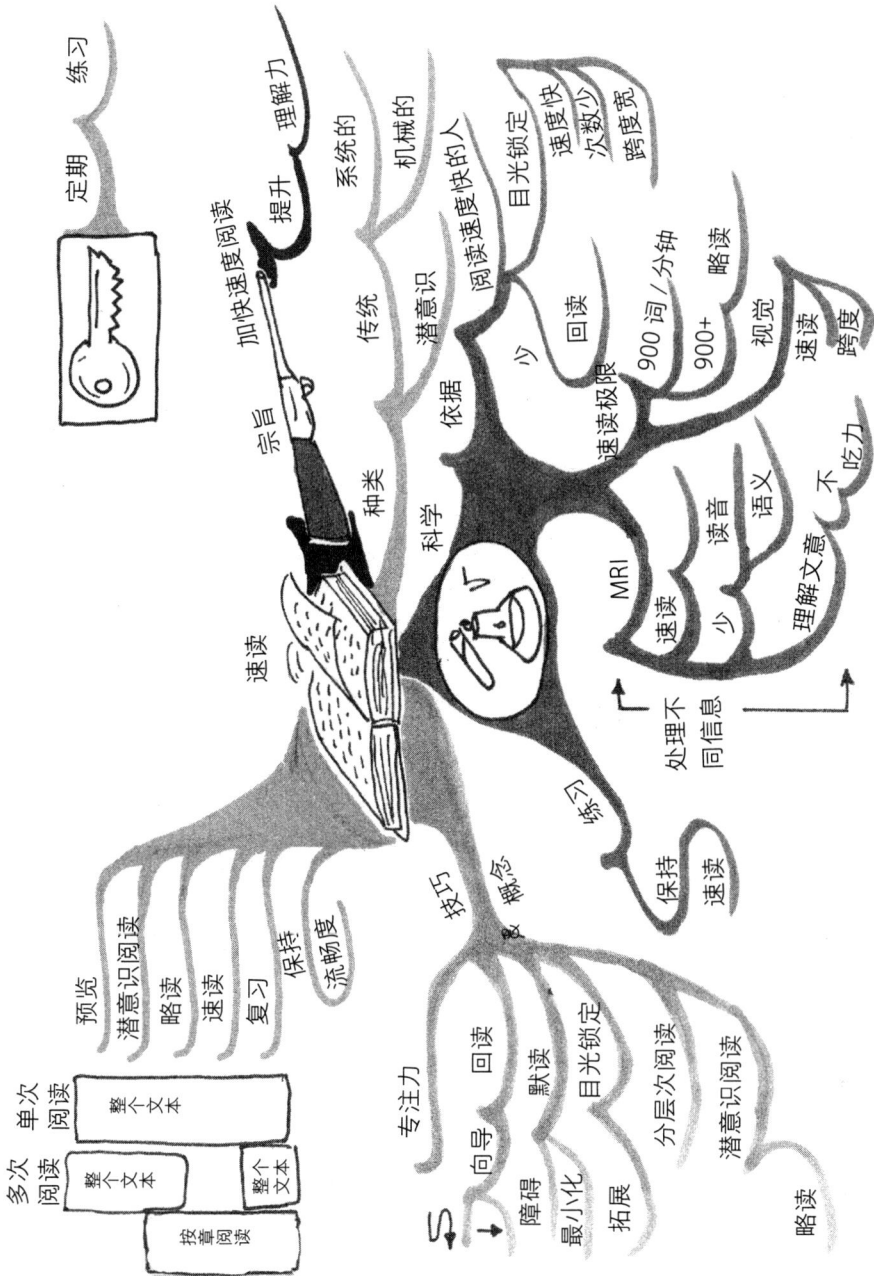

第四部分

终极学习方法

⟨───────○──○──●──○───────⟩

乐意学的东西绝不会忘记。

——阿尔弗雷德·梅西埃（Alfred Mercier）

第四部分的目标

▶ 将前面几章讲授的技巧结合在一起，形成一套高效且结构化的学习方法。

▶ 优化笔记和复习。

▶ 理解学习和吸收原则，以及将原则运用到学习中。

▶ 保持所学技能水平。

概述

本部分的终极学习方法整合了前面三部分讲授的所有课题，构建易于操作的流程，形成令人愉悦、高效实用的最佳学习方法。

学习新知识的一般步骤如下：

1. 探索课题。
2. 理解课题。
3. 记忆对课题的理解，即记忆你对课题中概念的理解。
4. 复习记忆的信息，保持记忆的新鲜度，让信息长期存储在记忆中。
5. 巩固信息，并通过回答问题、解决问题、完成字谜和玩含有相关学习内容的游戏将所学信息与其他理念／概念整合起来。
6. 在已知信息的基础上扩展知识：以已学知识为基础，学习新的或相关课题。

要达到上文步骤 6 中的目标，需要认真完成列于步骤 6 前的所有步骤，然后你会发现，想要真正地拓展知识，就需要有一个高效的方法来积累学过的知识，使知识能随时取用，且能长时存储。没有步骤 3 到步骤 5 的学习过程，任何进一步的学习都会由于缺乏必要的基础知识而受到限制，遭遇障碍。

总目标是将所有知识都长时存储起来，即使只有轻微重要性的知识。采用下文讲授的系统可以达到这一目的。在你应用终极学习方法的过程中，你会发现你知道和存储的知识越多，学习新概念就会越轻松。随着知识的快速积累，你逐渐会注意到，自己有海量的资源可以用来创建新理念和解决更难的问题。

由于数字资料的出现（通过强大的搜索引擎，这些资料几乎可以随时取用），近年来对于是否有必要在大脑中存储海量数据产生了争论。这一争论漏掉了一个关键点：如果信息不是推理出来的、没有印刻在脑海里、与相关的课题无紧密关联，或无法在实际生活中使用，那么这些信息的作用非常有限。如果一个人需要解决一个问题，但他完全不熟悉这个问题的概念，甚至不知道应该采用哪种搜索标准，那么他将很难解决这个问题。即便找到了必要的信息，也没有足够的背景信息来规划解决问题的步骤。

当信息经过推论，再印刻在大脑中后，信息就会与之前脑中建立的知识系统交叉互联。这一过程还会带来创新性思维和新理念，而以数字资料形式存储的信息则不能产生这种结果。

读者也应该思考一下，与网络发明前革命性理念百花齐放的盛况相比，网络发明后，到底出现了多少真正意义上的革命性理念？如果我们能找出机遇训练电脑（通俗来讲，是采用人工智能，不过现阶段人工智能还处于发展初期）把概念连接起来，并整合概念创造出新概念，那么这种情况下在大脑里积累知识可能会变得多余。除非随后又转换出一个更伟大的真理：只有人类思维（可能需要在智能电脑的协助下）才能开拓知识新疆域，否则过多的知识积累和创新型思维可能会磨掉人类学习和创造的乐趣。这与所有学者的浮士德式偏好正好相反，也似乎违反了人类的自然选择特征。

暂且不提这些空谈的未来预测，我们现在仍处于以知识为基础、鼓励创新的社会，因此一个高效的知识积累系统是非常宝贵的。

关键概念

终极学习方法简单易学，无须过多练习就能得心应手地使用。总体流程如下：

1. **整理并带上完成学习所需的所有材料。**
2. 采用第一部分中一种你喜欢的专注力技巧来**放松心境**。推荐使用（第一部分"技巧3"中的）正呼吸方法，不过最好坚持使用你最喜欢的技巧（也要考虑你所处环境和场地的情况）。
3. **采用分层次阅读方法**来处理阅读材料：

   a. **预览**。

   b. **采用潜意识阅读**通读学习材料（选用）。

   c. **略读**：

   　i.　用圆点标记难点。

   　ii.　用荧光笔、下划线或字母V标注重点。

   　iii.　完成略读后，接着完成复习地图中的其他主要分支任务。

   d. **速读**：

   　i.　在标注了圆点的文段处放慢速度。

   　ii.　用问号标注难点。

   　iii.　用荧光笔、下划线或字母V标注重点。

   　iv.　完成阅读后，把在这一步找出及标注的主要概念添加到复习地图上。

e. 复习：

i.   在标注了问号的文段处放慢速度。

ii. 必要时，用荧光笔、下划线或字母 V 标注补充的重点。

iii. 完成阅读后，把在这一步找出及标注的主要概念添加到复习地图上。

4. 记笔记：

a. 在脑海中清晰地推理课题中的各个要点。

b. 你可以完成一套线性笔记。

c. 完成复习地图。

5. 记忆：

a.（创建／维护一份唯一识别码列表。）

b. 记忆复习地图。

c. 记忆线性笔记。

d. 复习：按照最佳复习计划表进行复习回顾。

6. 巩固：

a. 通过解决与课题概念相关的问题、谜题，或回答与课题概念相关的开放式问题，来巩固学到的知识。

b. 如果你在为具体的考试做准备，可以设定时间，用之前的试题作为练习。持续练习，直到每张试卷都能达到满分为止。

c. 将课题中的概念运用到不同的上下文中，可行情况下，运用到不相关的领域中（比如，刺激课题的可转移性）。

d. 玩含有课题内容的游戏（如有）。

e. 在实际生活中运用所学知识。

上文中的整个流程组成了终极学习方法：任何一步都不能跳过！按照上文流程一步一步进行学习，才能达到最佳的学习效果。

下面各小节将更详细地介绍流程中的各个步骤。

学习材料

整理并带上完成学习所需的所有材料。这包括教科书、辅导资料、补充资料/补充读物、课堂笔记、课堂练习、习题集、之前的试卷、与课题内容相关的游戏和视频等。

心境

定期练习本书第一部分介绍的专注力技巧，对终极学习方法的应用至关重要。本系统要求充分掌握注意力技巧，这也是本书把专注力技巧放在第一部分的原因：之后所有的技巧都要以专注力为基础，练习而成。

除了第一部分的定期练习外，每一轮学习都应该首先用五分钟来进行专注力练习（十分钟更好，所以条件允许的话，用十分钟来进行专注力练习；这里选择五分钟是为了保持练习流程简单实用）。专注力练习犹如一个定心装置，将对紧随其后的学习过程产生影响，这一步骤背后的动机在于集中精力，确保整个学习过程中你都将精力聚集在手头的学习任务上。同时，专注力练习能促进 α 脑波频率，这一脑波频率有助于在阅读和推理中增进对阅读材料的理解。专注力练习还能提高对所学材料的总体回忆能力，强化所学知识在大脑中的存储，这是因为注意力高度集中后，你会非常专注于学习——这是增强记忆力的关键。

推荐使用（第一部分"技巧3"中的）正呼吸方法，不过你应该选择最适合你自己，且最契合你所处学习环境的技巧。

复习地图

复习地图是对一个课题的形象化展示，也是一个通用性极强的工具，既能抓住课题结构，又能捕获关键事实。

运用图示法来表示课题和理念的历史已经有几百年了，其中著名的例子包括几百年前的泰尔（地名）的波菲利（Porphyry of Tyros）、拉曼·鲁尔（Ramon Llull）、列奥纳多·达·芬奇（Leonardo da Vinci）和几百年后的埃文莱·伍德（Evelyn Wood）。最近，则有托尼·布赞（Tony Buzan）的思维导图（Mind Mapping®）系统，该系统用一个精准方法改善了图示法——把这个一般概念转化成了一个有效工具，可以用于学习、头脑风暴、讲课、思考、组织信息、解决问题、做决策等。

多年来，人们不断用各种名字来称呼这种课题的形象展示法：概念图、思维图、意象图、蛛网图、回忆图式（如斜线回忆图式，Slash Recall Pattern）等。但本书中，我们将这种形象展示法称为"复习地图"，这是因为终极学习方法主要是将技巧当作复习工具，用于长时记忆存储。

复习地图是终极学习方法的关键组成部分。这个简明扼要的课题表示法提供了一条路线，引领学习者快速复习所学内容，因此，通过它能刺激长时记忆存储。复习地图除了在复习时能体现其优势外，在创建复习地图时，它也能促使学习者辩证地思考课题的总体构架，以及不同的元素之间的连接关系——这本身就能加深理解，并为已吸收的概念设定结构顺序。

为进一步激励学习者，下文列出了复习地图的主要优势：

1. **图示简明**。这为刺激长时记忆存储提供了一条高效路线。

2. **促使学习者思考各概念的不同之处和连接关系**。这能提升对课题的理解，并在吸收概念时设定结构顺序。

3. **展示课题概要**。

4. **利用大脑的两个半球和多个感官**。当处理课题内容时，涉及的大脑区域会增加，这会进一步改善理解，并延长信息保留期。另外，它还能加强课题与相关概念的结合度和关联性。

5. **允许将大量信息组织成一个便于推理的形式**。

6. **一个效仿大脑信息连接的自然流程**。

7. **着眼大局**。仅占一页纸的图形展示就可以涵盖一整本书的内容，这种展示法能让学习者对课题形成完整印象，而其他方法通常无法获得这种印象。

8. **增强创新性**。

　　终极学习方法以特定的方式使用复习地图。复习地图并不是本学习方法中创建笔记的唯一形式——本学习方法也会创建线性笔记。复习地图主要用来展示结构，易于复习，有助于长时记忆存储，而线性笔记能更完整地记录课题中的所有关键元素。

　　线性笔记是绝对必要的，因为只使用复习地图是无法捕捉需要进行充分说明的某些细微区别的。保留一套线性笔记则能确保永久保存你的理解，以便长时记忆存储时可以随时参考和复习。

　　线性笔记和复习地图没有优劣高下之分：它们相辅相成。两者用途不同，所以必须配合使用。

流程

　　创建复习地图的流程如下：

1. **从纸张的中心开始，画一个表示课题的影像**。

2. **在主要影像上画出表示课题主要结构的分支**。

3. **在各个分支上写下表示相应主要结构的关键词**。

　　a. 分支的长度为关键词的长度。

　　b. 只写关键词，不要写一整句话或完整说明。

　　c. 如果能找到影像形象地表示关键词，就用影像替代关键词。总之，**在复习地图中，优先选用影像，而不是词语**。

　　d. 如果影像只能起到大概的提示作用，则将影像和关键词都放在分支上，避免复习时出现混淆。

e. 上述观点最好的结合方式是选用关键词的影像，并将该影像作为分支（例如将影像本身作为分支），然后把关键词放在影像上（可参考本书复习地图示例）。

4. 你可以在每个（主要结构的）关键词旁边画分支，**进一步将课题细分到子结构层面。**

a. 离中心最近的分支应该最粗，越向外延伸分支则越细，因此课题的主要结构分支粗，而子结构则要细一些，以此类推。

b. 以处理课题结构的方式处理子结构。仅采用关键词：一个分支一个关键词。

c. 如果影像能明确表示关键词的意义，则用影像而不用关键词；如果影像表意不够明确，则用影像加上关键词表意。如果没有想到能够提示具体关键词的影像，则用关键词——不强制用影像替代关键词，但可行的情况下，优先使用影像。

5. **用方框把非关键词框起来。**比如，将重要公式框起来，写在描述该公式的关键词旁边。

6. **以此方式完成其他子结构，**直到这页纸上囊括了关键主题和概念为止。

综合考虑

1. **不要为了画出完美的影像而耽搁太多时间。**没有必要画得太好，只要确保每个影像对你来说，都能提示出想要表达的概念就可以了。没有必要在意美观度、精致细节，或是否能给观看者带来愉悦感。

2. **采用着色方案。**课题整个结构的颜色取决于各个主要分支的颜色。例如，课题可以分为五个主要结构，你就使用五种颜色，每个结构一种颜色，即主要分支和其具体结构的所有子分支都是同一种颜色。

3. **用黑色墨水笔写关键词。**不管分支是什么颜色，都要用黑色墨水笔写关键词和公式。

4. **用大写字母写关键词**，这需要稍微额外花一点儿精力，但会让复习过程更快。

5. **用箭头连接不同分支上有关联性的概念。**

6. **确保复习地图清晰明了，简洁规整。**

7. **顺时针创建（回顾）复习地图。**

8. **花点时间参考一下其他人的复习地图。** 尤其是在最初阶段，可以了解一些有用的示例，进一步开发你自己的复习地图。但请注意，并不是必须要这样做，并不建议花大量时间来学习其他人创建的复习地图，只是建议学习者探索一下复习地图的其他表现形式，找寻灵感和新思路。

9. **规划时间进行练习和实际操作，你就能发展出自己的复习地图风格。** 虽然可以自由发挥创作，但重点是要遵循上文列出的主要指导。

本书由五个部分组成，各部分末尾都有一张复习地图，总结了本书对应部分所讨论的概念。这些复习地图可作为参考，供学习者察看如何设计复习地图。

请记住，创建复习地图的重点不在于展现艺术才能，而是要展现综合总结后的主要概念。你不用与他人比较谁的复习地图更好、更精致或更令人叹为观止。制作复习地图的真正意图，是制定一个有效机制，用于记录、组织、推理和快速复习所学信息。

线性笔记

线性笔记是总结课题的一种传统方式。近年来，非线性笔记（如思维导图®）备受青睐，致使还在使用线性笔记的人越来越少。仅使用非线性方式做笔记是有瑕疵的，因为非线性笔记不足以全面捕捉一个课题的所有概念，尤其是一些细微之处，比如，一个概念的定义必须要有详细的说明，如果只用关键词指代该概念的话，很容易使概念失去其内涵意义。

采用线性笔记的目的，是用自己的语言捕捉所学课题的所有概念。例如，在通读一本课本时，应该用自己的语言而不是全部使用作者的分析和观点来制作线性笔记，而且线性笔记能够涵盖课本中详细叙述的所有概念。

线性笔记的总体目标是推理课题的观点，并用自己的语言把对观点的理解整理成笔记。用自己的语言描述对文意的理解，和完全采用课本中作者的语言，这两者之间有着天壤之别。

如果你在学习新课题，但之后没有及时复习，你对新课题的理解就会很快消散。如果时间过了很久，脑海里仅剩下对课题的残余理解，此时就需要再通读一遍文章，也需要再进行一轮推理，这种做法效率很低。因此，要用线性笔记做记录，从而永久地记下你的推理和理解。

流程

线性笔记法的流程如下：

1. **捕捉课题内的所有概念**。以线性笔记的形式捕捉课题文本中的所有概念，做笔记和总结并不意味着要省略内容。

2. **采用自己的语言**。用自己的语言文字总结各个概念：首先需要推理文本中的所有概念，然后用自己的语言阐述理解。

3. **保持简明扼要**。尝试只用一个段落来解释各个概念——文字数量最好不要超过三行，你要尽量简洁地做出解释。解释的关键目的在于保存简洁的记录，便于今后参考时即时回想起之前的理解。

4. **分级结构**。采用下列分级结构：

   a. 每个主要结构标题下画双划线。

b. 每个子结构标题（子标题）下画单划线。

c. 对于每个概念：

　i.　概念前加上要点符号。

　ii.　描述概念的关键词（最好用大写字母写）紧随要点符号之后。

　iii.（用你自己的语言）对概念进行解释，并把解释置于关键词之后。

　iv.　各个子概念（如有）要另起一行并缩进，且在子概念前加上连字符，或在需要表明次序时，加上罗马数字。

　v.　在概念里加入图表和公式（如有）。用方框将各个图表或公式分别框起来。

综合考虑

1. **手写笔记优于机打笔记**[1]。用电脑软件记录、组织笔记确实非常简便：你可以复制粘贴公式、图表、表格、重要引述、关键摘要等。如果之后遇到新信息，你还可以简单轻松地重新组织笔记。但是，亲自动手写笔记能够起到巩固所学知识的作用，刺激多种记忆通路，在电脑上打字则不能刺激这些记忆通路。另外，每次复习这些手写笔记时，还能进一步强化这些记忆通路。

2. **用黑色墨水笔写解释**。标题和子标题也应该用黑色墨水笔写。

3. **用不同颜色的笔写关键词。**

a. 任何让你觉得愉悦的颜色都可以，但要确保各个颜色之间有明显的差异——如果需要集中注意力才能辨别出相应的各个关键词，那就失去了用不同颜色区别关键词的意义。

b. 一些练习者发现，轮换几种愉悦的色彩写关键词，可以改善记忆留

1　帕姆·A. 米勒（Pam A. Mueller）和丹尼尔·M. 奥本海默（Daniel M. Ojppenheimer）2014年4月发表在《心理学期刊》（*Psychological Science*）上的一篇文章《笔比键盘更强大》（*The Pen is Mightier Than the Keyboard*）中指出，相比于用电脑软件做笔记的学生，用手写笔记的学生能更好地回答概念性问题，更能整合、存储和应用所学到的知识。

存期。例如，用蓝色的笔写第一个关键词，用红色的笔写第二个关键词，用绿色的笔写第三个关键词，用紫色的笔写第四个关键词，以此类推。

c. 另一些练习者喜欢为各个结构安排一个不同的颜色：第一个结构的关键词语都用同一种颜色，而第二个结构的关键词都用另一种颜色。

d. 不管你最终选择用哪种颜色方案来书写关键词，都要选用对比强烈的一种固定颜色来写解释——因此，强烈推荐在白色纸面上用黑色墨水笔写解释。

e. 颜色轮换法也可以应用在图表和公式的方框上。

f. 不强制要求用不同颜色写线性笔记的关键词——这只是一个普遍喜好。并且，颜色轮换法的新颖性对创建记忆有促进作用。

4. 在解释里出现的重要词汇下方画下划线，但不要画太多：每次只在一两个词语底下画线即可。

5. 你可以选用自己认为最恰当的顺序来组织概念。不必完全按照作者所写的顺序组织概念，如果你找到了一种更有逻辑的分类方式，那么大可按照你的方式来整理笔记。

推理、整合和完全理解课题，应首选线性笔记。要多通读几遍线性笔记，直到完全消化课题内容。一旦完全理解了课题并记住了所有内容，就只需要在特定的复习期（详见第二部分以及下文中关于记忆的小节）通读线性笔记了。

示例

图 4-1 是线性笔记的一个示例。

图 4-1　线性笔记示例

书名 / 文章名

结构标题 1

子结构标题 1

    关键词（KEY WORD）1：解释

    关键词（KEY WORD）2：解释

公式

    关键词（KEY WORD）3：解释

      —子概念 / 解释 1

      —子概念 / 解释 2

    关键词（KEY WORD）4：解释

      i.　排序概念 / 解释 1

      ii. 排序概念 / 解释 2

      iii.排序概念 / 解释 3

子结构标题 2

    关键词（KEY WORD）5：解释

    关键词（KEY WORD）6：解释

    关键词（KEY WORD）7：解释

结构标题 2

子结构标题 3

    关键词（KEY WORD）8：解释

    关键词（KEY WORD）9：解释

图表

子结构标题 4

......

唯一识别码

概括第二部分的重点：唯一识别码，指用一个物件表示唯一的信息块（可以表示一个词语、数字、符号或其他）。

构件，是指构成上文提及的唯一识别码的最基础的成分。对词语而言，构件可以是发音相似的词语或词语本身；对于数字，则可以运用音标制作构件。构件自身也应该具有唯一识别性；反之亦然，随着对课题的了解逐渐加深，比基础构件含义更广泛的唯一识别码也可以作为构件本身。

最后，唯一识别码的一致性是指运用唯一识别码时要保持其一致性，即不管何时遇到某个同样的信息块，都要用同样的物件来表示这个信息块。当唯一识别码作为构件使用时，也必须保持其一致性。

随后，一套构件结合一套应用规则（其中每个信息块都具有唯一识别性，且要保持一致），就组成了一个完整系统。要达到此目标，需要以下步骤：

1. **构件**。在记忆重要课题前，将信息分解成由易于进行视觉想象且具有唯一识别性的物件所表示的构件。如每个字母、符号、数字、音节、声音、气味、基团，都应该有一个唯一识别码。
2. **唯一识别码**。用构件来创建课题所含信息块的唯一识别码。
3. **一致性**。此后，要确保使用一致的唯一识别码。
4. **无冲突**。任何构件或唯一识别码，都要避免在整个课题中指代不明。*为此，建议用一个笔记本写下构件列表，且在可行的情况下，写下关键唯一识别码列表。本书第二部分的音标就是一个构件列表的典型样本，数字从 0 到 100 的唯一识别码列表也是关键唯一识别码的典型示例。*

最关键的步骤，是将课题分解成最基础的构件，并为每个构件安排一个唯一识别码。通过这种方式，任何由三个构件组成的复杂信息块都能轻松地实现视觉化并被记住。之后，复杂信息块的唯一识别码也可以作为更复杂的信息块的构件。

　　为了根除运用本原则可能出现的误解（就像本书第二部分讲述的那样），而把需要记忆的每个条目和唯一识别码做成列表是完全没有必要的。本原则的宗旨在于创建一套信息量远少于整个课题的构件。然后，将这套信息量少的构件做成列表，用于组织整个课题内容，同时系统地形成其他唯一识别码。例如，音标可作为任何涉及数字的课题的构件。音标数量有限，因此容易制成列表，但音标可以将任何数字转换成唯一识别码。

　　正如本书第二部分中所做的解释，练习者可以利用构件和一致的唯一识别码系统地将课题分解成组成部分，然后将课题中的所有数据整合，再进行记忆。这就避免了通常由于识别码的多种解释而引起的混淆，也降低了由多个识别码表示同样的信息块而引起的低效转换，另外，加快了记忆流程，推进了之后的回忆效率。

　　让我们用本书第二部分"数学公式"章节中的唯一识别码列表，来讲解应该把哪些内容做成列表（见表 4-1）。

表 4-1　数学符号唯一识别码示例

符号	唯一识别码	选择该唯一识别码的原因 / 逻辑
+	脓疮	Plus（加号）发音和 pus（脓疮）相近
–	《淘气阿丹》（Dennis the Menace）	Minus（减号）与 menace（在此意为淘气）发音相近
=	老鹰	Equal（等号）与 eagle（鹰）发音相近
2π	两个派（pies）	希腊字母 π（pi），而且还是两个
μ	母牛	该字母的发音是"mu"
$\sqrt{\ }$	根	平方根符号
()	双子塔	看起来像两个依偎在一起的塔
σ	西格蒙德·弗洛伊德（Sigmund Freud，想象他的白胡子）	这个字母的发音是"西格玛（sigma）"，和西格蒙德（Sigmund）发音相近
÷	大砍刀	Division（除号的英文，同时可以表示分割）可以联想到切割，因此可以用大砍刀来表示

幂（∧ 或 X^y）	健身达人	Power（幂 / 次方的英文，同时表示力量）能让人想到肌肉
积分（∫）	审讯灯	Integration（积分）与 interrogation（审讯）发音相近
微分（∂）	袜子	把洗干净的衣服分类叠好时，需要在其中区分并找出配对的袜子，这种家务杂事的联想中就可以用袜子来表示微分（differentiation，微分的英文，也指区分）

各种不同的数学公式中都会出现以上符号，因此提前为每个符号设置一个唯一识别码，有利于更快速、简便地记忆公式，而不造成冲突或混淆。当出现新的符号时，再将其加进列表即可。现阶段，该列表只包含了基础构件。当记忆新公式时，可以为每个构件安排一个唯一识别码。对于经常出现在其他复杂公式中的公式（如正态分布密度函数），建议将其唯一识别码加到列表中去。

在整个课题的学习过程中，保持识别码的一致性非常关键。例如，你同时在学习物理和数学，那么就可以将上表同时应用在物理和数学公式中，只需要在表内增添上会用到的其他内容即可。

列有构件和唯一识别码的表格，也是你整套笔记的组成部分。

分层次阅读

应按照本书第三部分的指导进行分层次阅读。但在此需要对以下几点做出进一步说明：通读材料过程中所做的标注，通篇文本中的推理阶段，以及阅读与笔记之间的相互作用。

终极学习方法中，阅读步骤的关键在于保持顺畅的步调通读材料，重点是避免停顿和回读。尤其需要避免的是刚开始阅读时出现的停顿和回读：一开始就出现停顿和回读，会严重拖慢总体阅读速度，造成理解下降，并带来挫败感。

　　为了确保完全理解文意，必须在之后再读一遍被跳过的地方及回读中有理解问题的部分。同时，为了保持阅读效率，必须避免不必要的重复，系统地进行阅读，因此要通过具体的标注流程来获得这样的阅读效率。

综合考虑

标注和推理的综合考虑如下：

1. **在空白处标注**。初次阅读复杂概念却无法清晰理解时，可以在没有读懂的那行文字周边空白处做标注。略读时，用圆点标注；速读时，用问号标注。

2. **抽取关键概念**。当读到应该加入笔记并在之后应该记忆的概念时，在相关词语下画下划线（或用荧光笔画出相关词语），或者在空白处标注字母 V。总体上，画下划线（或使用荧光笔）花的时间要长一点儿，而对于高效阅读来说，每分每秒的专注力都很关键。因此，相比之下，标注字母 V 的方法更好。在有多条句子需要标记时，这种方法显然比画下划线更有效率，只需要在空白处画一条竖线标注文段的起始，然后再写上字母 V 即可，比在整个文段下画下划线的方法要好得多。

3. **之后再进行全面推理**。在阅读过程中遇到难点时，不要停下来推理：要保证流畅、持续地通读文本，这样才能先理解基础概念，在随后的阅读中再进一步整合细节。

4. **整理笔记时进行全面推理**。做笔记时，对文意不明的部分进行全面推理。做笔记时没有时间限制，所以可以参考文本，反复阅读，查阅其他相关背景资料，直到完全理清文意。彻底理解概念后，再将概念加入整套笔记中。

流程

将上述总体考虑与分层次阅读结合起来，就产生了终极学习方法的阅读流程：

1. **预览**。
2. **利用潜意识通读文本（选用）**。
3. **略读**：

    a. 用圆点标注难点。

    b. 用荧光笔画出或用下划线标注出形成课题概念的重点。如果整段内容都是重点，则在文段空白处画一条竖线，并在竖线旁边标记上字母 V。

    c. 完成略读后，标出复习地图的主要分支。

4. **速读**：

    a. 在标记圆点的地方放慢速度。

    b. 遇到难点，标记问号。

    c. 用荧光笔画出或用下划线标注出形成课题概念的重点。如果整段内容都是重点，则在文段空白处画一条竖线，并在竖线旁边标记上字母 V。

    d. 完成速读后，在复习地图上添加本次阅读找出及标注的主要概念。

5. **回顾**：

    a. 在标记问号的地方放慢速度。

    b. 必要时，用荧光笔、下划线或标记字母 V 的方式标注出补充的重点。

    c. 完成回顾后，在复习地图上添加本次回顾中找出及标注的主要概念。

6. **笔记**：

    a. 先写线性笔记，即用自己的语言组织课题中的所有关键概念。因此，再次通读文本，并在线性笔记中添加标注的每个概念。写线性笔记时，要花足够的时间来推理全篇文章，在这一步中，你可以在之前没有理解清楚的地方停下来，细读推理，直到完全理解课题为止——将完全理解的内容写入线性笔记中。

b. 编写线性笔记时，将所有补充、关联的概念添加到复习地图上。

将上述流程转换成一个简洁方法，即用代表每一步的字母来做标注，而不全用字母 V 标注。略读时，用字母 M 标注重点；速读时，用字母 S 标记重点；复习回顾时，用字母 R 标记重点。这样完成每个步骤后，由于能轻易识别出每个步骤标注的重点并直接跳到这些重点上，因此可以在填写复习地图时节省点儿时间。

记忆

一旦完全理解课题并且做好一套笔记后，下一步就是记忆课题了。

记忆课题前，首先要准备好唯一识别码。建议（按照"唯一识别码"小节的详细说明）创建一张基础唯一识别码表格，然后可以在需要进行课题记忆时扩展表格。

课题记忆由三个步骤组成：

1. **记忆复习地图**。记忆复习地图是为了使你对课题的总体理解扎根于心，并构建一个结构，用于进一步添加知识要点。
2. **记忆线性笔记**。将线性笔记上的详细信息和细微差异添加到复习地图的框架上。
3. **复习**。
   a. 利用最佳复习时间表，来复习线性笔记。
   b. 每两天复习一次复习地图。

以上三个步骤中，通常最后一步（复习）容易被忽略。然而，通过定期复习才能将概念长时存储在记忆里，才能清晰理解概念间的互联结构：如果省去了这一步，花在学习和记忆上的努力都会付诸东流。

为了达到高效学习的目的，应该按照（本书第二部分"复习的重要性"中详述的）最佳复习时间表进行复习，这样我们只需要花费有限的精力，就可以使知识长时存储在记忆里，而不用超出复习时间表中的要求，浪费精力和时间。

记忆复习地图和线性笔记时，要采取最适当的记忆技巧来记忆笔记的每个部分。例如，用本书第二部分"数学公式"小节中讲解的方法，记忆每一个公式；用本书第二部分"非外文词汇"小节中讲解的技巧，记忆每一条定义。

总体目标应是整体记忆复习地图，并只记忆线性笔记中的关键事实和细微差异，即只记忆线性笔记中包含的、不能从复习地图上直接辨识出来的内容。

请注意：线性笔记要全面涵盖课题内容，但要用你自己的语言组织线性笔记。利用线性笔记推理课题，记忆你对课题简洁但完整的理解即可，无须逐字记忆。

测试的价值

复习不是简单地把一套笔记重新读一遍，这是严重的误解，并且也不是最佳复习方法[1]。有效复习包含对学习到的知识的测试。

当今文化和普遍认可的学习方式，是将测试视作一种评估工具，而很少将其视作学习工具。不得不说，这是一件憾事。因为，如果在无压力且使用得当的情况下，比起未经测试的学习而言，测试可以更好地回忆出学习要点，更深刻地理解学习中的细微差异。

将测试用作学习工具时，通常将其称为"检索训练"。使用这一工具的前

---

[1]   详见"参考书目和补充阅读"小节中的科学期刊参考内容。

提是，每次从记忆中搜索一条信息时，记忆本身就会发生变化。记忆的神经结构会加强，且更稳定，之后仅用更少的精力就能搜索出该信息。

另外，功能性磁共振成像研究显示：相比于简单地重读信息，从记忆里搜索出信息会使大脑中负责知识巩固的区域呈现出更加显著的活跃度，而这些区域的高度活跃能使学习结果得到更长时的存储。

有些专家甚至提出，相比于从一开始就将同样的信息存储起来，回忆已知信息会使学习能力提升得更快。

有趣的是，测试不仅改善了检索信息的存储期，同时还刺激、改善了相关信息的存储期。

另外，有意识地测试从记忆中提取信息的能力，还能促进深度学习。当沉浸在深度学习中时，练习者能够更快理解一门课题的隐含原理，并能举一反三；他们能将单个信息块连接起来，并能在不同的上下文和情形中运用这种理解（通常将其称为"转移"）。

基于上述原因，你应该将测试作为学习流程的中心部分。作为测试的第一步（巩固学习时，还应有更多测试），当你回顾笔记，看到笔记中出现课题概念的文字时，你应尝试回想概念的内容，而不是简单地通读笔记。流程如下：

▶ **针对复习地图：**

　▷ **当按照最佳复习时间表复习时：**拿出一张白纸，（在不看复习地图原图的情况下）尝试复写复习地图。不要用多种颜色复写，不要画影像，也不用强调笔记的整洁性。快速复写出一个大概的复习地图——即使字迹特别潦草也无所谓。复写完以后，看一眼复习地图原图，确保没有任何遗漏。

　▷ **每两天回顾复习地图时：**重复上述流程，但不复写地图，而是在脑海里回顾，然后通读复习地图原图，确保捕获所有的概念。

▶ **针对线性笔记：**通读线性笔记时，对自己进行测试，用手遮住你已经记住的文段、公式、定义等，然后回想这些信息；一旦在脑海中回想了信息后，就移开手，查看回想的信息是否正确。

总之，终极学习方法中的复习是通过测试进行的。

记忆复习地图

记忆复习地图的流程如下：

1. 建议采用连接系统或宫殿系统，并考虑以下几点：

a. 如果选用连接系统，按照顺时针方向，将与关键概念有联系的其他概念——相连。从最里面的概念，即课题名称开始，顺时针连接课题名称分支上的关键概念，然后针对已提及的关键概念和各子分支上的观点再重复上述流程，直到记忆完整个复习地图。例如：将课题名称连接到关键词（KEY WORD）1，将关键词（KEY WORD）1 连接到关键词（KEY WORD）2，将关键词（KEY WORD）2 连接到关键词（KEY WORD）3。然后是子分支，将关键词（KEY WORD）1 连接到关键词（KEY WORD）1.1，将关键词（KEY WORD）1.1 连接到关键词（KEY WORD）1.2；然后将关键词（KEY WORD）2 连接到关键词（KEY WORD）2.1，将关键词（KEY WORD）2.1 连接到关键词（KEY WORD）2.2，将关键词（KEY WORD）2.2 连接到关键词（KEY WORD）2.3 等。

b. 如果选用宫殿系统，需要先做好准备工作：使用包含一座（真实或虚拟）城镇的宫殿系统，城镇里的每个建筑和地点（如房屋、商店、办公室、高层建筑、商场、道路、交叉路口、公园等）都能用来存储信息。例如，你创建了一个虚拟城镇，每条道路涵盖一个学习领域，然后每座房屋可用于涵盖一个课题，房屋里的每个房间用于存储主要分支上的一个概念，房间里的每个物件用于存储子分支上的一个概念。然后按照顺时针方向，将复习地图上的概念标记到宫殿中相应的元素上。

2. **复习**。

    a. 至少要按照最佳复习时间表进行复习。因为线性笔记也需要按照最佳复习时间表进行复习，所以你应该在复习线性笔记时（详见下一小节）复习复习地图。复习应包括在不借助复习地图的情况下回想信息，而不是简单地重读信息。

    b. 另外，因为复习地图短小简洁，因此建议每两天回顾一次复习地图上的内容。

随着时间的推移，你会学习和积累更多课题，也就会产生很多复习地图。届时，你对于老的复习地图已经驾轻就熟，不到一分钟就能回顾完一个老的地图。也就是说，每两天花不到三十分钟，你就能很轻松地在脑海里让三十个课题保持新鲜。

一旦积累了超过三十个课题，就不再需要采用每两天复习一次的方法了，而是可以将所有课题分成几天来进行复习，这样每次复习时，最多能够复习三十个课题。例如，有九十个课题有待复习，同样的课题每三天复习一次，即每天复习三十个课题。

强烈推荐隔日复习方式（或者，如果复习课题数量太多，可以将课题均分为几天进行复习）。额外的复习可以确保那些你花了时间精力学习的课题保持常新。在此说明一点：要长时存储的话，用最佳复习时间表来复习就已经足够，但隔日回顾复习地图，能以很小的时间成本存储大量可随时取用的记忆。

每天花费的这几分钟非常值得。由于记忆课题时，你回顾的影像都很滑稽，所以回顾复习地图也会是一件乐事。

记忆线性笔记

1. **阅读和理解**。通读几次线性笔记，确保清楚地理解了课题。

2. **不要逐字记忆**。不必逐字记忆线性笔记：只需记忆关键事实和细微要点即可。

3. **运用记忆技巧**。运用本书第二部分讲授的技巧，记忆关键事实和细微要点。请注意：不必记忆线性笔记的结构（如标题和子标题的顺序，或各个关键点处于哪个段落），因为记忆复习地图时已经记忆了结构，所以只剩下关键事实和细微要点有待记忆。总而言之，要记忆线性笔记中那些不能从复习地图上辨识出的信息。

4. **复习**。这一点至关重要：

   a. 记忆了线性笔记中的每条信息后（将该时间看作 T_0），立即回想场景或影像，确保信息得到吸收。

   b. 一小时后，即 T_0+1 小时，复读一遍笔记并对已记忆信息进行测试，以回顾一下线性笔记。在不借助线性笔记的情况下（如用手遮住相关信息），尝试回忆信息和回顾场景／影像。

   c. 理想情况下，睡觉前一两个小时，即 T_0+12 小时（假设学习是在早上进行的；否则，就在记忆时间 T_0 上加上 12 个小时），再次复习。

   d. 第二天再复习，如 T_0+24 小时。

   e. 一周后再次复习，如 T_0+1 周。

   f. 两周后再次复习，如 T_0+2 周。

   g. 一个月后再次复习，如 T_0+1 个月。

   h. 三个月后再次复习，如 T_0+3 个月。

   i. 六个月后再次复习，如 T_0+6 个月。

   j. 十二个月后再次复习，如 T_0+12 个月。

请注意：不必将线性笔记中的信息与你记忆复习地图时创建的连接或宫殿相连。例如，如果复习地图中出现一个公式名称，这个名称被标记到了宫殿中的一个物件上，那么不必将（线性笔记中的）公式内容标记到宫殿里的其他物件上，而是可以用本书第二部分"数学公式"小节中教授的方法来记忆公式内容。本质上，这意味着公式名称与课题有关联，但公式本身是作为独立事实进行记忆的。

巩固

实践是最好的学习方式！在终极学习方法中，实践由几个层次构成。测试是其中的一个层次，是前面小节讲授的复习过程的组成部分，但它仅是第一个层次：因为测试只激发了对事实的表层理解。通过解决问题、回答问题、将知识运用在其他领域，和最终运用当前知识解决问题并产生新观点，才能获得深层次的理解。通俗一点来说，即要从知识的接受者转变成知识的创造者。

巩固的等级应与你的学习目的相符。如果你是为了应对事实型知识的评估考试（如多项选择型的考试），则不必深度理解课题，因此可以相应地缩短巩固步骤。但如果是解决问题型和横向思考型的评估，或是要将课题中的理念运用到工作中，那么巩固步骤是必不可少的。

流程

可行情况下，巩固步骤应包括下列内容：

1.（自测课题内容，如复习。）

2. 解决涉及课题概念的基础问题，或回答涉及课题概念的开放性问题。

3. 完成涉及课题概念（或部分涉及课题概念）的谜题，解决更高级的问题。

4. 如果你是为了具体一门考试而学习，就设定时间，做以往考卷上的习题，直到每张试卷都能得满分为止。

5. 将课题中的概念运用在不同的上下文中，可行情况下，运用到不相关的领域里（如激发可转移性）。

6.（如有）玩课题内容相关的游戏。

7. 将知识运用到实际生活中。假如你在学习神经网络数学，可以尝试在计算机上编写这种算法；如果你在学习有机化学，可以动手在实验室里做实验等。

总体考虑

巩固步骤的成功秘诀，在于巩固步骤的多样化和趣味性。下文中列出的一些方法可以为上文中的巩固步骤增添趣味性：

▶ **挑战自己**。在解决问题用时长短或待解决问题的难度方面挑战自己。

▶ **保持心态轻松**。在无压力环境下，进行自我测试和挑战。保持心态淡然，即不要关心结果，享受测试和挑战的过程。只有当你感觉已准备好在正式测试、辩论或讨论中展示自己的知识时，再进行正式测试、辩论或讨论。在此之前，你要秘密地打磨你的知识，建立你的自信。

▶ **采取奖励机制**。自测时，得到好的测试结果或分数有所提高时，吃一顿美食，或做一些其他会让你感觉愉悦的事，如（饮食允许情况下）吃一个冰激凌或一个你最喜欢的巧克力棒。基本上，就是奖励自己做一件乐事。但不要过度——只奖励自己取得的重大进步（过于频繁就失去了奖励的价值）。

▶ **变换环境**。比如，在海滩上解答物理问题；去森林里散步，停下来吃个野餐，写首诗；或去钓鱼，在等鱼上钩的时候分析一篇文学作品。

▶ **看与课题有关的电影或其他书籍**。尤其是与课题有关的纪录片；或如果有的话，最好是阅读拓展了课题且能激发思维的小说。

▶ **参与论坛**。参加论坛，参与课题相关的辩论。

以上建议和示例可以为你提供一些方向。充分调动你的想象力，找出法子，让巩固学习变得愉快有趣。

　　最后，让我们在此拓展上文中隐含的一个关键点：要以轻松的心态学习。不过，现代社会中，知识评估已成为必然，其中压力通常是主要因素。避免压力的关键是仔细制定学习时间表，这样压力就不会在学习过程中出现——之后在评估过程中，只会感受到很轻微的压力。

　　如果你报名参加正式学习，要想学习时能有轻松的心态，那就尝试在开课前先学习课题。或者，至少找到课程讲授顺序，并在开课前学习各个课题。这样在学习过程中，就不会有压力，课堂测试时也不会感到压力。事实上，课堂测试是进一步巩固所学知识的绝佳时机，能使课堂本身成为巩固步骤的一部分，帮助你进一步加深理解——当然，你的理解也会比其他同学更深刻。因此，你会感觉信心倍增，而且对课题有了更深入的理解后，就会完全消除压力的困扰，记忆力和学习的总体影响就会更持久且更深刻。

　　总之，在正式的学习前，制定一个清晰的学习计划有利于控制压力。然后，需要认真执行学习计划，即便你发现自己在该学习领域已经领先了同班同学或其他人几光年，你还是要一如既往地执行学习计划。

终极学习方法

完整的终极学习方法

下文整合了完整的终极学习方法流程。小节后有缩略版终极学习方法，可提供快速参考。

步骤一：学习材料

整理并带上完成学习所需的所有材料。这包括教科书、辅导资料、补充资料/补充读物、课堂笔记、课堂练习、习题集、之前的考卷、课题内容相关的游戏与视频等。

步骤二：心境

采用第一部分中一种你喜欢的专注力技巧来放松心境（至少放松五分钟，但最好放松十分钟）。推荐使用（第一部分"技巧3"中的）正呼吸方法，不过最好坚持使用你最喜欢的技巧（也要考虑你所处的环境和场地情况）。

步骤三：分层次阅读

采用分层次阅读方法来处理阅读材料：

1. 预览。

2. 采用潜意识阅读来通读学习材料（选用）。

3. **略读：**

　　a. 用圆点标记难点。

　　b. 用荧光笔、下划线标注重点——构成课题的概念。如果对整个文段感兴趣，就在该文段空白处画一条竖线，并在旁边写上字母 V。

　　c. 完成略读后，接着完成复习地图的主要分支。

4. **速读：**

　　a. 在标注了圆点的文段处放慢速度。

　　b. 用问号标注难点。

　　c. 用荧光笔、下划线标注重点——构成课题的概念。如果对整个文段感兴趣，就在该文段空白处画一条竖线，并在旁边写上字母 V。

　　d. 完成速读后，把在这一步找出和标注的主要概念添加到复习地图上。

5. **复习：**

　　a. 在标注了问号的文段处放慢速度。

　　b. 必要时，用荧光笔、下划线或字母 V 标注补充的重点。

　　c. 完成阅读后，把在这一步找出和标注的主要概念添加到复习地图上。

步骤四：笔记

　　先写线性笔记，即用自己的语言组织课题中的所有关键概念，因此，再次通读文本，并在线性笔记中添加标注的每个概念。写线性笔记时，要花足够的时间推理全篇文章，在这一步中，你可以在前面阅读时没有理解清楚的地方停下来细读推理，直到彻底理解课题为止——将完全理解的内容写入线性笔记中。

线性笔记流程：

1. **应捕捉课题内的所有概念。**以线性笔记的形式捕捉课题文本中的所有概念，做笔记和总结并不意味着要省略内容。

2. **采用自己的语言**。用自己的语言文字总结各个概念：首先需要推理文本中的所有概念，然后用自己的语言阐述理解。

3. **保持简明扼要**。尝试只用一个段落来解释各个概念——文字数量最好不要超过三行，应尽量简洁地解释。解释的关键目的在于保存一个简洁的记录，以便今后需要参考时，能立刻回想起之前的理解。

4. **分级结构**。采用下列分级结构：

    a. 每个主要结构标题下画双划线。

    b. 每个子结构标题（子标题）下画单划线。

    c. 对于每个概念：

    i. 概念前加上要点符号。

    ii. 描述概念的关键词紧随要点符号之后。

    iii （用你自己的语言）对概念进行解释，并把解释置于关键词之后。

    iv 各个子概念（如有）要另起一行并缩进，且在子概念前加上连字符或在需要表明次序时，加上罗马数字。

    v 在概念里加入图表和公式（如有）。用方框将各个图表或公式分别框起来。

然后，将编写线性笔记时找出的所有补充概念和联系添加到复习地图中。

复习地图流程：

1. 从纸张的中心开始，画一个表示课题的影像。

2. 在主要影像上画出表示课题的主要结构分支。

3. 在各个分支上写下表示相应主要结构的关键词。

    a. 分支的长度为关键词的长度。

    b. 只写关键词，不要写一整句话或完整说明。

    c. 如果能找到影像形象地表示关键词，则用影像替代关键词。**总之，**

在复习地图中，优先选用影像，而不是词语。

 d. 如果影像只能起到大概的提示作用，则将影像和关键词都放在分支上，避免复习时出现混淆。

 e. 将上述观点结合起来的最好方式是选用关键词的影像，并将该影像作为分支（例如将影像本身作为分支），然后把关键词放在影像上（可参考本书复习地图示例）。

4. **你可以在每个（结构）关键词旁边画分支，进一步将课题细分到子结构层面。**

 a. 离中心最近的分支应该最粗，越向外延伸分支则越细，因此课题的主要结构分支粗，而子结构则要细一些，以此类推。

 b. 以处理课题结构的方式处理子结构。仅采用关键词：一个分支一个关键词。

 c. 如果影像能明确表示关键词的意义，则用影像而不用关键词；如果影像表意不够明确，则用影像加上关键词表意。如果没有想到能够提示具体关键词的影像，则用关键词——不强制用影像替代关键词，但可行的情况下，优先使用影像。

5. **用方框把非关键词框起来。** 比如，将重要公式框起来，写在描述该公式的关键词旁边。

6. **以此方式完成其他子结构，直到这页纸上囊括了关键主题和概念为止。**

步骤五：记忆

（创建／维护一份唯一识别码列表。）

记忆复习地图：

1. **建议采用连接系统或宫殿系统，并考虑以下几点：**

 a. 如果选用连接系统，按照顺时针方向，将与关键概念有联系的其他概念一一相连。从最里面的概念，即课题名称开始，顺时针连接课题名称分支上的关键概念，然后针对已提及的关键概念和各子分支上的观点再重复上述流程，直到记忆完整个复习地图。例如：将课题名称连接到关键词（KEY WORD）1，将关键词（KEY WORD）1连接到关键词（KEY WORD）2，将关键词（KEY WORD）2连接到关键词（KEY WORD）3。然后是子分支，将关键词（KEY WORD)1连接到关键词（KEY WORD)1.1，将关键词（KEY WORD）1.1连接到关键词（KEY WORD）1.2；然后将关键词（KEY WORD）2连接到关键词（KEY WORD）2.1，将关键词（KEY WORD）2.1连接到关键词（KEY WORD）2.2，将关键词（KEY WORD）2.2连接到关键词（KEY WORD）2.3等。

b. 如果选用宫殿系统，需要先做好准备工作：使用包含一座（真实或虚拟）城镇的宫殿系统，城镇里的每个建筑和地点（如房屋、商店、办公室、高层建筑、商场、道路、交叉路口、公园等）都能用来存储信息。例如，你创建了一个虚拟城镇，每条道路涵盖一个学习领域，然后每座房屋可用于涵盖一个课题，房屋里的每个房间用于存储主要分支上的一个概念，房间里的每个物件用于存储子分支上的一个概念。然后按照顺时针方向，将复习地图上的概念标记到宫殿中相应的元素上。

2. 复习。

a. 至少要按照最佳复习时间表进行复习。因为线性笔记也需要按照最佳复习时间表进行复习，所以，你应该在复习线性笔记时（详见下一小节）复习复习地图。复习应包括在不借助复习地图的情况下回想信息，而不是简单地重读信息。

b. 另外，因为复习地图短小简洁，因此建议每两天回顾一次复习地图上的内容。

记忆线性笔记：

1. **阅读和理解**。通读几次线性笔记，确保清楚地理解了课题。

2. **不要逐字记忆**。不必逐字记忆线性笔记：只需记忆关键事实和细微要点即可。

3. **运用记忆技巧**。运用本书第二部分讲授的技巧，记忆关键事实和细微要点。请注意：不必记忆线性笔记的结构（如标题和子标题的顺序，或各个关键点处于哪个段落），因为记忆复习地图时已经记忆了结构，所以只剩下关键事实和微妙要点有待记忆。总而言之，要记忆线性笔记中那些不能从复习地图上辨识出的信息。

4. **复习**。这一点至关重要：

   a. 记忆了线性笔记中的每条信息后（将该时间看作 T_0），立即回想场景或影像，确保信息得到吸收。

   b. 一小时后，即 T_0+1 小时，复读一遍笔记并对已记忆信息进行测试，来回顾一下线性笔记。在不借助线性笔记的情况下（如用手遮住相关信息），尝试回忆信息和回顾场景／影像。

   c. 理想情况下，睡觉前一两个小时，即 T_0+12 小时（假设学习是在早上进行的；否则，就在记忆时间 T_0 上加上 12 个小时），再次复习。

   d. 第二天再复习，如 T_0+24 小时。

   e. 一周后再次复习，如 T_0+1 周。

   f. 两周后再次复习，如 T_0+2 周。

   g. 一个月后再次复习，如 T_0+1 个月。

   h. 三个月后再次复习，如 T_0+3 个月。

   i. 六个月后再次复习，如 T_0+6 个月。

   j. 十二个月后再次复习，如 T_0+12 个月。

步骤六：巩固

1. 解决涉及课题概念的基础问题，或回答涉及课题概念的开放性问题。

2. 完成涉及课题概念（或部分涉及课题概念）的谜题，解决更高级的问题。

3. 如果你是为了具体一门考试而学习，就设定时间，做以往考卷上的习题，直到每张试卷都能得满分为止。

4. 将课题中的概念运用在不同的上下文中，可行情况下，运用到不相关的领域里（如激发可转移性）。

5.（如有）玩课题内容相关的游戏。

6. 将知识运用到实际生活中。假如你在学习神经网络数学，可以尝试在计算机上编写这种算法；如果你在学习有机化学，可以动手在实验室里做实验等。

终极学习方法流程（快速参考）

1. 整理并带上完成学习所需的所有材料。

2. 采用第一部分中一种你喜欢的专注力技巧来放松心境。

3. 采用分层次阅读方法来处理阅读材料：

   a. 预览。

   b. 采用潜意识阅读通读学习材料（选用）。

   c. 略读。

   d. 速读。

   e. 复习。

4. 记笔记：

   a. 在脑海中清晰地推理课题中的各个要点。

   b. 完成一套线性笔记。

   c. 完成复习地图。

5. 记忆：

   a.（创建/维护一份唯一识别码列表。）

　　　b. 记忆复习地图。

　　　c. 记忆线性笔记。

　　　d. 复习：按照最佳复习计划表进行复习回顾。

6. 巩固：

　　　a. 通过解答问题或谜题、回答开放式问题、做试卷来巩固学到的知识。

　　　b. 将课题中的概念运用到不同的上下文中，可行情况下，运用到不相关的领域中。

　　　c. 玩含有课题内容的游戏（如有）。

　　　d. 在实际生活中运用知识。

总结和复习地图

重点

▶ 以本书前面部分讲解的概念为基础，构成终极学习方法。

▶ 用复习地图展示所学课题的结构。

▶ 线性笔记是用练习者自己的语言组织而成的简明但完整的课题概括。

▶ 复习地图和线性笔记必须搭配使用——单独使用任何一个都不够充分。

▶ 复习地图对于长时存储至关重要。

▶ 复习流程的一个关键步骤，是以轻松心态进行测试。

▶ 要达到更好的效果，要每两天复习一次之前学过的所有课题的复习地图。

▶ 巩固步骤对于深层次理解课题很重要。

复习地图

速算

速算数学是科学的皇后，数论是数学的皇后。

——卡尔·弗里德里希·高斯（Carl Friedrich Gauss）

第五部分的目标

▶ 提高在日常生活中理解和使用数字的能力。

▶ 减少使用计算器或用机器辅助思维，因为计算器或辅助机器会减慢思维过程。

▶ 提升解决问题的能力。

▶ 让记忆技能得到强效锻炼。

▶ 挑战大脑，锻炼大脑。

概述

指导大脑进行心算，是保持大脑思维敏捷的强效方法。遗憾的是，人们并没有理解到这一普遍原理所能带来的巨大效益。

当一个人进行心算时，他首先需要在大脑中想象这些数字，然后决定选用哪种最佳计算技巧，再在大脑里进行逻辑操作，同时记忆计算出来的数字。这一过程以从记忆中提取出计算结果为结束。

以上关于心算过程的解构，指出了心算过程中所需、所用的技能。心算最大限度地测试了一个人的记忆力和专注力，是一个优质、全面的大脑练习。

除了保持大脑思维敏捷，练习心算的另一个好处是，进行心算时，思路不会受计算器、智能手机或电脑的干扰，可以从进一步的思考中找出计算结果。这一能力对于某些工种来说具有重要意义，尤其是需要做出快速决策并保持利润时。典型示例是金融市场交易员，但实物商品供应商和其他专业杀价高手也大多具有精湛的计算能力。

熟练掌握心算技巧会为你打开数字世界的大门，并能为更抽象的思维打下更坚实的基础。再则，据称这种练习能提高解决问题的总体能力和逻辑思维能力（详见"科学依据"章节），这对知识的评估和应用起到了关键作用。

说明一点，速算不是终极学习方法的关键组成元素，本书将其纳入是因为，速算能提升一个人的理解能力、学习能力和记忆能力。

在此说明一下这一部分的讲解方式：算术通常来说就是数学，示例是学习过程的基本部分，因此此处的讲解涵盖了每种技巧，以及技巧的另一种练习方式。建议读者紧随示例学习，直到清楚地理解技巧逻辑。

世界纪录

为了增添趣味（和动力），在此展示受过训练的大脑能获得怎样的成果，表 5-1 是近年的心算壮举纪录：

表 5-1　近年心算纪录

类别	结果	纪录保持者	创纪录年份
两个任意十三位数的乘积	28 秒	夏琨塔拉·戴维（Shakuntala Devi）	1980
十个任意十位数之和	191 秒内计算对 10 道题	直史小笠原	2012
任意六位数开平方根（到小数点后八位）	135 秒内计算对 10 道题	瑞亚·沙（Rhea Shah）	2014
两个任意八位数的乘积	295 秒内计算对 10 道题	马克·霍尔内特·桑斯（Marc Jornet Sanz）	2014

科学依据

据功能性神经成像发现，心算时主要涉及的区域是顶叶脑回路。但是由于个人成长阶段和熟练程度的不同，涉及区域也会有所差异。研究显示，小孩和成人在训练算数能力时，会出现从额叶脑区到顶叶脑区的大脑激活区域的转换。

此外，随着心算熟练程度不断增加，在顶叶脑区也会出现激活区转换，角形脑回激活度明显增加。结论表明，那些与生俱来心算能力出色的"计算天才"的激活模式，与个人通过加强训练来提升数学能力的激活模式相似。这两组人在解决算术问题时，都显示出左角形脑回区域激活度更高。

由此得出的直接结论是，经过训练的专家和计算天才能够用不同的方法解决数学问题。但最值得注意的是，这种回路的激活方式会随着训练而变化。对儿童成长发育和成人训练效果的研究表明，对数学技能起关键作用的脑回路激活方式会随着训练、经验和生长发育而变化。2003 年，德拉泽（Delazer）等心算研究者发现，接受心算训练的成人同没有接受过类似训练的人相比，左角形回路的激活度更高。还有研究聚焦了算盘专家（无算盘辅助）的心算，结果显示，经过高强度训练，算盘专家解决简单问题和复杂问题时的脑回路激活模式是相似的。然而，对于非算盘专家来说，在解决简单问题和复杂问题时，脑回路激活模式则有很大差异。从本质上来看，算盘专家的神经通路连接方式能更高效地进行心算，因此算盘专家的计算能力更优异，且能毫不费力地进行计算。

现今的科学文献指出，通过训练，在大多数情况下心算能力会有所提升。

这种提升与上文提及的顶叶脑区的结构变化有关。但最值得注意的是，这种提升和相应的结构变化还会带来显著的外溢效应。尤其是，算术训练能提升解决更复杂数学问题的能力，并进一步提升解决问题的总体能力。

总结：练习心算的几个益处都有据可查。其中直接、明显的益处与实际计算任务和计算中的记忆功能相关；相对不太明显但非常重要的好处则是，解决其他算术问题的能力及解决问题的总体能力也会得到提升。

技巧

本章节将介绍形成速算系统的技巧，其中只涵盖了最佳方法——重点放在高效性和实用性上，而不是完整地详述所有的可用窍门和技巧。

根据作者经验，依赖大量可通用于各种情况的窍门，会导致练习者花费很多时间寻找恰当的工具，而这些珍贵的时间更应该花在实际计算上。熟知几个常用窍门，配合一个强大的通用技巧，明显是更高效的方法。此外，太过于依赖各种窍门，会导致实际计算的练习时间减少——因为搜索和回忆占据了大量练习时间。根据前面章节详述的科学依据，这种练习方式是无法取得良好的算术训练效果的。

因此，本章节的所有运算都将重点放在主要技巧和精选的辅助窍门上。然后通过策略说明，讲解如何部署算术中的各个元素，以此形成每个运算的完整系统。

加法

加法是阐述心算最自然的出发点。因为加法的运算最简单，而且是其他更复杂运算的基础组成部分。

就加法而言，速算系统中的方法很简单，不需要特殊的计算窍门：主要技巧可通用于所有加法运算。

流程

1. **准备**：如果没有写出需要相加的数字，则要在读出数字时就把数字记住（可运用连接系统或宫殿系统）。一旦熟练掌握技巧后，你就可以一边听着读出来的数字，一边在脑海中把数字相加。如果数字已经写出来了，则不用进行此步骤。

2. **在脑海中右对齐所有数字**。即确保所有数字的个位数垂直对齐为一列，十位数垂直对齐为一列，以此类推。

3. **从最右边（个位数）的一列数字开始，将所有数字相加**。如果相加结果大于十，保留最右边的答案，并把剩余数字加到下一列。

4. **从右到左一列一列地进行加法计算**。从前一步计算中带入的数字开始，将其加到待计算的这一列的数字中。每加一个数字，默读从前一步（步骤3）中保留的数字。默读是为了确保在记忆步骤（步骤5）之前，不会忘记前一步的加法答案。

5. **记忆答案最右边的两个数字**。运用连接系统：将这部分答案连接到脓疮（pus）上。

6. **重复流程**。从前一步计算中带入的数字（如有）开始，将其加入待计算的这一列数字中，继续进行随后这一列的加法。

7. **每次记忆答案中的两个数字**。将答案中每两个新数字连接到之前的两个数字上（运用数字列表为每对数字寻找唯一识别码）。或者为了加快速度，可以在最后一步将所有计算出的数字直接与之前的两位数字连接起来。

示例 1

4567 与 8977 相加

$$
\begin{array}{r}
4567 \\
+\quad 8977 \\
\hline
\end{array}
$$

▶ 首先，从最右边的数字开始相加：7+7=14。保留 4 作为答案，并带走 1。

▶ 将带走的 1 加到下一列（从右往左数的第二列）数字中：1+6+7=14。加上上一步保留的 4，现在得出的数字是 144。

▶ 将 44 连接到脓疮（pus）上，并把 1 带入下一列。可以把影像创建为一只由脓疮构成的咆哮的狮子（roaring lion 表示 44）。

▶ 将带走的 1 加入下一列（从右往左数的第三列）数字中：1+5+9=15。带走 1 并保留 5 作为答案。

▶ 将前面的步骤运用到下一列中，并将带入的与待计算列内的数字相加：1+4+8=13。与上一步中保留的 5 相结合，得出的数字 135 即为答案的最终部分。

▶ 通过将 135 的影像与答案中的前一个影像——狮子相连接，来记忆 135。你可以选择将骡子（mule 表示 35）连接到狮子上，然后再将领带（tie 表示 1）连接到骡子上，或直接将玉米粉蒸肉（tamale 表示 135）连接到狮子上。

要记起答案时，只需想象一下脓疮，你就会从右到左想起答案。

答案：13544

示例 2

135897、448185、399407、915323 和 466 相加。

$$
\begin{array}{r}
135897 \\
448185 \\
399407 \\
915323 \\
+ \quad 466 \\
\hline
\end{array}
$$

▶ 将最右边一列里的数字相加：7+5+7+3+6=28。带走 2，保留 8。

▶ 将 2 与第二列（从右往左数第二列）中的数字相加：2+9+8+0+2+6=27。结合上一步保留的数字 8，得出结果 278.

▶ 将 78 连接到脓疮，并将 2 带到下一列。

▶ 将 2 与第三列中的数字相加：2+8+1+4+3+4=22。带走 2，保留另一个 2。

▶ 继续进行第四列的计算，将带走的 2 与这一列中的数字相加：2+5+8+9+5=29。结合上一步保留的 2，得出结果 292.

▶ 将 92 连接到 78，并带走 2。

▶ 将带走的 2 与第五列中的数字相加：2+3+4+9+1=19。带走 1 并保留 9。

▶ 将带走的 1 与最后一列中的数字相加：1+1+4+3+9=18。结合上一步保留的 9，得出结果 189。

▶ 将 189 连接到 92。

答案：1899278

示例 3：不需带入数字的加法

在本示例中，我们将讲解如何处理没有带入数字的加法。

$$
\begin{array}{r}
1234501 \\
98415200 \\
874521898700 \\
2465001 \\
+\ \ \ \ 54877775600 \\
\hline
\end{array}
$$

▶ 将最右边一列里的数字相加：1+0+0+1+0=2。不用带走任何数字，保留 2。

▶ 没有带入任何数字，仅将第二列（从右往左数的第二列）数字相加：因为都是 0，所以和也为 0。结合上一步保留的数字 2，我们得到数字 02。

▶ 将 02 与脓疮连接——如把太阳与脓疮连接。可以想象成太阳发射出的是脓疮，而不是光线。

▶ 没有带入任何数字，所以接着将第三列的所有数字相加：5+2+7+0+6 =20。带走 2，保留 0。

▶ 然后根据前面步骤中的示例，从第四列开始逐列完成计算和连接。

答案：929501789002

局限？

这一技巧没有任何局限，事实上，你可以在脑海中完成计算器或微软电子表格都无法处理的加法运算。如尝试在计算器或微软电子表格中进行下列数字的加法计算：

$$4565897987056132165798+25648912303548943152$$

运算数字会被四舍五入（电子表格的精确度只能到 15 位数），且计算结果与最接近的整数相比也有差异，但在你的大脑中，你可以快速地得出准确答案。

乘法窍门

与加法不同的是，在进行乘法计算时，我们首先要查看是否可以采取简便窍门来简化计算，如果有，我们就运用该窍门。如果无法简化，则运用主要乘法技巧（该技巧可用于任何乘法计算）。总体策略如下：

1. 相乘的两个数字是否近似于同一个百位数？

    a. 如：107×103，两个数字都略大于 100；89×92，两个数字都略小于 100；212×198，一个数字略大于 200，而另一个数字略小于 200。

b. 不适用于此情况的示例：152×154，两个数字都大大超过了100；212×107，两个数字不近似于同一个百位数。

2. 如果相乘的两个数字近似于同一个百位数，则运用下文讲述的窍门进行计算。

3. 如果相乘的两个数字不能近似于同一个百位数，则采用主要乘法技巧进行计算。

流程

如果相乘的两个数字近似于同一个百位数，采用下列窍门可大大简化乘法运算。流程如下：

1. **如果相乘的两个数字接近或大于同一个百位数：**

   a. 将其中一个数字大于最近的百位数的部分与另一个数字相加，它们的和形成左边部分的答案。将该左边部分的影像与多放映厅影院（multiple cinema）连接起来，建议将多放映厅影院作为乘法（multiply）的唯一识别码。

   b. 将相乘的两个数字中超过最近的百位数的部分相乘。

      i. 如果得出的结果是两位数，则这个两位数构成右边部分的答案。

      ii. 如果得出的结果不止两位数，保留结果中最右边的两位数（作为右边部分的答案），并将剩余数字与上文 1.a 条中得出的结果相加，同时将更新后的答案左边部分连接到多放映厅影院上。

      iii. 如果得出的数字为一位数，则在该一位数左边添加一个 0，这两个数字构成右边部分的答案。

   c. 将左边部分的答案与右边部分连接起来。

2. **如果相乘的两个数字接近或小于同一个百位数：**

   a. 将其中一个数字小于最近的百位数的部分作为另一个数字的减数，它们的差形成左边部分的答案，并将其影像与多放映厅影院连接起来。

b. 将相乘的两个数字中少于最近的百位数的部分相乘。

 i. 如果得出的结果是两位数，则这个两位数构成右边部分的答案。

 ii. 如果得出的结果不止两位数，保留结果中最右边的两位数（作为右边部分的答案），并将剩余数字与上文 2.a 条中得出的结果相加，同时将更新后的答案左边部分连接到多放映厅影院上。

 iii. 如果得出的数字为一位数，则在该一位数左边添加一个 0，这两个数字构成右边部分的答案。

c. 将左边部分的答案与右边部分连接起来。

3. 相乘的两个数字中，如果其中一个接近且小于一个百位数，另一个接近且大于同一个百位数：

a. 将大于最近的百位数的数字中超过最近百位数的部分，与另一个数字相加，它们的和乘以 100，然后将乘积结果的影像与多放映厅影院连接起来。

b. 将两个数字与最近的百位数分别相减，所得出的结果（绝对值）相乘，然后将乘积作为 3.a 条中的结果的减数，它们的差即为最后答案。

c. 将答案影像与多放映厅影院连接起来。

（请注意：相乘的两个数字必须接近且大于／小于同一个百位数。）

  同时也请注意：在上文的流程中，有些步骤要求更新连接到多放映厅影院的部分答案（如 1.b.ii 条）。一个替代的办法是，选用两个物件分别连接答案：一个用于可能的临时答案部分，另一个用于最终答案。

  比如，我们可以用 multiply（乘法）和 temporary（临时的）组成新词 multitemp，并像之前一样，将其转化为一个易于联想的物件：可以想象为一座古老的*玛雅寺庙*（Mayan temple，用 temple 来表示 temp），现在被用作多放映厅影院。连接到这个唯一识别码上的答案部分即为临时答案部分。然后，再把最终答案连接到*多放映厅影院*上。

  不过，由于一般不需要长时存储计算答案，所以在计算中连续使用几次多放映厅影院，通常也不会产生混淆。读者可以自行斟酌选用。

示例 1

104 乘以 103：

$$104$$
$$\times \underline{\quad 103}$$

▶ 两个数字都接近且大于同一个百位数，因此我们可以运用上述技巧。

▶ 两个数字中大于 100 的数字部分分别是 4 和 3。

▶ 可以计算 3+104=107 或 4+103=107，得出的结果都是 107，即左边部分的答案，将 107 连接到多放映厅影院上。用桌子（desk）来表示 107（用音标技巧：DeSK=1-0-7），或（采用数字列表）将 1 连接到多放映厅影院上，再将 07 连接到 1 上。或者，选用 VWY 转换法，VW 表示数字列表中的一个物件，Y 表示颜色特征，因此 107 可表示为粉红色的塔斯，将粉红色的塔斯连接到多放映厅影院上。

▶ 现在将两个数字中大于 100 的数字部分相乘，即 4×3=12。这是右边部分的答案。因为右边只有两位数，所以不需要再进一步计算，将 12 连接到桌子上即可。

▶ 最后，答案是 107 和 12，即 10712。

示例 2

111 乘以 112：

$$111$$
$$\times \underline{\quad 112}$$

▶ 两个数字中大于 100 的数字部分分别为 11 和 12。

▶ 计算 12+111=123 或 11+112=123。这是左边部分的答案。将 123 连接

到多放映厅影院上。

▶ 现在将两个数字中大于 100 的数字部分相乘，即 $11 \times 12 = 132$。这是右边部分的答案。因为是三位数，我们需要把连接到多放映厅影院上的数字，与本步骤得出的答案中除开最右边两位数后剩余的数字相加。这就是说，我们要把数字 132 分割成 1 和 32，并带走本步骤左边部分的答案 1，保留 32 作为右边部分的答案。

▶ 因此，计算 $123+1=124$，这就是更新后的左边部分的答案。将 124 连接到多放映厅影院上，然后将 32 连接到 124 上。

▶ 最后，答案为 124 和 32，即 12432。

示例 3

98 乘以 91：

$$
\begin{array}{r}
98 \\
\times\ 91 \\
\hline
\end{array}
$$

▶ 两个数字中小于 100 的数字部分分别为 2 和 9。

▶ 计算 $91-2=89$ 或 $98-9=89$。这是左边部分的答案，将 89 连接到多放映厅影院上。

▶ 将两个数字中小于 100 的数字部分相乘，即 $2 \times 9 = 18$。这是右边部分的答案。因为右边只有两位数，所以不需要再进一步计算。将 18 连接到 89 上。

▶ 因此，答案为 89 和 18，即 8918。

示例 4

87 乘以 89：

$$
\begin{array}{r}
87 \\
\times\ 89 \\
\hline
\end{array}
$$

▶ 两个数字中小于 100 的数字部分分别为 13 和 11。

▶ 计算 89–13=76 或 87–11=76。这是左边部分的答案，将 76 连接到多放映厅影院上。

▶ 将两个数字中小于 100 的数字部分相乘，即 11×13=143。因为是三位数，将 1 与答案左边部分相加，保留 43 作为右边部分的答案。

▶ 然后，计算 76+1=77，作为更新后的左边部分的答案，将 77 连接到多放映厅影院上。最后，将 43 连接到 77 上。

▶ 因此，答案为 77 和 43，即 7743。

示例 5：将技巧延伸到更大的数字的乘法运算中

912 乘以 903：

$$
\begin{array}{r}
912 \\
\times\ 903 \\
\hline
\end{array}
$$

两个数字都接近且大于同一个百位数，即 900。运用上文介绍的技巧时，还需要添加一个步骤。

（请注意，两个数字必须接近且大于 / 小于同一个百位数。因此，如果我们要计算 812×903，则不适于采用这种技巧，因为其中一个数字大于 800，而另一个数字大于 900。）

▶ 两个数字中大于最近的百位数的部分分别是 12 和 3。

▶ 计算 912+3=915 或 903+12=915。

▶ 添加步骤：因为两个数字最近的百位数是 900，我们需要把计算结果乘以 9，因此计算 915×9=8235。（总则是乘以百位上的数字，即接近 q 百的数字，就乘以 q。例如，接近 300 的数字，乘以 3；接近 500 的数字，乘以 5。）

▶ 这是左边部分的答案，因此将 8235 连接到多放映厅影院上。你可以采用 VWYZ 转换法，或简单地将 82 连接到多放映厅影院上，然后将 35 连接到 82 上。（作者满怀希望地假设在勤奋练习的情况下，当阅读到此小节时，你已经掌握了第二部分的记忆力技巧。）

▶ 现在，将两个数字中大于最近的百位数的部分相乘，即 $3 \times 12 = 36$。这就是右边部分的答案。因为只有两位数，所以不用进一步计算。将 36 连接到 8235 上。

▶ 最后，答案为 8235 和 36，即 823536。

示例 6

289 乘以 288：

$$289$$
$$\times\ \underline{288}$$

▶ 两个数字都接近和小于同一个百位数，即 300。

▶ 两位数字中小于最近的百位数的数字部分分别是 11 和 12。

▶ 计算 288–11=277 或 289–12=277。

▶ 因为两个数字都小于最近的百位数 300，所以我们需要把上个步骤中的结果乘以 3，计算 $277 \times 3 = 831$。这就是左边部分的答案，随后将 831 连接到多放映厅影院上。

▶ 现在，将两个数字小于最近的百位数的数字部分相乘，即 $11 \times 12 = 132$。这是右边部分的答案。但因为这是一个三位数，所以要把 1 加入左边部分的答案，并保留 32 作为右边部分的答案。

▶ 计算 831+1=832，即更新后的左边部分的答案，将 832 连接到多放映厅影院上，然后将 32 连接到 832 上。

▶ 因此，答案为 832 和 32，即 83232。

示例 7：一个数字小于而另一个数字大于同一个百位数

104 乘以 91：

$$104$$
$$\times \underline{\quad 91}$$

▶ 两个数字都接近同一个百位数，我们可以运用技巧来计算。

▶ 两个数字与最近的百位数分别相差 4 和 9。

▶ 计算 104−9=95 或 91+4=95。

▶ 然后把上个步骤中的结果乘以 100：95×100=9500。

▶ 将 9500 连接到多放映厅影院上。

▶ 现在，将两个数中与最近的百位数相差的数字部分相乘，即 4×9=36。

▶ 用临时答案 9500 减去上个步骤中得出的答案，即 9500−36=9464。然后将 9464 连接到多放映厅影院上。

▶ 因此，答案为 9464。

示例 8：

814 乘以 798：

$$814$$
$$\times \underline{\quad 798}$$

▶ 两个数字都接近同一个百位数（即 800），我们可以采用技巧来计算。

▶ 两个数字与最近的百位数分别相差 14 和 2。

▶ 计算 814−2=812 或 798+14=812。

▶ 因为两个数字最近的百位数是 800，因此要把上一个步骤的结果乘以 8，即 812×8=6496。

▶ 然后将结果乘以 100：6496×100=649600。

▶ 把 649600 连接到多放映厅影院上。

▶ 现在，将两个数字与最近的百位数相差的数字部分相乘，即 14×2=28。

▶ 用上文中的临时答案 649600 减去上个步骤中的结果，即 649600–28=649572。然后将 649572 连接到多放映厅影院上。

▶ 答案即为 649572。

示例 9：千位及以上位数相乘

1004 乘以 1008：

$$1004$$
$$\times\ \underline{1008}$$

所用的技巧相同，唯一的不同在于，现在我们需要寻找最近的千位数而不是最近的百位数。因此，右边部分的答案应该是三位数而不是百位数乘法运算中的两位数。

▶ 两个数字大于最近的千位数的数字部分分别为 4 和 8。

▶ 计算 1004+8=1012 或 1008+4=1012。

▶ 这是左边部分的答案，因此将 1012 连接到多放映厅影院上。

▶ 现在，将两个数字中大于最近的千位数的数字部分相乘，即 4×8=32。因为我们在进行千位数的乘法运算，所以需要在这一结果前面添加一个 0，即 0 和 32，032，这就是右边部分的答案，将 032 连接到 1012 上。

▶ 因此，答案为 1012 和 032，即 1012032。

示例 10

2015 乘以 1988：

$$2015$$
$$\times\ \underline{1988}$$

▶ 因为两个数字都接近同一个千位数（即 2000），我们可以采用技巧来计算。

▶ 两个数字与最近的千位数分别相差 15 和 12。

▶ 计算 2015–12=2003 或 1988+15=2003。

▶ 因为两个数字接近的千位数是 2000，所以上一步得出的结果要乘以 2（数字接近 q 千，则乘以 q）。因此计算 2003 × 2=4006。

▶ 然后将结果乘以 1000, 4006 × 1000=4006000。

▶ 将 4006000 连接到多放映厅影院上。

▶ 现在，将两个数字与最近的千位数相差的数字部分相乘，即 15 × 12=180。

▶ 将上文中的临时答案 4006000 与上个步骤中的结果相减，即 4006000–180=4005820。然后，将 4005820 连接到多放映厅影院上。

▶ 因此，答案为 4005820。

同样的技巧还能继续扩展，增加到数百万、数十亿等大数字的计算。

用法禁忌

上文介绍的技巧窍门在两个数字接近同一个百位数（千位数或百万位数等）时，能加快计算速度。当运算中的数字和基准相差太大时，也可以采用上文介绍的技巧窍门，但此时技巧不能起到加快计算的作用，在这种情况下，最好采用主要乘法技巧，如：

▶ 219 × 912：两个数大于的百位数不是同一个。

▶ 254 × 262：两个数字接近一个百位数的中段，上文介绍的技巧窍门并不能为计算带来明显的简化效果。

▶ 1456 × 1589：不建议将技巧用于千位数的变形上，因为这要求计算 456 × 589。也不建议采用最近百位数的方法来进行这两个数字的乘法运算，因为需要将一个四位数与 15 相乘；然后用 44 乘以 89，再与上一步得出的结果相减。

在上文的这些例子中，运用主要乘法技巧运算，效率会更高。

主要乘法技巧

所有不能用前面小节中讲解的简便技巧解决的乘法运算，都应该采用主要乘法技巧进行处理。前面小节中讲解的技巧窍门是解决问题的捷径，因此优先考虑在所有适用的乘法运算中，采用这些窍门进行计算。对于不能采用这些简便窍门的乘法运算，则使用主要乘法技巧进行运算。

主要乘法技巧也是快速心算的一种方法，但它的真正优势在于其通用性。主要乘法技巧简单，且不管数字数位有多少，都能采用主要乘法技巧进行计算。

与本部分的多数技巧一样，你可以使用主要乘法技巧进行心算，而不必使用计算器或微软电子表格进行计算。

流程

1. 如果相乘的数字长度不一样，在位数少的那个数字左边加 0，直到两个数字的长度一样为止。

2. 按照以下次序将乘法桥两端的数字相乘：

    a. 从右到左。

    b. 每计算一步，将现有乘法桥延伸出一位数，并加上内层桥。步骤如下：

Step 1	abc x def
Step 2	abc x def
Step 3	abc x def

c. 每一步都将每个乘法桥两端的数字相乘。如第一步中，c 乘以 f；步骤 2 中，b 乘以 f，然后 c 乘以 e；步骤 3 中，a 乘以 f，b 乘以 e，c 乘以 d。

d. 每一步，都将该步乘法桥中得出的结果相加。建议每得出一个乘法桥乘积，就合计一下，不要在得出所有乘积后再计总和。因为前一种方法可以避免记忆所有乘法桥乘积之间的计算结果，而只需要将每一步的计算结果进行小计。

e. 每一步中，2.d 条总和里最右边的数字就是答案的一个数字，总和里的其他数字则带入下一步中进行计算（小计则从带入的数字开始）。

f. 用宫殿系统来记忆答案中的每个数字。每一步中，将 2.e 条中的数字影像标记到宫殿中的物件上。

3. 一旦乘法桥涵盖了最外层的数字（上表中的步骤 3），移走外层桥，并将剩余乘法桥整体延伸出一个数字：

Step 4	abc x def
Step 5	abc x def

4. 一旦你将最后一个乘法桥连接的数字相乘（第五步），即完成计算。

5. 你可以通过在脑海中游历宫殿找回答案，并回忆游历途中你标记到物件上的数字。答案会以从右到左的顺序显示。

为了更清楚地讲述流程，我们在下文中单独解释乘法桥细节：

▶ 乘法桥固定在右边的运算对象，即右端的乘法桥是固定不变的；但左边的乘法桥每一步都要向左移。

▶ 每一步中，当前乘法桥都要（朝左边）整体延伸出一个数字。如在第一步中连接 f 和 c 的乘法桥，在步骤 2 中要延伸出去连接 f 和 b。

▶ 每一步延伸了当前乘法桥后，要添加一个内层桥。

▶ 一旦所有的数字都用乘法桥连接以后，接下来就需要移除最外层桥，将剩余乘法桥延伸出去。如步骤 3 中连接 f 和 a 的乘法桥在步骤 4 中被移除，剩余的乘法桥则延伸了出去。

▶ 请注意，乘法桥只应形成在大脑中，不应该在计算过程中把它画出来。

为了更好地进行说明，让我们来举例说明如何运用流程。在下面的示例中，我们用一段宫殿的行程作为示例进行讲解，沿途中将按顺序出现下列特征物：

一艘船、一个码头、一个大门、一个停车场、一辆冰激凌车、一个高尔夫球场、一座花园、一个塑像和一座喷泉。

（上文的行程是为讲解技巧而制作的；和以往一样，建议你在运算过程中使用自己的宫殿。）

和以前一样，如果是口头解决问题，就需要用连接系统或宫殿系统记忆涉及的数字，然后解答问题。如果是以书面形式解决问题，则不用记忆乘法中的数字，你可以直接开始计算。

示例 1

12 乘以 34：

▶ 步骤 1：在脑海中形成第一个乘法桥，连接 2 和 4。

▶ 将这个乘法桥两端的数字相乘：2×4=8。这是答案（从右到左）的第一个数字。

▶ 将这个数字的唯一识别码——敌人（foe），标记到宫殿里的第一个物件——一艘船上。

▶ 步骤 2：延伸当前乘法桥去连接 1 和 4；并添加内层桥连接 2 和 3。

▶ 把每一个乘法桥两端的数字相乘，并小计乘法桥之和。因此，计算 1×4=4，作为小计的起始数字，然后计算 2×3=6，并将其加入小计中：4+6=10。

▶ 将上一步得出的结果最右边的数字 0 标记到宫殿中的下一个物件——码头上。

▶ 把剩下的数字 1 带入下一步中。

▶ 步骤 3：因为在步骤 2 中已经涵盖了所有数字，所以在步骤 3 中要移除最外层桥，然后将剩余的乘法桥延伸出去——它现在连接 1 和 3。

▶ 从你在上一步中带过来的数字 1 开始计算，将它作为你这一步小计的起始数字。

▶ 现在将乘法桥两端的数字相乘；即 1×3=3，并将该结果与起始数字
进行小计：1+3=4。

▶ 因为这已经是最后一个乘法桥，上一步得出的结果即为答案的最后一
个数字，因此，将 4 标记到宫殿中的第三个物件——大门上。

▶ 要回想答案，就按照说明的顺序（保持顺序的一致性很关键）游历宫
殿，回忆沿途标记的数字。请再次注意，答案在宫殿里是从右向左标
记的。

▶ 因此，答案为 408。

示例 2

345 乘以 857：

Step 1	345　x　857
Step 2	345　x　857
Step 3	345　x　857
Step 4	345　x　857
Step 5	345　x　857

▶ 步骤 1：在脑海中形成第一个乘法桥，连接 5 和 7。

▶ 将这个乘法桥两端的数字相乘：$5 \times 7 = 35$。最右边的数字 5 就是答案（从右到左）的第一个数字。

▶ 因此，将 5 标记到一艘船上，并将数字 3 带入下一步。

▶ 步骤 2：将当前乘法桥延伸出去，并添加内层桥。

▶ 从上一步带入的数字开始，并将它加入乘法桥乘法计算后的结果中。即计算 $3 + 4 \times 7 = 31$。然后，带着更新后的小计计算内层桥：$31 + 5 \times 5 = 56$。该步骤的简式可表达为：$3 + 4 \times 7 + 5 \times 5 = 56$。

▶ 将 6 标记到码头上，并带走数字 5。

▶ 步骤 3：将当前乘法桥延伸出去，并添加内层桥。

▶ 从上一步带入的数字 5 开始，并将它加入乘法桥乘法计算后的结果中。即计算 $5 + 3 \times 7 + 4 \times 5 + 5 \times 8 = 86$。

▶ 将 6 标记到大门上，带走数字 8。

▶ 步骤 4：步骤 3 中的乘法桥已经涵盖了所有数字，所以从步骤 4 开始移除最外层桥，并将剩余乘法桥延伸出去。

▶ 从上一步带入的数字 8 开始，并将它加入乘法桥乘法计算后的结果中。即计算 $8 + 3 \times 5 + 4 \times 8 = 55$。

▶ 将 5 标记到停车场上，并带走另一个 5。

▶ 步骤 5：移除外层桥，并将剩余乘法桥延伸出去。

▶ 从上一步带入的数字 5 开始，并将它加入乘法桥乘法计算后的结果中。即计算 $5 + 3 \times 8 = 29$。

▶ 因为这已经是最后一个乘法桥，上一步得出的结果即为答案的最后部分，因此，将 29 标记到冰激凌车上。

▶ 请注意，最后部分 29 被标记在了宫殿中的物件上，因为所有计算已经完成，所以不需要将 2 带入下一步计算了。

▶ 因此，答案为 295665。

示例 3

897 乘以 23：

当相乘的数字长度不一致时，需要添加一个步骤，即你需要（在脑海中）为数位较少的数字左侧添 0，直到其与另一个数字的长度相同。即，该乘法中的两个数字以下列方式显示：

$$897 \times 023$$

步骤如下：

▶ 步骤 1：

▷ $7 \times 3 = 21$。

▷ 将 1 标记到*船*上，带走 2。

▶ 步骤 2：

▷ $2 + 9 \times 3 + 7 \times 2 = 43$。

▷ 将 3 标记到*码头*上，带走 4。

▶ 步骤 3：

▷ $4 + 8 \times 3 + 9 \times 2 + 7 \times 0 = 46$。

▷ 将 6 标记到*大门*上，带走 4。

▶ 步骤 4：

▷ $4 + 8 \times 2 + 9 \times 0 = 20$。

▷ 将 0 标记到*停车场*上，带走 2。

▶ 步骤 5：

▷ $2 + 8 \times 0 = 2$。

▷ 将 2 标记到*冰激凌车*上。

▶ 因此，答案为 20631。

请注意，这种方法可以使用在任何数字长度的乘法运算中。如

9837672123×5546，应该以 $9837672123 \times 0000005546$ 的形式进行计算。

示例 4：大数字的乘法运算

67583 乘以 88504：

$$67583 \times 88504$$

技巧的运用程序是一样的，唯一的不同在于这对数字中会有更多的乘法桥，因此步骤也会相应地增多。

▶ 步骤 1：

▷ $3 \times 4 = 12$。

▷ 将 2 标记到*船*上，带走 1。

▶ 步骤 2：

▷ $1 + 8 \times 4 + 3 \times 0 = 33$。

▷ 将 3 标记到*码头*上，带走 3。

▶ 步骤 3：

▷ $3 + 5 \times 4 + 8 \times 0 + 3 \times 5 = 38$。

▷ 将 8 标记到*大门*上，带走 3。

▶ 步骤 4：

▷ $3 + 7 \times 4 + 5 \times 0 + 8 \times 5 + 3 \times 8 = 95$。

▷ 将 5 标记到*停车场*上，带走 9。

▶ 步骤 5：

▷ $9 + 6 \times 4 + 7 \times 0 + 5 \times 5 + 8 \times 8 + 3 \times 8 = 146$。

▷ 将 6 标记到*冰激凌车*上，带走 14。

▶ 步骤 6：

▷ $14 + 6 \times 0 + 7 \times 5 + 5 \times 8 + 8 \times 8 = 153$。

▷ 将 3 标记到*高尔夫球场*上，带走 15。

▶ 步骤 7：

    ▷ 15+6×5+7×8+5×8=141。

    ▷ 将 1 标记到*花园*上，带走 14。

▶ 步骤 8：

    ▷ 14+6×8+7×8=118。

    ▷ 将 8 标记到*塑像*上，带走 11。

▶ 步骤 9：

    ▷ 11+6×8=59。

    ▷ 将 59 标记到*喷泉*上。

▶ 因此，答案为 5981365832。

这一方法没有任何限制。如果需要的话，甚至可以用来计算两个 200 位数字的乘法运算。

平方

平方可简单地看作两个同样的数字的乘法运算，因此，平方运算与前文讲解的乘法运算方法相同——其中只有一个小特例。尾数是 5 的数字的平方运算，可以采用一个平方运算窍门；而其他数字的平方运算，将其看作一般乘法问题即可解决。

因此，总体策略如下：

1. **如果需要进行平方运算的数字尾数是 5，则运用平方窍门进行计算；**

2. **如果需要进行平方运算的数字尾数不是 5，那么这个数字是否接近某个百位数？如果是，则运用乘法窍门进行计算。**

3. **如果需要进行平方运算的数字不以 5 结尾，也不接近某个百位数，则运用主要乘法技巧进行计算。**

平方窍门

当需要进行平方运算的数字尾数为 5 时，可采用一个简单的窍门来简化计算。流程如下：

1. **将需要进行平方运算的数字分成两部分。** 最右边的数字 5 组成右边部分，其余数字组成左边部分。

2. **将表示左边的部分：**

   a. 加上 1。

   b. 然后将左边部分与 2.a 条的结果相乘，得出左边部分的答案。

3. **右边部分的答案永远是 25。**

示例 1

计算 25 的平方：

$$25^2$$

▶ 将数字分成两部分：5 作为右边部分，其余数字作为左边部分，即将 25 分解为 2 和 5。

▶ 将左边部分的 2 加上 1：2+1=3。

▶ 然后将上一步得出的结果与代表左边部分的数字 2 相乘，即 3×2=6。这就是左边部分的答案。

▶ 右边部分的答案永远是 25。

▶ 将答案的两个部分连接起来：6 和 25，即 625。

▶ 因此，答案是 625。

示例 2

计算 85 的平方：

$$85^2$$

▶ 首先将数字分成两部分：5 作为右边部分，其余数字作为左边部分，即将 85 分解为 8 和 5。

▶ 将左边部分的 8 加上 1：8+1=9。

▶ 然后将上一步得出的结果与代表左边部分的数字 8 相乘，即 9×8=72。这就是左边部分的答案。

▶ 右边部分的答案永远是 25。

▶ 将答案的两个部分连接起来：72 和 25，即 7225。

▶ 因此，答案是 7225。

示例 3

计算 115 的平方：

$$115^2$$

▶ 首先将数字分成两部分：5 作为右边部分，其余数字作为左边部分，即将 115 分解为 11 和 5。

▶ 将左边部分的 11 加上 1：11+1=12。

▶ 然后将上一步得出的结果与代表左边部分的数字 11 相乘，即 12×11=132。这就是左边部分的答案。

▶ 右边部分的答案永远是 25。

▶ 将答案的两个部分连接起来：132 和 25，即 13225。

▶ 因此，答案是 13225。

示例 4

计算 985 的平方：

$$985^2$$

▶ 首先将数字分成两部分：5 作为右边部分，其余数字作为左边部分，即将 985 分解为 98 和 5。

▶ 将左边部分的 98 加上 1：98+1=99。

▶ 然后将上一步得出的结果与代表左边部分的数字 98 相乘。因为两个数字都接近 100，计算可以采用乘法窍门进行简化，得出 99×98=9702。这就是左边部分的答案。

▶ 右边部分的答案永远是 25。

▶ 将答案的两个部分连接起来：9702 和 25，即 970225。

▶ 因此，答案是 970225。

示例 5

计算 98 的平方：

$$98^2$$

▶ 这一数字不以 5 结尾，但接近 100，因此我们采用乘法窍门。

▶ 98 与 100 相差 2。

▶ 计算 98−2=96。这是左边部分的答案。将 96 连接到多放映厅影院上。

▶ 现在将该数字与 100 之差的部分进行平方运算，即 2^2=4。因计算结果为一位数，所以需要在其左边添加 0，即 0 和 4，04 就是右边部分的答案。

▶ 将 04 连接到 96。

▶ 因此，答案为 96 和 04，即 9604。

示例 6

计算 362 的平方：

$$362^2$$

这个数字既不以 5 结尾，又不靠近某个百位数，因此采用主要乘法技巧。

$$362 \times 362$$

▶ 步骤 1

▷ $2 \times 2 = 4$。

▷ 将 4 标记到*船*上。

▶ 步骤 2

▷ $6 \times 2 + 2 \times 6 = 24$。

▷ 将 4 标记到*码头*上，并带走 2。

▶ 步骤 3：

▷ $2 + 3 \times 2 + 6 \times 6 + 2 \times 3 = 50$。

▷ 将 0 标记到*大门*上，带走 5。

▶ 步骤 4：

▷ $5 + 3 \times 6 + 6 \times 3 = 41$。

▷ 将 1 标记到*停车场*，并带走 4。

▶ 步骤 5：

▷ $4 + 3 \times 3 = 13$。

▷ 将 13 标记到*冰激凌车*上。

▶ 因此，答案为 131044。

减法

与加法的流程相同，减法运算策略也不涉及任何技巧。采用通用方法就能解决所有减法问题。

流程

1. 在脑海中将两个数字右对齐，即确保数字的个位数垂直对齐，十位数垂直对齐……以此类推。

2. 顶层数字（被减数）是否比它下面的数字（减数）大？如果不是，（在脑海里）将他们的位置对换，并在答案前加一个负号。

3. 从右到左解答问题。从个位数开始，用顶层数字直接减去底层数字。

　　a. 如果顶层数字比底层数字小，在顶层数字上加上 10，然后再与底层数字相减，并带走 –1。

　　b. 如果顶层数字比底层数字大，就直接相减（不用带走任何数字）。

　　c. 每一步得出的结果（从右到左）组成答案。

4. 将 3.c 中得到的数字连接到潜水艇（submarine）上。因为减法的英文为 subtraction，可以缩写为 sub，而 sub 也可以表示潜水艇。如果你觉得这个联想太牵强，也可以选择另一个物件来作为减法的唯一识别码。

5. 往左移一列，重复上文所述流程。

　　a. 如果 3.a 条中有带入的数字，如 –1，则应将该数字与顶层数字相加后再进行步骤 3。

　　b. 如果没有数字带入，则直接进行步骤 3。

　　c. 每往左移一步，就将答案里的新数字与上一个数字相连接。

　　如前所述，如果只需要口头解答减法运算，可以采用连接系统或宫殿系统记忆数字，然后解答。如果是以书面形式解答减法运算，则不用记忆被减数和减数，你可以立即开始计算。

示例 1

987 减去 325：

$$
\begin{array}{r}
987 \\
- \ 325 \\
\hline
\end{array}
$$

▶ 从最右边的那一列开始。用顶层数字减去底层数字，即 7–5=2。这是答案最右边的数字。

▶ 将 2 连接到潜水艇上。

▶ 往左移一列。用顶层数字减去底层数字，即 8–2=6。这是答案（从右到左的）下一个数字。

▶ 将 6 连接到 2 上。

▶ 移到左边的最后一列。用顶层数字减去底层数字，即 9–3=6。这是答案的最后一个数字。

▶ 将 6 连接到 6 上。（可以想象成一只鞋在给另一只鞋系鞋带。）

▶ 要记起答案，只需要想象潜水艇，其他物件就会随之联想起来，进而答案中的数字会以从右到左的顺序出现在意识中。

▶ 因此，答案为 662。

请注意，对于涉及大数字的减法运算，建议采用宫殿系统，可以避免重复数字带来的干扰。例如，一道减法题的答案是 54555535535553。如果采用连接系统的话，在涉及 5 的连接里就很容易产生混淆，因为这个数字在答案中不断地重复出现。而采用宫殿系统，可以避免出现这样的混淆问题。

另一个办法是记忆成对数字或同时记忆三个数字。回忆答案时，回忆大的数字"块"可以降低混淆的可能性。本小节随后的内容会讲解这一方法。

示例 2

9571 减去 3628：

$$
\begin{array}{r}
9571 \\
-\ 3628 \\
\hline
\end{array}
$$

▶ 从最右边的那一列开始。用顶层数字减去底层数字；但顶层数字比底层数字小，要用顶层数字加上 10，即 1+10=11。

▶ 然后用更新后的顶层数字减去底层数字：11-8=3。这是答案最右边的数字。

▶ 将 3 连接到潜水艇上，带走 -1。

▶ 下一列：将 -1 与顶层数字相加，即 7-1=6。然后用更新后的顶层数字减去底层数字，即 6-2=4。这是答案的下一个数字。

▶ 将 4 连接到 3 上（这一步没有需要带走的数字）。

▶ 向左移到下一列。用顶层数字减去底层数字；但顶层数字比底层数字小，要用顶层数字加上 10，即 5+10=15。

▶ 然后用更新后的顶层数字减去底层数字：15-6=9。这是答案的下一个数字。

▶ 将 9 连接到 4 上，将 -1 带入下一步。

▶ 向左移至最后一列，将带入的 -1 与顶层数字相加，即 9-1=8。然后用更新后的顶层数字减去底层数字，即 8-3=5。这是答案的最后一个数字。

▶ 将 5 连接到 9 上。

▶ 要记起答案，只需要想象潜水艇，其他物件就会随之联想起来，进而答案中的数字会以从右到左的顺序出现在意识中。

▶ 因此，答案是 5943。

示例 3：数字成对解题法

经过一段时间的练习后，你可能会发现，一次性进行两个数字的运算是更好的计算方式。确实是这样，因为一次性记忆两个数字能使计算更高效，并且几乎没有增加计算的难度。

这种方式能使需要记忆的物件总量减少，而且计算过程中出现的中断次数也会相应减少。总体流程相同；唯一的不同在于每次计算两个数字，而不是一个数字，因此每次也需要记忆两个数字。

665802 减去 354978：

$$665802$$
$$-\underline{\quad 354978}$$

▶ 首先从最右边的两列开始。用顶层的两个数字减去底层的两个数字；但顶层的两个数字比底层的两个数字小，要用顶层数字加上 100（而不是加上 10，因为我们现在一次计算两个数字），即 02+100=102。

▶ 然后用更新后的顶层数字减去底层数字：102–78=24。这是答案最右边的两个数字。

▶ 将 24 连接到潜水艇上，带走 –1。

▶ 向左移两列，将带入的 –1 与顶层的两个数字相加，即 58–1=57。然后用更新后的顶层数字减去底层的两个数字，即 57–49=08。这是答案里紧接着的两个数字。

▶ 将 08 连接到 24 上（这一步没有需要带走的数字）。

▶ 重点是要注意，这一步的两个数字是 08 而不是 8。每次记两个数字，有时会出现这种疏忽。

▶ 向左移至最后两列。用顶层的两个数字减去底层的两个数字，即 66–35=31。这是答案的最后两个数字。

▶ 将 31 连接到 08 上。

▶ 要记起答案，只需要想象潜水艇，其他物件就会随之联想起来，进而答案中的数字会以从右到左的顺序出现在意识中。

▶ 因此，答案是 310824。

示例 4：答案为负数的情况

当顶层数字（被减数）小于底层数字（减数）时，答案将会是负数。因此在计算前，检查顶层数字是否大于底层数字非常重要。如果不是，（要在脑海中）调换两个数字的位置，并在答案前加上负号。示例如下。

414729 减去 415691：

$$414729$$
$$-\ \underline{415691}$$

显然，顶层数字小于底层数字，因此要调换两个数字的位置，并在答案前加上负号：

$$415691$$
$$-\ \underline{414729}$$

▶ 首先从最右边的两列开始。计算 91–29=62。

▶ 将 62 连接到潜水艇上。

▶ 然后，向左移两列，计算 56–47=09。

▶ 将 09 连接到 62 上（这一步没有需要带走的数字）。

▶ 最后，到了最后两列，计算 41–41=0。

▶ 记住在答案前加上负号。

▶ 要记起答案，只需要想象潜水艇，其他物件就会随之联想起来，进而答案中的数字会以从右到左的顺序出现在意识中。

▶ 因此，答案为 –962。

除法

除法技巧是一个可以运用在所有除法运算中的技巧。

记忆除法运算的答案时，我们采用宫殿系统。

流程

1. **被除数是否大于除数？**

    a. 如果是，继续进行剩余除法步骤。

    b. 如果不是，不断用被除数乘以 10，直到它比除数大为止。每次乘以 10，都把答案开头的小数位往后移一位。

2. 从左到右搜索被除数，直到被除数最左边的数字部分大于除数。然后用这一部分和除数进行整数除法[1]运算。得出答案（从左到右）的第一个数字。

3. **将步骤 2 中的结果标记到宫殿里的第一个条目。**

4. **将步骤 2 中得出的结果乘以除数，**然后用步骤 2 中被除数最左边的部分减去乘积结果。

5. **如果上一步的减法运算后还有余数：**

   a. 如果被除数中没有未使用的其他数字，请进入步骤 7。

   b. 否则，则将下一个被除数中未使用的数字添加到余数的右边。我们把添加了未使用的数字的余数称之为"临时被除数"。

   c. 如果临时被除数比除数小，则进行步骤 6。

   d. 否则，用临时被除数和除数进行整数除法。计算结果为答案的下一个数字。

   e. 将 5.d 条的答案标注到宫殿里的下一个条目上。

   f. 用 5.d 条得出的结果与除数相乘，然后用 5.d 条使用的临时被除数减去得出的乘积。

   g. **重复步骤** 5，直到没有余数，或直到被除数中没有可以添加的（未使用的）数字，如果情况是后者，进入步骤 7。

6. **如果在 5.b 条中添加了另一个数字后，临时被除数还小于除数，**则在宫殿的下一个条目上标记上 0，然后重复步骤 5。（重复此步骤，直到临时被除数大于除数。）

7. **如果被除数中已没有可以添加的未使用的数字，**则将 0 添加到余数右边（或适当情况下，添加到临时被除数上），这就会产生临时被除数（或适当情况下，产生更新后的临时被除数）。同时，将约翰尼·德普[2]

---

1 被除数 x 和除数 y 的整数除法是指舍弃余数的除法。找到一个最大整数，该整数乘以 y 时，得出的结果小于或等于 x。

2 约翰尼·德普（Johnny Depp）作为小数点（decimal point）的唯一识别码，因为通常用 d.p. 来表示小数位，因此用 Depp（德普）来表示。

标记到宫殿里的下一个条目上。然后：

a. 如果临时被除数比除数大，则进行临时被除数与除数间的整数除法。然后将结果标记到宫殿里的下一个条目上。

b. 如果临时被除数比除数小，则在临时被除数的右边添加 0，然后把 0 标记到宫殿里的下一个条目上。重复此步骤，直到更新后的临时被除数比除数大，此时进行临时被除数和除数的整数除法，然后将结果标记到宫殿里的下一个条目上。

c. 用 7.a 条或 7.b 条的结果（以适用的结果为准）乘以除数。用临时被除数减去乘积。

d. 如果 7.c 条运算后还有余数，添加一个 0 到余数上。

e. **重复 7.a 条到 7.d 条的步骤**，直到没有余数，或已计算到了所需小数位为止。

这一流程看起来又长又复杂，但事实上，实际运用起来要比书面描述简单得多。只要练习几次，就能得心应手地加以运用。下文中的示例会更清楚地讲解该流程的运用方法。

对于涉及大数字的除法运算，临时被除数会较长，因此，需要为临时被除数暂定唯一识别码。一个方法是将临时被除数标记到*通天绳*[1]（fakir rope）上，这会让人记住临时被除数将在随后的步骤中使用。

例如，5.f 条中，我们要把整数除法的结果与除数相乘。如果临时被除数太长，在完成不含被除数的乘法后可能很难想起临时被除数，但我们必须记起它，因为随后将用临时被除数减去得出的乘积。

将临时被除数标记到*通天绳*上，避免了在计算过程中出现混淆；不过，只有在临时被除数很长的情况下，才有必要做这种标记。

1　通天绳是一种印度的绳类魔术，通常由一个魔术师将一条绳子放在地上的篮子里，然后吹起笛子，让绳子伴随着笛子的韵律像蛇一样朝着天空升起，有时魔术师还会让年轻的助理攀着绳子爬到顶端。

最后，如前文所述，请注意，如果只需要口头解答除法运算，采用连接系统或宫殿系统记忆涉及的数字即可。如果是书面运算，则不需要记忆运算数字，你可以立即开始计算。

示例 1

789 除以 12：

$$789 \div 12$$

▶ 首先，请注意被除数比除数大，因此不需要在答案前加小数点。

▶ 搜索被除数，直到被除数的最左边部分大于除数。被除数的第一个数字是 7，小于除数 12，因此需要继续往右搜索。被除数的前两位数 78 足够大，因此从被除数的这个部分开始计算。

▶ 用被除数的第一个部分 78 与除数 12 进行整数除法，计算 $^178 \div 12 = 6 + x$。因为在进行整数除法，要舍弃余数，如舍弃 $x = 6 \div 12 = 0.5$。

▶ 将 6 标记到宫殿里的第一个条目上。

▶ 用整数除法得出的结果与除数相乘，即计算 $6 \times 12 = 72$，然后用得出这步答案的被除数最左边的部分（如 78）减去这个乘积，因此计算 78–72=6，6 就是余数。

▶ 将被除数中下一个（未使用过的）数字添加到余数的右边。即将 9 添加到 6 的右边：6 和 9，69 就是临时被除数。

▶ 用临时被除数与除数相除，即计算 $69 \div 12 = 5 + y$。因为在进行整数除法，要舍弃 y。5 就是答案的下一个数字。

▶ 将 5 标记到宫殿里的下一个条目上。

▶ 用整数除法得出的结果与除数相乘，即计算 $5 \times 12 = 60$。然后用临时被除数减去这个乘积，因此计算 69–60=9，9 就是新的余数。然后将

1　除法运算更正式的写法是 78\12=6 或者 78/12=6，"\" 表示整数除法运算符。但为了更简洁地讲解一般数学知识，我们采用更常见的写法。

约翰尼·德普标记到宫殿里的下一个条目上，表示答案在此处加入了小数点。

▶ 用临时被除数与除数相除，即计算 90÷12=7+z。因为在进行整数除法，要舍弃 z。7 就是答案的下一个数字。

▶ 将 7 标记到宫殿里的下一个条目上。

▶ 用整数除法得出的结果与除数相乘，即计算 7×12=84。然后用临时被除数减去这个乘积，因此计算 90−84=6，6 就是新的余数。

▶ 因为被除数中已经没有（未使用的）数字，且已经添加了小数点，则继续在余数右边添加 0，即在 6 的右边添加 0：6 和 0，60 就是新的临时被除数。

▶ 用临时被除数与除数相除，即计算 60÷12=5。因为没有余数，5 就是答案的最后一个数字。

▶ 将 5 标记到宫殿里的下一个条目上。

▶ 要记起答案，只需要在宫殿里走一圈，就能记起沿途标记的数字。请再次注意，除法运算的答案在宫殿里是从左到右标记的。

▶ 因此，答案是 65.75。

示例 2

98256 除以 564：

$$98256 \div 564$$

▶ 很明显，被除数最左边比除数大的部分是 982。因此计算 982÷564=1+x。

▶ 将 1 标记到宫殿里的第一个条目上。

▶ 找出余数。首先计算 1×564=564，然后用 982 减去这个余数，即 982−564=418。

▶ 找出临时被除数。将被除数中的下一个未使用的数字添加到余数上：

418 和 5，即 4185。然后为这个数字找到一个唯一识别码——可用 Rat–Ville（老鼠镇）表示——将其标记到通天绳上，这样在随后的步骤中就能轻松记起这个数字。

▶ 计算 $4185 \div 564 = 7 + y$。将 7 标记到宫殿里的下一个条目上。

▶ 找出余数。首先计算 $7 \times 564 = 3948$，然后从 4185 中减去这个乘积，即 $4185 - 3948 = 237$。

▶ 找出临时被除数。将被除数中的下一个未使用的数字添加到余数上，即 237 和 6，为 2376。然后为这个数字找到一个唯一识别码标记到通天绳上，因此在随后的步骤中能轻松记起这个数字。

▶ 计算 $2376 \div 564 = 4 + z$。将 4 标记到宫殿里的下一个条目上。

▶ 找出余数。首先计算 $4 \times 564 = 2256$，然后从 2376 中减去这个乘积，即 $2376 - 2256 = 120$。

▶ 找出临时被除数。因为被除数中已经没有未使用的数字，则在余数右边添加 0，即 120 和 0，为 1200。将 1200 标记到通天绳上，然后将约翰尼·德普标记到宫殿里的下一个条目上。

▶ 计算 $1200 \div 564 = 2 + u$。将 2 标记到宫殿里的下一个条目上。

▶ 找出余数。首先计算 $2 \times 564 = 1128$，然后从 1200 中减去这个乘积，即 $1200 - 1128 = 72$。

▶ 找出临时被除数。因为被除数中已经没有（未使用的）数字，且已经添加了小数点，所以继续在余数右边添加 0，即 72 和 0，为 720。（和之前的步骤一样，将 720 标记到通天绳上。）

▶ 计算 $720 \div 564 = 1 + v$。将 1 标记到宫殿里的下一个条目上。

▶ 你可以重复流程步骤，直到将答案计算到所需小数位为止。如果你的计算在这一步停止，这时在宫殿里走一圈，答案就会从左到右地显示到小数点后两位。

▶ 因此，计算到小数点后两位的答案是 174.21。

示例 3

在这一示例中，将展示被除数比除数小的除法运算流程。

9 除以 73：

$$9 \div 73$$

▶ 由于除数比被除数大，要不断地用被除数乘以 10 直到被除数比除数大。每一次被除数乘以 10，相应地将答案的小数位往后移动一位。在本示例中，被除数只乘以 10 一次，就能够进行运算了。因此计算 $9 \times 10 = 90$，然后将约翰尼·德普标记到宫殿里的第一个条目上（这是为了提示答案是从小数点开始的）。

▶ 按照流程，用调整后的被除数 90 进行其余步骤的计算，因此 $90 \div 73 = 1 + x$。将 1 标记到宫殿里的下一个条目上。

▶ 找出余数。首先计算 $1 \times 73 = 73$，然后从 90 中减去这个乘积，即 $90 - 73 = 17$。

▶ 找出临时被除数。因为被除数中已经没有未使用的数字，且已经添加了小数点，所以继续在余数右边添加 0，即 17 和 0，为 170。

▶ 计算 $170 \div 73 = 2 + y$。将 2 标记到宫殿里的下一个条目上。

▶ 找出余数。首先计算 $2 \times 73 = 146$，然后从 170 中减去这个乘积，即 $170 - 146 = 24$。

▶ 找出临时被除数。因为被除数中已经没有未使用的数字，且已经添加了小数点，所以继续在余数右边添加 0，即 24 和 0，为 240。

▶ 计算 $240 \div 73 = 3 + z$。将 3 标记到宫殿里的下一个条目上。

▶ 你可以重复流程步骤，直到将答案计算到所需小数位为止。如果你的计算在这一步停止，这时在宫殿里走一圈，答案就会从左到右地显示到小数点后三位。

▶ 因此，计算到小数点后三位的答案是 0.123。

立方根

这里讲解的开立方根的方法只适用于整数立方根，即根要是整数，才能得出准确答案。但对本技巧进行一个小改动，就可以在根为非整数时得出近似值。

因此，如果你知道（或意识到）根是整数，则采用主要流程。否则，就使用近似法。

准备步骤：记忆立方表。下文中写出了 0 到 9 的立方以供参考。记下这个立方表你就可以求出 0 到 1000000 之间的数字的立方根。

流程

1. **将你需要求出立方根的数字分成两部分。右边部分**由该数字最右边的三个数字组成，**左边部分**则由该数字剩余部分组成。
2. **在立方表中，找到一个立方根，其立方值尾数要与步骤 1 右边部分数字的尾数相同，该立方根就是最终答案的右边部分。**
3. **现在处理左边部分。在立方表中，找到最接近但小于左边部分的立方值。该立方值的根组成最终答案的左边部分。**

近似法流程

当你不知道（或不确定）根是否为整数时，应该采用下文中的近似法。

1. **将你需要求出立方根的数字分成两部分。右边部分**由该数字最右边的三个数字组成，**左边部分**则由该数字剩余部分组成。
2. **重点处理左边部分。在立方表中找到最接近但小于左边部分的立方值，该立方的根组成最终答案的左边部分。**
3. **用待求解立方根的数字的左边部分减去步骤 2 中找出的立方值，计算**得出的差称为"被除数"。

4. 找到大于步骤 2 的立方值的下一个立方值。实际上此步是在尝试确定左边部分要介于哪两个立方值之间。下边界为步骤 2 找出的立方值，称为"下立方"，本步骤中找到的立方值为上边界，称为"上立方"。

5. 用上立方减去下立方，计算得出的差称为"除数"。

6. 用被除数除以除数（计算到小数点后两位）。然后将结果乘以 10，这就是最终答案的右边部分。

立方表

表 5-2   立方表

立方根	立方值
0	0
1	1
2	8
3	27
4	64
5	125
6	216
7	343
8	512
9	729

示例 1

求解 17576 的整数立方根：

$$\sqrt[3]{17576}$$

▶ 首先，将这个数字分成两个部分：17 和 576。

▶ 右边部分是 576，以 6 结尾，查询立方表[1]，找到尾数是 6 的立方值——

---

1   牢记立方表很重要，这样就不用在计算时再来查找立方表。

216，其立方根是6。因此，右边部分的答案为6。

▶ 17576的左边部分为17。查询立方表，找到最接近但小于17的立方值是8，其立方根是2，因此左边部分的答案为2。

▶ 最终答案为2和6，即26。

示例2

求解912673的整数立方根：

$$\sqrt[3]{912673}$$

▶ 首先，将这个数字分成两个部分：912和673。

▶ 右边部分是673，以3结尾，查询立方表，找到尾数是3的立方值——343，其立方根是7。因此，右边部分的答案为7。

▶ 查询立方表，找到最接近但小于912的立方值是729，其立方根是9，因此左边部分的答案为9。

▶ 最终答案为9和7，即97。

示例3：近似法

求解854365的整数立方根：

$$\sqrt[3]{854365}$$

▶ 首先，将这个数字分成两个部分：854和365。

▶ 查询立方表，找到最接近但小于854的立方值729，其立方根是9，因此左边部分的答案为9。

▶ 854365的左边部分为854，用854减去上一步找出的立方值729，即854–729=125。

▶ 找到大于前一步中的立方值的下一个立方值。因为729是9的立方，其下一个立方值为1000，其立方根是10。

▶ 用上立方减去下立方，即 1000–729=271。

▶ 用 125 除以 271（到小数点后两位），即 125÷271=0.46，然后乘以 10，0.46×10=4.6。这是近似右边部分的答案。

▶ 因此，近似答案为 9 和 4.6，即 94.6（作为对比，在此列出到小数点后四位的精确答案：94.8887）。

在此需要重申重点：这一技巧只用于获取答案的近似值。

高次方根

用于开立方根的技巧，可以延伸到开奇数多次方根。主要流程和近似法一样；唯一的区别在于查询表和被开方数的分割方式。

开立方根时，只有在根为整数时，这一技巧才能得出精确的根。因此，和之前一样，如果你知道（或意识到）根是整数，则使用主要程序。否则，就使用近似法。

准备步骤：记忆高次方表。为了便于参考，下文列出了 0 到 9 的奇数次方。

流程

1. 将你要开 n 次方根的数字分成两部分。最右边的 n 个数字组成**右边部分**，剩余数字则构成**左边部分**。n 等于你要开 n 次方根。即对于立方根，n=3；对于五次方根，n=5；对于七次方根，n=7，以此类推。

2. 在高次方表中，找出一个次方根，其次方值尾数要与步骤 1 中右边部分数字的尾数相同，这个次方根就是最终答案的右边部分。

3. 现在来看左边部分。在高次方表中，找出最接近但小于左边部分的次方值。构成这个次方值的数字即为最终答案的左边部分。

近似法流程

当你不知道（或不确定）根是否为整数时，应该采用下文中的近似法。

1. **将你要开 n 次方根的数字分成两部分**。最右边的 n 个数字组成右边部分，剩余数字则构成左边部分。n 等于你要开 n 次方根。即对于立方根，$n=3$；对于五次方根，$n=5$；对于七次方根，$n=7$，以此类推。

2. **重点关注左边部分**。在高次方表中，找出最接近但小于左边部分的次方值。这个次方值的根即为最终答案的左边部分。

3. **用需要开方的数字的左边部分，减去步骤 2 中找到的次方值**。将结果当作"被除数"。

4. **找出大于步骤 2 的次方值的下一个次方值**。实质上，你是在尝试确定左边部分应该处于哪两个次方之间。下边界为步骤 2 中找到的次方，称为"下次方"，此步骤中找到的上边界称为"上次方"。

5. 用上次方减去下次方。其结果作为"除数"。

6. **用被除数除以除数**（计算至小数点后两位）。然后将结果乘以 10，即得到最终答案的右边部分。

高次方表

表 5-3　高次方表

根	五次方	七次方	九次方
0	0	0	0
1	1	1	1
2	32	128	512
3	243	2187	19683
4	1024	16384	262144
5	3125	78125	1953125
6	7776	279936	10077696
7	16807	823543	40353607
8	32768	2097152	134217728
9	59049	4782969	387420489

示例 1

开 229345007 的整数五次方根：

$$\sqrt[5]{229345007}$$

▶ 因为是开五次方根，从最右边的五位数开始，将数字分为两部分：2293 和 45007。

▶ 右边部分为 45007，是以 7 结尾的。查看高次方表[1]，查找以 7 结尾的五次方值。从表中可以看到 7 的五次方值 16807 是以 7 结尾的，因此右边部分的答案为 7。

▶ 229345007 的左边部分为 2293。再次查看高次方表，找到最接近但小于 2293 的五次方值——1024，其五次方根是 4，因此左边部分的答案为 4。

▶ 最终答案为 4 和 7，即 47。

示例 2

开 17565568854912 的整数七次方根：

$$\sqrt[7]{17565568854912}$$

▶ 因为是开七次方根，从最右边的七位数开始，将数字分为两部分：1756556 和 8854912。

▶ 右边部分为 8854912，是以 2 结尾的。查看高次方表，查找以 2 结尾的七次方值。从表中可以看到 8 的七次方值 2097152 是以 2 结尾的，因此右边部分的答案为 8。

▶ 17565568854912 的左边部分为 1756556。再次查看高次方表，找到最接近但小于 1756556 的七次方值——823543，其七次方根是 7，因

---

1 与立方表一样，记住高次方表很重要，这样进行计算时就不需要再翻书查询。

此左边部分的答案为 7。

▶ 最终答案为 7 和 8，即 78。

示例 3：近似法

开 208728001158759 的九次方根：

$$\sqrt[9]{208728001158759}$$

▶ 因为是开九次方根，从最右边的九位数开始，将数字分为两部分：208728 和 001158759。

▶ 查看高次方表，找到最接近但小于 208728 的九次方值——19683，其是 3 的九次方，因此左边部分的答案为 3。

▶ 从 208728001158759 的左边部分 208728 里，减去上一步找出的九次方值 19683，即 208728–19683=189045。

▶ 找出大于上一步中的九次方值的下一个九次方值。因为 19683 是 3 的九次方值，下一个九次方值即 4 的九次方值——262144。

▶ 从上九次方中减去下九次方，即 262144–19683=242461。

▶ 用 189045 除以 242461（计算至小数点后两位），即 189045÷242461≈189÷242=0.78，然后乘以 10：0.78×10=7.8。这是右边部分的近似答案。

▶ 因此，近似答案为 3 和 7.8，即 37.8（作为对比，在此列出到小数点后六位的精确答案：38.999993）。

在此重点重申，该技巧仅用于近似法。

平方根

与立方根和高次方根的技巧相似，在此讲述的主要技巧仅适用于整数根。对于其他问题，则应该使用近似法流程。

　　但这里有一些细微的区别。平方根技巧的主要区别是需要进行额外的一步，这是由于有些平方值最右边的数字是相同的，因此多出了一个步骤。

　　另一个区别在于近似类型。平方根的估算要采用区别于前文的近似法。由于是低次方根[1]，因此这种近似法对于平方根的运算很实用。

流程

1. **将你要求解平方根的数字分成两部分**。最右边的两个数字组成**右边部分**，剩余数字则构成**左边部分**。

2. **根据左边部分，找出最接近但小于左边部分的平方值**。这个平方值的根即为左边部分的答案。

3. **下一步，找到一个平方根，其平方值尾数要与步骤 1 中右边部分数字的尾数相同**。对于以 5 或 0 结尾的右边部分，有唯一映射；但对于以其他数字结尾的右边部分来说，有两种可能性。因此，如果右边部分的尾数是 5，那么右边部分的答案就为 5；如果尾数是 0，那么右边部分的答案就为 0。如果右边部分的尾数是其他数字，要用左边部分的答案加上右边部分尾数平方值，然后：

   a. 如果结果大于待求解平方根的数字的左边部分，则找出平方值尾数与待求解平方根的数字的尾数相同的根（可能不止一个），选择其中较小的平方根作为右边部分的答案。

   b. 如果结果小于待求解平方根的数字的左边部分，则找出平方值尾数与待求解平方根的数字的尾数相同的根（可能不止一个），选择其中较大的平方根作为右边部分的答案。

1　对于感兴趣的读者，此处采用的平方根估算法是以 n 次方根算法为基础，即牛顿迭代法——通常也称为牛顿 - 拉夫逊（Newton-Raphson）方法——的一个特例。通用公式为：$x_{k+1} = \frac{1}{n}\left((n-1)x_k + \frac{A}{x_k^{n-1}}\right)$，其中 k 计算迭代次数，n 表示次方根，A 表示被开方数。

近似法流程

当你不知道（或不确定）根是否为整数时，应该采用下文中的近似法。

1. **将你要开平方根的数字分成两部分**。最右边的两个数字组成右边部分，剩余数字则构成左边部分。
2. **现在来看左边部分**。找出最接近但小于左边部分的平方值，其根即为左边部分的答案。
3. **比较一下，答案左边部分的平方，和求解平方根的数字的左边部分之间相差多少**。如果求解平方根的数字的左边部分大概[1]处于答案左边部分的平方值（下平方）和其下一个平方值（上平方）的中段，则将右边部分的答案设置到 5。如果接近下平方，则将右边部分的答案设置为 3；如果接近上平方，则将右边部分的答案设置为 7。
4. 运用 n 次方根算法的单个迭代。

   a. 将步骤 1 到步骤 3 中的答案称为估算值。

   b. 用待求平方根的数字除以估算值。

   c. 用 4.b 条得出的答案加上估算值，然后除以 2，即得出近似值。

示例 1

求 6084 的整数平方根：

$$\sqrt{6084}$$

▶ 将数字从最右边的两位数开始，分成两个部分：60 和 84。

▶ 数字的左边部分是 60。找出最接近但小于 60 的平方值——49，7 的平方值。因此左边部分的答案为 7。

1　读者可能注意到在步骤 3 中采用了猜测的方法。确实是这样。不过，这样做在数学上是合理的，因为下一步将从这个猜测上迭代到正确答案。且迭代过程会非常快速地趋近于相同目标，因此合理猜测是能够高效快速地找出答案的。读者自己试一下，就会发现这是一个好方法。

▶ 将左边部分的答案加上其平方值，即 $7 \times 7 + 7 = 56$。然后，看该结果是否小于待求解平方根的数字的左边部分。

▶ 可知 $56 < 60$，由于 6084 的右边部分以 4 结尾，因此找出平方以 4 结尾的大平方根。平方值以 4 结尾的根有 2 和 8，将 8（两个平方根中的大平方根）作为右边部分的答案。

▶ 因此，答案为 7 和 8，即 78。

示例 2

求 8649 的整数平方根：

$$\sqrt{8649}$$

▶ 将数字从最右边的两位数开始，分成两个部分：86 和 49。

▶ 数字的左边部分是 86。找出最接近但小于 86 的平方值——81，9 的平方值。因此左边部分的答案为 9。

▶ 将左边部分的答案加上其平方值，即 $9 \times 9 + 9 = 90$。然后，看该结果是否小于待求解平方根的数字的左边部分。

▶ 可知 $90 > 86$，由于 8649 的右边部分以 9 结尾，因此找出平方以 9 结尾的小平方根。平方值以 9 结尾的根有 3 和 7，将 3（两个平方根中的小平方根）作为右边部分的答案。

▶ 因此，答案为 9 和 3，即 93。

示例 3：近似法

求解 18321 的平方根：

$$\sqrt{18321}$$

▶ 将数字从最右边的两位数开始，分成两个部分：183 和 21。

▶ 数字的左边部分是 183。找出最接近但小于 183 的平方值——169，13 的平方值。因此左边部分的答案为 13。

▶ 比较 18321 的左边部分在下平方和上平方之间相差多少。即大概估计左边部分的 183 是更接近 169（13 的平方值），还是更接近 196（14 的平方值）。

▶ 由于 183 与 169 相差 14，与 196 相差 13，因此答案大概处于两个根之间是合理的。所以，将右边部分的答案设置为 5。加上左边部分的答案，估算值为 13 和 5，即 135。

▶ 用待求解平方根的数字除以估算值。即 $18321 \div 135 = 135.71$。

▶ 将计算结果与估算值相加，然后除以 2。即 $(135.71 + 135) \div 2 = 135.355$。

▶ 因此，近似答案为 135.355（作为对比，在此列出到小数点后六位的精确答案：135.355089）。

在此重点重申，该技巧仅用于近似法。

更高的精确度

前面小节中讲解的求根方法里，至少在根不是整数时，会涉及取用近似值。另一种策略是，采用一种类似长除法的程序来得出精确答案；但这种程序用在求高次方根时，尤其烦琐、低效。

另一种方式是采取迭代程序，得出一个更准确的近似值。这种方法已经运用在求解平方根的近似值中。当求平方根时，迭代公式很简单，因此将其作为解决问题的第一步很实用。但对于高次方根，直接采用迭代公式效率会很低：只有要求计算出高度精确的结果时，才采用此方法。

因此，对于高度精确的近似值，通用策略如下：

1. 计算出一个合理的估算值。
2. 进行一次迭代，得出更精确的近似值。

流程

1. **按照前文介绍的技巧，计算出根的近似值。** 对偶数高次方根，也采用奇数高次方根的近似法。

2. 采用 n 次方根算法的单次迭代（n 是指根的次方）。

   a. 将步骤 1 中得出的答案称为估算值。

   b. 计算估算值的（$n-1$）次方。

   c. 用你要开方的数字除以（2.b.）中得出的结果。（如果本步骤中得出的结果很长，你可以将结果标记到*通天绳*上，便于在之后的步骤中记起该结果。）

   d. 用估算值乘以（$n-1$）。

   e. 用（2.c.）中得出的结果加上（2.d.）中得出的结果。

   f. 用（2.e.）中得出的结果除以 n，得出更精确的近似值。

注意，步骤 2 中的每一步计算都应至少精确到你所求答案要求的小数位。但需要说明的是，答案不一定总是会精确到同一个小数位，即这是一个必要非充分条件。

示例

以"立方根"小节的示例 3 为例：

$$\sqrt[3]{854365}$$

在这个示例中，我们已经得出 94.6 这个估算值。我们可以在此运用上文介绍的方法，对估算值进行完善。

1. 计算估算值的（$n-1$）=（$3-1$）=2 次方，即计算 $94.6 \times 94.6 = 8949.16$。

2. 用你要开方的数字除以 8949.16，即计算 $854365 \div 8949.16 = 95.47$。

3. 用估算值乘以（$n-1$），即计算 $94.6 \times 2 = 189.2$，然后加上上一步得出的结果，即 $95.47 + 189.2 = 284.67$。

4. 用上一步得到的和除以 n：$284.67 \div 3 = 94.89$，即得出更精确的近似值。854365 精确到小数点后两位数的立方根就是 94.89。因此，在此例中，近似值完全精确到了小数点后两位。

将同样的程序应用在"高次方根"小节的示例 3 中，$\sqrt[9]{208728001158759}$，得出 39.16，精确到了小数点后两位有效数字。

小数

前文介绍了数学心算技巧可以运用于非整数。但在运用时，需要针对待计算的数字做一些改动。

对于乘法而言，最简单的方法是用非整数乘以 10，直到非整数变成整数。在答案中则采用相反的改动。如 1.2×1.4 的乘法运算与 14×12 的乘法运算一样，然后将答案除以 100。

对于加法和减法，没有进行改动的必要。唯一需要注意的是，要将数字右对齐。如果一个数字是整数，而另一个数字是非整数，应该在整数上添加相同的小数位，这样数字就能右对齐。比如，568.65+389 应该在脑海中变成 568.65+389.00。

对于除法，所用方法与乘法一样，但在答案中进行反向操作时，要加以注意。比如，$124 \div 7.2$ 的运算与 $124 \div 72$ 的运算方法是一样的，但之后要将答案乘以 10。而另一方面，如果是计算 $12.4 \div 7.2$，其计算结果与 $124 \div 72$ 是一样的，不需要进行任何反向操作，因为两次乘以 10，相互抵消。

对于开方，有必要将被开方数乘以一个有整数根的数字。如果是求平方根，我们可以将被开方数乘以 100，然后再将答案除以 10。如果是求立方根，我们可以将被开方数乘以 1000，然后再将答案除以 10。例如，474.552 的立方根与 474552 的立方根除以 10 的结果相同。

要点是：在此介绍的任何简化流程，都要根据算术运算规则进行反向运算。

训练计划

　　训练计划非常简单，只需定期练习此处介绍的技巧，尽可能地将其运用在日常生活中。

　　建议在开始阶段，将练习的数字按照讲解各种技巧时所采用的格式先写下来，然后再练习技巧。需要说明的是：只写出用于练习的数字，但仍然在大脑中进行计算。

　　建议先用小数字进行练习：如从三个三位数的加法开始。一旦你能对三个三位数的加法自如心算，你就能增加练习难度，如增加更多数字，或增加数字的长度。训练进度表中，采用的即是此方法。

训练进度表

　　你可以使用微软电子表格的"随机整数"（RANDBETWEEN）功能，设置你想要计算的数字的位数，从而生成相应长度的随机数字。为每个算术运算设置一组／个待计算数字：如一组加法运算的数字、一组乘法运算的数字、一组减法运算的数字、一个平方运算的数字、一组除法运算的数字、一个平方根运算的数字、一个立方根运算的数字和一个高次方根运算的数字。

　　每天花十分钟，运用本书该部分讲解的技巧进行运算。

　　根据难度将训练分为不同等级。一旦你掌握了某个难度等级的运算后，就进行下一个难度等级的练习。

　　根据你的初始熟练程度，一开始，你可能无法在十分钟内完成某个等级的所有练习，这完全没有问题。仅在第一天完成前半节的练习，在第二天完成后半节的练习，然后循环该练习方式，每天最多花十分钟进行练习。当你开始在练习中加入大数字时，也采用这种分化训练法。

1 级：建议起点

1. 加法：三个三位数的加法。

2. 乘法：两个三位数的乘法。

3. 平方：一个三位数的平方。

4. 减法：从一个三位数里减去另一个三位数。

5. 除法：用一个三位数除以一个两位数。

6. 平方根：求解一个四位数[1]的整数平方根。

7. 立方根：求解一个六位数的整数立方根。

8. 平方根近似值：计算一个四位数的平方根近似值。

9. 高次方根近似值：在你的电子表格中生成一个 0 到 100 间的随机非整数。计算这个非整数的随机次方（3 到 9 之间的整数次方），然后心算该非整数随机次方的根。

2 级

当能够自如地进行 1 级练习后，再进行以下练习：

1. 加法：五个五位数的加法。

2. 乘法：两个五位数的乘法。

3. 平方：一个五位数的平方。

4. 减法：从一个五位数里减去另一个五位数。

5. 除法：用一个五位数除以一个三位数。

1　首先，在电子表格中生成一个 0 到 100 之间的随机整数，然后算出该随机整数的平方，仅将平方结果设置为可见。

6. 平方根：求解一个五位数的整数平方根。

7. 立方根：求解一个六位数的整数立方根。

8. 平方根近似值：计算一个四位数的平方根近似值。

9. 高次方根近似值：在你的电子表格中生成一个 0 到 100 间的随机非整数。计算这个非整数的随机次方（3 到 9 之间的整数次方）。然后心算该非整数随机次方的根。

3 级

当能够自如地进行 2 级练习后，再进行以下练习：

1. 加法：九个九位数的加法。

2. 乘法：两个九位数的乘法。注意，你需要使用科学计算器[1]来评估答案（因为电子表格会对 15 个有效数字进行四舍五入）。

3. 平方：一个九位数的平方。

4. 减法：从一个九位数里减去另一个九位数。

5. 除法：用一个九位数除以一个四位数。

6. 平方根：求解一个五位数的整数平方根。

7. 立方根：求解一个六位数的整数立方根。

8. 平方根近似值：计算一个五位数的平方根近似值。

9. 高次方根近似值：在你的电子表格中生成一个 0 到 100 间的随机非整数。计算这个非整数的随机次方（3 到 9 之间的整数次方）。然后心算该非整数随机次方的根。

4 级

当能够自如地进行 3 级练习后，开始采用非整数进行练习，比如在电子

1　互联网上有很多免费的计算器，能够精确地进行大数字的算术运算。如在编写本章节时，web2.0calc.com 是排在谷歌搜索前列的计算器。

表格中，使用随机数（RAND）功能[1]生成随机非整数，进行相同的练习。

　　将训练分为每两天循环训练一次：一天用整数进行练习，另一天用非整数进行练习。

1. 第一天：从 3 级开始练习。
2. 第二天：用四舍五入到小数点后两位的非整数，从 3 级开始练习。

5 级

　　当能够自如地进行 4 级练习后，不再看着数字进行练习，而是记住数字或把数字念出来进行练习（例如，可以借助录音机进行练习），然后在不看数字的情况下进行心算。

　　这一训练应按照下文分化成每三天循环训练一次：

1. 第一天：从 3 级开始练习。
2. 第二天：用四舍五入到小数点后两位的非整数，从 3 级开始练习。
3. 第三天：从 1 级开始练习，但不看数字。（随着你的进步，你可以从 2 级开始进行三天循环训练，掌握之后，可以上升到从 3 级开始进行三天循环训练。）

进度测量

　　你可以用列表记录每次完成算术运算所花费的时间，对比每次练习所用的时间，衡量你的进度。为了确保测量的一致性，要保持练习数字的长度一致。

　　例如，每周记录一次你计算出两个三位数乘法的时间。制表记录花费的

1　例如，通过在电子表格中设置公式，首先使用随机数（RAND）功能生成一个 0 到 1 之间的随机数，然后乘以 10000000，四舍五入到小数点后两位，这就产生了一个 9 位数的非整数。

时间，跟踪你的进度。

日常生活中的应用

购物。购物时，逐渐养成自己计算所购买生活用品总价的习惯。结账时，就能检验出自己的计算结果是否正确。

餐厅。养成自己计算餐费和小费的习惯。结账时，就能检验出自己的计算结果是否正确。

应用总则是，在日常生活中遇到任何需要算术运算的情况，都进行心算（比如，折扣价、投资回报、烹饪度量、股息率、复利、每平方英尺价格、税收计算等）。在你对心算建立起足够信心之前，你可以随时检验自己的答案。要点是养成先通过心算求出答案的习惯，而不是总是立即拿起计算器计算。

总结和复习地图

重点

▶ 心算练习能锻炼大脑，技能也会随着练习逐渐精进。另外，定期练习心算也能提升其他数学能力和解决问题的总体能力。

▶ 心算包含几方面的心智能力，包括专注力、想象力、记忆力、解决问题的能力和逻辑思维能力。因此心算是一种优质、全面的脑力练习。

▶ 在速算系统中，加法、减法和除法都采用了一个通用流程，来解决所有相关问题。

▶ 对于乘法，速算系统依靠窍门，使接近某个百位数的乘法运算更加便捷。其他数字的乘法运算，则采用通用方法。

▶ 对于平方运算，速算系统采用了一个窍门来计算尾数是 5 的数字的平方。其他数字的平方运算则采用乘法流程。

▶ 开方流程依靠记忆关键次方的值，从而加快整数根的计算。

▶ 根的近似值可以通过 n 次方根算法的单次迭代，使其更加精确。

▶ 想要掌握速算技巧，就需要每天进行练习，并将技巧应用在日常生活中。

复习地图

后　记

　　本书中讲解的系统是可以有效运行的，但持之以恒的练习能让这些系统发挥出最佳效果。

　　在本书的初始大纲中，有一个完整的部分用于讲解纪律和毅力。但在几次改稿后，我感觉，事无巨细地讲解这个课题会有偏离主题的风险，毕竟从本质上来说，纪律和毅力均与个人的性格特征有关。只有在一个人做出某些生活抉择后，才会形成这样的性格特征；而在一个人做出相关的生活抉择前，任何观点和事实都只会让人觉得"有趣"而已，不会从根本上对人产生太大的影响。并且形成这种性格特征前，一个人由于感觉"有趣"而通读一篇长文章的可能性也很低。

　　自律，通常涉及一个人对眼前欢乐／痛楚和今后欢乐／痛楚，及目标和眼前欲望比率的评估（有时是在潜意识中评估）。自律会让一个人思索自己的现在境遇、自己想达到的未来境遇，以及哪条道路可以取得最佳结果。所有这些考量都是针对个体自身的，因此常常是非常私人的考量。

　　尝试用一篇文章来涵盖每个案例以及其他练习方式是不可行的，并且也是没必要的，因为这要谈到一个基本的共同主题：性格特征的根本在于具体的性格倾向和如何设定生活目标，从本质上来说，给予了一个人贯彻规则和面临挫折依然坚持前行的动力。最终，纪律和毅力不过是一个人想要取得成就的欲望和信念而已。

　　由于以上原因，仅在此提及三个代表纪律和毅力本质的引述。这三个饱含精髓的引述阅读起来毫不费力，但引述中包含的理念能改变人生，可将其作为精神食粮：

纪律是使天赋变成能力的冶炼炉火。

———罗伊·L.史密斯（Roy L. Smith）

性格使我们早起，承诺推动我们采取行动，纪律使我们能够贯彻始终。

———金克拉（Zig Ziglar）

成功并不是终点，失败也并不是终结，只有勇气才是永恒。

———温斯顿·丘吉尔（Winston Churchill）

联系信息

对本书有任何意见或需要询问书中的相关信息，以及有关作者私人研讨会 / 一对一教授的相关信息请联系：

TheUSMmanual@gmail.com

你也可以访问我们的网站：

www.UltimateStudyMethod.com

参考书目和补充阅读

特别重要的参考书后标记了星号。作者认为本小节中所列的书目能够对各个课题提供可信赖的、全面的了解。

专注力

书

Anderson, John R.2009. *Cognitive Psychology and Its Implications*. Worth Publisher.

Bodian, Stephan .2012. *Meditation For Dummies*. John Wiley & Sons.

Kaplan, Aryeh.1995. *Jewish Meditation: A Practical Guide*. Schocken. ★

Liang Shou-Yu, and Wen-Ching Wu. 1997. *Qigong Empowerment: A Guide to Medical, Taoist, Buddhist, and Wushu Energy Cultivation*. Way of the Dragon Pub.

Ostrander, Sheila. 1979. *Superlearning*. Delta/Confucian Press.

Ostrander, Sheila, and Lynn Schroeder. 2012. *Super-Learning 2000: New Triple Fast Ways You Can Learn, Earn, and Succeed in the 21st Century*. Random House Publishing Group.

Rose, Colin. 1985. *Accelerated Learning*. Accelerated Learning Systems.

Sadhu, Mouni. 1980. *Concentration: A Guide to Mental Mastery*. Wilshire Book Company. ★

Saraswati, Satyananda. 2002. *Kundalini Tantra*. Yoga Publications Trust. ★

Silva, José, and Philip Miele. 1991. *The Silva Mind Control Method*. Simon and Schuster. ★

Winner, Jay. 2008. *Take Stress Out of Your Life: A Medical Doctor's Proven Program to Minimize Stress and Maximize Health*. De Capo Press.

Yang, Jwing-Ming. 1997. *The Root of Chinese Qigong*. YMAA Publication Center . ★

科学期刊

Cahn, Rael B., and John Polich. 2006. "Meditation states and traits: EGG, ERP, and neuroimaging studies." *Psychological Bulletin* (American Psychological Association) 132(2):180-211.

Dukas, Reuven. 2002. "Behavioural and ecological consequences of limited attention." *Philosophical Transactions of the Royal Society B: Biological Sciences* (The Royal Society) 357(1427):1539-1547.

Hasenkamp, Wendy, Christine D. Wilson-Mendenhall, Erica Duncan, and Lawrence W. Barsalou. 2012. "Mind wandering and attention during focused meditation: A fine-grained temporal analysis of fluctuating cognitive states." *NeuroImage* (Academic Press) 59(1): 750-760.

Lutz, Antoine, Heleen A. Slagter, Nancy B. Rawlings, Andrew D. Francis, Lawrence L. Greischar, and Richard J. Davidson. 2009. "Mental training enhances attentional stability: Neural and behavioral evidence." *Journal of Neuroscience* (Society for Neuroscience) 29(42): 13418-13427.

MaLean, Katherine A., Emilio Ferrer, Stephen R. Aichele, David A. Bridwell, Anthony P. Zenesco, Tonya L. Jacobs, Brandon G. King, et al. 2010. "Intensive meditation training improves perceptual discrimination and sustained attention." *Psychological Science* (Sage Publications) 21(6):829-839.

Newberg, Andrew B, and J. Iverson. 2003. "The neural basis of the complex mental task of meditation: neurotransmitter and neurochemical considerations." *Medical Hypotheses* (Elsevier Science Ltd.) 51(2): 282-291.

Richard, Matthieu, Antonie Luts, and Richard J. Davidson. 2014. "Mind of the meditator." *Scientific American* (Nature Publishing Group) 311(5):38-45.

Rossano, Matt J. 2007. "Did meditating make us human?" *The Cambridge Archaeological Journal* (The McDonald Institute for Archaeological Research) 17(01):47-58.

Strayer, David L., Frank A. Drews, and William A. Johnston. 2003. "Cell phone-induced failures of visual attention during simulated driving." *Journal of Experimental Psychology: Applied* (American psychological Association) 9(1):23-32.

记忆力

书

Brown, Derren. 2009. *Tricks of the Mind*. Random House.

Buzan, Tony. 1991. *Use Your Perfect Memory: Dramatic New Techniques for Improving Your Memory*. Plume.

Campayo, Ramon. 2010. *Maximize Your Memory*. Career Press.

Lorayne, Harry. 1996. *Harry Lorayne's Page-a-minute Memory Book*. Ballantine Books.

—.1995. *How to Develop a Super Power Memory*. Frederick Fell.

—.1990. *Super Memory – Super Student: How to Raise Your Grades in 30 Days*. Little, Brown and Company. ★

Lorayne, Harry, and Jerry Lucas. 1974. *The Memory Book*. Stein and Day.

Neath, Ian, and Aimeé M. Surprenant. 2003. *Human Memory: An Introduction to Research, Data, and Theory*. Thomson/Wadsworth.

Trudeau, Kevin. 1995. *Kevin Trudeau's Mega Memory: How To Release Your Superpower Memory in 30 Minutes Or Less A Day*. HarperCollins. ★

科学期刊

Anderson, Michael C., and James H. Neely. 1996. "Interference and inhibition in memory retrieval." *Memory* (Academic Press) 237-317.

Baddeley, Alan D. 1996. "The influence of acoustic and semantic similarity on long-term memory for word sequences." *Quarterly Journal of Experimental Psychology* (Taylor & Francis Group) 18(4):302-309.

Ebbinghaus, Hermann. (1885) 2013. "Memory: A contribution to experimental psychology." *Annals of Neurosciences* 20(4):155-156.

Miller, George A. 1956. "The magical number seven, plus or minus two: some limits on our capacity for processing information." *Psychological Review* 63(2):81-97.

Small. Gary W., Daniel H.S. Silverman, Prabha Siddarth, Linda M. Ercoli, Karen J. Miller, Helen Lavretsky, Benjamin C. Wright, Susan Y. Bookheimer, Jorge R. Barrio, and Michael E. Phelps. 2006. "Effects of a 14-day healthy longevity lifestyle program on cognition and brain function." *The American Journal of Geriatric Psychiatry* (Elsevier) 14(6): 538-545.

速读

书

Beale, Abby, and Pam Mullan. 2008. *The Complete Idiot's Guide to Speed Reading.* Penguin.

Berg, Howard Stephen. 1992. *Super Reading Secrets.* Grand Central Publishing.

Buzan, Tony. 2006. *The Speed Reading Book: The Revolutionary Approach to Increasing Reading Speed, Comprehension and General Knowledge.* BBC Active.

Culter, Wade E. 2003. *Triple Your Reading Speed: 4th Edition.* Simon and Schuster.

Dudley, Geoffrey A. 1995. *Rapid Reading: The High Speed Way to Increase Your*

Learning Power. Thorsons.

Frank, Stanley D. 1994. *The Evelyn Wood Seven-Day Speed Reading and Learning Program*. Times Books.

Gray, William S. 1941. *Reading: A Research Retrospective, 1881-1941*. Edited by John T. Guthrie. International Reading Association.

Kump, Peter. 1998. *Breakthrough Rapid Reading*. Penguin. ★

Richaudeau, François. 2004. *Méthode de lecture rapide Richaudeau*. Retz.

Scheele, Paul R. 1999. *The PhotoReading Whole Mind System*. Learning Strategies Corporation. ★

科学期刊

Brown, B., D. Inouye, K. Barrus, and D. Hansen. 1981. "An analysis of the rapid reading controversy." *The Social Psychology of Reading*.

Brozo, William G., and Jerry L. Johns. 1986. "A content and critical analysis of 40 speed reading books." *Journal of Reading* (International Reading Association) 30(3): 242-247.

Cranney, A. Garr, Bruce L. Brown, Dorothy M. Hansen, and Dollon K. Inouye. 1982. "Rate and reading dynamics reconsidered." *Journal of Reading* (Wiley) 25(6): 526-533.

Fujimaki, Norio, Tomoe Hayakawa, Shinji Munetsuna, and Toyofumi Sasaki. 2004. "Neural activation dependent on reading speed during covert reading of novel." *NeuroReport* 15(2):239-243.

Macalister, John. 2010. "Speed reading courses and their effect on reading authentic texts: A preliminary investigation." *Reading in a Foreign Language* 22(1): 104-116.

McNamara, Danielle S. 2000. *Preliminary analysis of Photoreading*. NASA Technical Report. Moffett Field, CA: NASA Ames Research Center.

Quantz, J. O. 1897. "Problems in the psychology of reading." *The Psychological Review: Monograph Supplements* 2(1).

Spache, George D. 1962. "Is this a breakthrough in reading?" *The Reading Teacher* (Wiley) 15(4): 258-263.

Yen, Tran Thi Ngoc. 2012. "The effects of a speed reading course and speed transfer to other types of texts." *RELC Journal* 43(1): 23-37.

终极学习方法

书

Buzan, Tony. 2012. *Mind Maps at Work: How to be the best at work and still have time to play*. HarperCollins UK.

—.1991. *Use Both Sides of Your Brain: New Mind-mapping Techniques to Help You Raise All Levels of Your Intelligence and Creativity, Based on the Latest Discoveries about the Human Brain*. Dutton.

Buzan, Tony, and Barry Buzan, 2006. *The Mind Map Book*. BBC Active. ★

Kesselman-Turkel, Judi, and Franklynn Peterson. 2003. *Note-Taking Made Easy*. Univ of Wisconsin Press.

McPherson, Fiona. 2012. *Effective Notetaking*. Wayz Press.

科学期刊

Agarwal, Pooja K., Patrice M. Bain, and Roger W. Chamberlain. 2012. "The value of applied research: Retrieval practice improves classroom learning and recommendations from a teacher, a principal, and a scientist." *Educational Psychology Review* (Springer US) 24(3): 437-448.

Dunlosky, John, Katherine A. Rawson, Elizabeth J. Marsh, Mitchell J. Nathan, and Daniel T. Willingham. 2013. "Improving students' learning with effective learning techniques promising directions from cognitive and educational psychology." *Psychological Science in the Public Interest* (SAGE Publications) 14(1): 4-58.

Karpicke, Jefffrey D., and Henry L. Roediger. 2008. "The critical importance of retrieval for learning." *Science* (American Association for the Advancement of Science) 319 (5865): 966-968.

Paul, Annie M. 2015. "A new vision for testing." *Scientific American* 313(2): 54-61.

速算

书

Flansburg, Scott, and Victoria Hay. 2004. *Math Magic: How to Master Everyday Math Problems, Revised Edition.* HaperCollins.

Handley, Bill. 2003. *Speed Mathematics: Secret Skills for Quick Calculation.* Wiley.

Julius, Edward H. 1996. *More Rapid Math: Tricks and Tips: 30 Days to Number Mastery.* Wiley.

Trachtenberg, Jakob. 2011. *The Trachtenberg Speed System of Basic Mathematics.* Edited by Rudolph McShane. Translated by Ann Cutler. Souvenir Press. ★

科学期刊

Delazer, M., A. Ischebeck, F. Domahs, L. Zamarian, F. Koppelstaetter, C.M. Siedentopf, L. Kaufmann, T. Benke, and S. Felber. 2005. "Learning by strategies and learning by drill—evidence from an fMRI study." *NeuroImage* (Elsevier) 25(3): 833-849.

Delazer, Margaret, Frank Domahs, Lisa Bartha, Christian Brenneis, Aliette Lochy, Thomas Trieb, and Thomas Benke. 2003. "Learning complex arithmetic—an fMRI study." *Cognitive Brain Research* (Elseview) 18(1): 76-88.

Grabner, Roland H, Daniel Ansari, Gernot Reishofer, Elsbeth Stern, Franz Ebner, and Christa Neuper. 2007. "Individual differences in mathematical competence predict parietal brain activation during mental calculation." *Neuroimage* (Academic Press) 38(2): 346-356.

Gruber, Oliver, Peter Indefrey, Helmuth Steinmetz, and Andreas Kleinschmidt. 2001. "Dissociating neural correlates of cognitive components in mental calculation." *Cerebral cortex* (Oxford University Press) 11(4): 350-359.

Liu, Allison S., Arava Y. Kallai, Christian D. Schunn, and Julie A. Fiez. 2015. "Using mental computation training to improve complex mathematical performance." *Instructional Science* 43(4): 463-485.

Wu, Tung-Hsin, Chia-Lin Chen, Yung-Hui Huang, Ren-Shyan Liu, Jen-Chuen Hsieh, and Jason J. S. Lee. 2009. "Effects of long-term practice and task complexity on brain activities when performing abacus-based mental calculations: a PET study." *European Journal of Nuclear Medicine and Molecular Imaging* 36(3): 436-445.

Zamarian, L., A. Ischebeck, and M. Delazer. 2009. "Neuroscience of learning arithmetic – Evidence from brain imaging studies." *Neuroscience & Biobehavioral Reviews* 33(6):909-925.

出版后记

　　毋庸置疑，学习确实是一件枯燥、乏味的事。可是，为什么这件难事对于被我们称为"学霸"的人来说好像很容易？"学霸"与"学渣"之间必然存在无法逾越的壁垒吗？打造"最强大脑"的秘诀到底是"天赋异禀""名师指导"，还是"勤能补拙"？

　　在幼年时，罗德·布雷默就对大脑的学习模式非常感兴趣。如何才能更有效地唤醒脑细胞，用更少的精力掌握更多知识呢？带着这样的问题，他用近30年的时间阅览并实践了世界上大部分自学记忆类书籍中所包含的学习方法，最终发现学习的关键不是收集，也不是整理，而是如何全面调动脑力，用知识固化知识、转化知识、生成知识，建立持续延展的良性学习机制，让学习成为大脑的本能，产生看得见的日常效益。于是，他剔除了夸夸其谈的励志鸡汤，摈弃了无法长期持续运用的速成技巧，自己组合了一套精悍的学习系统，并在之后的生活中不断检验、修正、升级，最终打磨出本书所介绍的"终极学习方法"。

　　这套方法自成体系，拥有循序渐进的科学训练结构，使读者可以在阅读的同时制订学习计划，并能根据自身具体情况适时调整细节部分。针对集中力、记忆力、理解力和计算力这四大学习难题，"终极学习方法"从静心冥想着手，以将大脑调整到专心学习的状态，之后再活用各类记忆技巧，在脑内设置记忆节点，铺设庞大的信息网，无论是单词、公式，还是人名、日程，都能条理清晰地存储在脑内。此外，在速读和速算训练过程中融合记忆技巧，有意识地锻炼逻辑思维能力，也能帮助读者快速筛取有用信息，巩固知识根基，修炼出"学霸级"的快速反应脑回路。

学习是一项挑战，但是一些人已经成功掌握了核心技巧。如果他们能轻松有效地学习，那你为什么不可以？这本书也许就会带你跳出没顶的信息沼泽，不再"谈学色变"，让学习的道路更平坦一点。

服务热线：133-6631-2326　188-1142-1266

服务信箱：reader@hinabook.com

2019 年 9 月

图书在版编目（ＣＩＰ）数据

如何成为学霸 /（比）罗德·布雷默 (Rod Bremer) 著；
李利莎译 . -- 北京：中国友谊出版公司，2019.9（2021.3 重印）
书名原文：The Manual : A Guide to the Ultimate Study Method
ISBN 978-7-5057-4834-7

Ⅰ . ①如… Ⅱ . ①罗… ②李… Ⅲ . ①学习方法Ⅳ . ① G442

中国版本图书馆 CIP 数据核字 (2019) 第 200257 号

The Manual: A Guide to the Ultimate Study Method

书名	如何成为学霸
作者	[比利时] 罗德·布雷默
译者	李利莎
出版	中国友谊出版公司
发行	中国友谊出版公司
经销	新华书店
印刷	北京汇林印务有限公司
规格	690 × 1000 毫米　　　　16 开
	21.5 印张　　　　300 千字
版次	2019 年 9 月第 1 版
印次	2021 年 3 月第 4 次印刷
书号	ISBN 978-7-5057-4834-7
定价	56.00 元
地址	北京市朝阳区西坝河南里 17 号楼
邮编	100028
电话	（010）64678009